DEUTSCHE
BUNDESBANK
EUROSYSTEM

Die Deutsche Bundesbank
Notenbank für Deutschland

Der stabilen Währung verpflichtet

Die Deutsche Bundesbank ist die Notenbank für Deutschland. In der Europäischen Wirtschafts- und Währungsunion leistet sie als Teil des Eurosystems einen wichtigen Beitrag zur Stabilität der gemeinsamen Währung, des Euro.

Maßstab für das Handeln der Bundesbank sind die gesetzlich verankerte Unabhängigkeit und die vorgegebenen Aufgaben. Mit der hohen Kompetenz der Mitarbeiter und deren Engagement nimmt sie ihre Aufgaben verantwortungsbewusst und transparent wahr. Durch glaubwürdiges Handeln schafft die Bundesbank die Grundlage für das Vertrauen der Bevölkerung und der Märkte in ihre Stabilitätsorientierung.

Denn eine stabile Währung ist keine Selbstverständlichkeit. Daher ist der Euro mit dem Versprechen verbunden, die Währungsunion als Stabilitätsunion zu sichern. Diesem Versprechen sind die nationalen Zentralbanken des Eurosystems und die Europäische Zentralbank sowie die Regierungen aller Mitgliedsländer und die europäischen Institutionen verpflichtet.

Um ihren Stabilitätsauftrag zu erfüllen und das Verständnis für stabiles Geld zu stärken, gibt die Bundesbank in diesem Buch einen Überblick über die deutsche Zentralbankgeschichte und informiert über ihre vielfältigen Aufgaben sowie die rechtlichen Grundlagen.

Dr. Jens Weidmann
Präsident der Deutschen Bundesbank

Inhaltsverzeichnis

Foto: Walter Vorjohann

Kapitel 1
Einleitung

Die Deutsche Bundesbank hat viele Aufgaben rund um das Thema Geld. Gemeinsam mit der Europäischen Zentralbank und den anderen Zentralbanken des Eurosystems trägt sie Verantwortung für die Geldpolitik im Euro-Raum. Der Präsident der Bundesbank wirkt als Mitglied des EZB-Rats an den geldpolitischen Entscheidungen mit. Als Grundlage für die Entscheidungsfindung erstellt die Bundesbank umfassende Analysen. Die Umsetzung der Geldpolitik ist in Deutschland Aufgabe der Bundesbank. Außerdem erläutert sie der deutschen Öffentlichkeit die Geldpolitik des Eurosystems und bezieht Position dazu.

Neben der Beteiligung an der Geldpolitik erfüllt die Bundesbank weitere wichtige Aufgaben auf nationaler und internationaler Ebene. Eine dieser Kernaufgaben ist die Bankenaufsicht. Um das Vertrauen der Anleger zu wahren und Fehlentwicklungen im Bankwesen zu verhindern, überwacht die Bundesbank die Kredit- und Finanzdienstleistungsinstitute in Deutschland und ist an der europäischen Bankenaufsicht beteiligt. Sie beobachtet überdies das Finanz- und Währungssystem in seiner Gesamtheit, damit Risiken, die aus den starken Verflechtungen innerhalb des Systems resultieren, nicht unerkannt bleiben. Über ihr Filialnetz versorgt die Bundesbank Handel und Banken in Deutschland ständig mit ausreichend Euro-Bargeld in hoher Qualität. Sie zieht Falschgeld aus dem Verkehr und ersetzt beschädigte Banknoten und Münzen. Zudem sorgt die Bundesbank für einen reibungslosen unbaren Zahlungsverkehr im Inland und mit dem Ausland.

Über diese Kernaufgaben hinaus verwaltet die Bundesbank die Währungsreserven, erbringt Dienstleistungen für die öffentliche Hand und erstellt Statistiken. Als sachverständige Institution berät sie die Bundesregierung. Gemeinsam ist ihren Kernaufgaben die Mitarbeit in europäischen und internationalen Gremien und Institutionen. Die Bundesbank nimmt an den meisten Beratungen zu Fragen des Finanz- und Währungssystems teil, bringt die Kenntnisse aus der operativen Tätigkeit und ihren vielfältigen Analysen ein und wirkt so daran mit, das regulatorische Rahmen- und Regelwerk weiterzuentwickeln. Durch die Forschung im Rahmen aller Kernaufgaben erlangt die Bundesbank Kompetenz sowohl für die geldpolitische Entscheidungsfindung des Eurosystems als auch für die internationale Debatte über die Stabilität des Finanz- und Währungssystems.

Die folgenden Kapitel geben einen tieferen Einblick in die Aufgaben, welche die Bundesbank als unabhängige geld- und währungspolitische Institution in Deutschland im Eurosystem sowie als nationale und europäische Aufsichtsinstanz wahrnimmt.

Über aktuelle Entwicklungen informiert die Bundesbank auf ihrer Internetseite www.bundesbank.de. Dort werden laufend Nachrichten und Positionen der deutschen Zentralbank rund um Geldpolitik, Finanzen und Wirtschaft eingestellt.

Foto: ullstein bild – ullstein bild

Kapitel 2

Zentralbankgeschichte in Deutschland

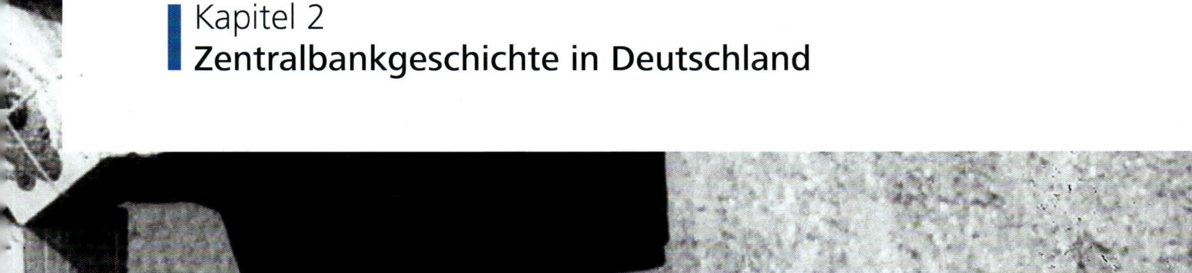

Zentralbankgeschichte in Deutschland
Vom Taler und Gulden zum Euro

2.1 Von Zettelbanken zur Reichsbank als erste deutsche Zentralbank (1870 bis 1914)

Vor 150 Jahren gab es in den 25 Staaten, die sich später zum Deutschen Reich zusammenschlossen, sechs verschiedene Währungen. Im Jahr 1871 waren insgesamt 119 unterschiedliche Kurantmünzen aus Gold und Silber im Umlauf, deren Materialwert nahezu genau ihrem Nennwert entsprach. Die Kurantmünzen waren das gesetzliche Zahlungsmittel. Gezahlt wurde auch mit Scheidemünzen, die im Zahlungsverkehr mit dem aufgeprägten Wert galten, diesen Wert aber nicht in Edelmetall enthielten. Außerdem liefen ausländische Münzen auf deutschem Gebiet um.

Neben den Münzen war Papiergeld in Umlauf. Die einzelnen deutschen Staaten hatten mitunter gleich mehrere Banken zur Ausgabe von Geldscheinen lizenziert. Durch diese Lizenz galten die privat betriebenen Banken offiziell als Notenbanken. Insgesamt gaben 33 Notenbanken 117 Sorten Papiergeld aus. Ein großer Teil dieses Papiergeldumlaufs war durch Kurantmünzen gedeckt. Auf Verlangen des Besitzers wechselten die im damaligen Sprachgebrauch noch als Zettelbanken bezeichneten Notenbanken die von ihnen herausgegebenen Geldscheine wieder in Münzgeld um. Auch die Staaten gaben Papiergeld heraus, mit dem die Menschen ihre Steuern an den Staat entrichten konnten. Die insgesamt 56 Sorten Staatspapiergeld unterlagen jedoch keiner Umtauschpflicht durch eine der Notenbanken. Obwohl der Umlauf außerhalb ihres Ursprungslandes großteils verboten war, waren die Geldscheine überall geläufiges Zahlungsmittel. Ihre Einlösung war jedoch mitunter unsicher und unbequem. Bei jeder Zahlung wurde ihr Kurs deshalb neu ausgehandelt. Das unübersichtliche Nebeneinander der Notenbanken und Geldscheine verunsicherte viele Menschen. Sie befürchteten, dass im Notfall keine der Banken ihr Papiergeld in Münzen einlösen würde. Das im Jahr 1871 gegründete Deutsche Reich bereitete der Vielfalt der Münzen und Geldscheine schließlich ein Ende, indem es bis zum Jahr 1876 Taler, Gulden und andere Währungen durch die einheitliche Währung Mark ersetzte.

Vor diesem Hintergrund beschloss der Reichstag am 14. März 1875 ein neues Bankgesetz. Dieses sah vor, die größte der 33 deutschen Notenbanken, die Preußische Staatsbank, zur Reichsbank umzugestalten und direkt dem Reichskanzler zu unterstellen. Das neue Bankgesetz gewährte der jungen Reichsbank mit Sitz in Berlin besondere Privilegien für die Ausgabe und Verteilung ihrer Banknoten. Ein knappes Jahr später, am 1. Januar 1876, nahm die Reichsbank ihre Geschäfte auf und zog die Ausgabe der Mark-Banknoten zunehmend an sich. Die Mark-Währung wurde von der Bevölkerung rasch akzeptiert. Die meisten anderen Notenbanken gaben die Ausgabe von Banknoten wenig später auf.

2.1.1 Der Goldstandard setzt sich durch

Die Menschen konnten die neue Währung zum festen Satz von 1.392 Mark je Pfund Gold bei der Reichsbank eintauschen. Die Reichsbank war dazu verpflichtet, die von ihr ausgegebenen Banknoten zu einem Drittel durch Gold und zu zwei Dritteln durch ordentliche Handelswechsel zu decken. Sie sah es als eine ihrer vorrangigen Aufgaben an, der Einlösung ihrer Banknoten jederzeit und auch in Zeiten einer hohen Nachfrage nach Zentralbankgeld nachzukommen. Damit war die Mark eine Währung nach dem Goldstandard, der sich gegen Ende des 19. Jahrhunderts in vielen Ländern der Welt durchsetzte und dem Deutschland bis zum Ersten Weltkrieg angehörte. In dieser Währungsordnung legte jedes Land den Preis seiner Währung in Gold fest und war bereit, seine Währung zu diesem bestimmten Kurs gegen Gold einzutauschen. Durch diese Festlegung waren auch die Wechselkurse zwischen den Währungen der teilnehmenden Länder bestimmt. Der Wechselkurs zwischen Deutschland und Frankreich betrug beispielsweise 80,84 Mark je 100 Franc.

2.1.2 Die Reichsbank in ihren ersten Jahrzehnten

Die Reichsbank dehnte ihr Filialnetz in den folgenden Jahren aus. Die Zahl ihrer Zweigstellen stieg von 182 im Jahr 1876 auf 487 im Jahr 1914. Doch blieb ihr Hauptsitz stets in Berlin. Die Reichsbank verlieh Geld an Geschäftsbanken. Außerdem vergab sie Direktkredite an Akteure außerhalb des Bankensystems wie Wirtschaftsunternehmen, um mit ihrer Zinspolitik einen unmittelbaren Einfluss auf die Wirtschaft auszuüben.

Die Reichsbank sah ihre Aufgabe vor allem in der Sicherung der Währungsstabilität. Die Preise im Inland stabil zu halten, eine Kernaufgabe heutiger Zentralbanken, gehörte zwar zum damaligen Zeitpunkt nicht ausdrücklich zu den Zielen der Reichsbank. Die Deckung der Banknoten durch Gold schien aber als Zwischenziel geeignet zu sein, um nicht nur die Wechselkurse, sondern auch das Preisniveau zu stabilisieren. Denn die Golddeckung beschränkte die Ausdehnung der Geldmenge. Zudem wollte die Reichsbank der Wirtschaft und besonders den Banken eine letzte, ständig verfügbare Kreditquelle sein und sie mit Kredit zum niedrigen Zins versorgen. Diese beiden Ziele konnten allerdings miteinander in Konflikt geraten, wenn beispielsweise die Golddeckung der Banknoten durch die Reichsbank einen hohen Zins erforderte.

Zur Jahrhundertwende wurde es für die Reichsbank schwieriger, der zunehmenden Kreditnachfrage nachzukommen. Die Bevölkerung im Deutschen Reich nahm in den Jahren 1876 bis 1913 um 50 Prozent zu, das reale Sozialprodukt stieg sogar um 250 Prozent. Vom Jahr 1895 an legte das Wirtschaftswachstum im Kaiserreich besonders stark zu. Um mehr Güter und Dienstleistungen zu handeln, benötigte die Wirtschaft mehr Geld. Die Geldmenge, soweit sie aus Banknoten bestand, war allerdings an die Menge der Goldreserven der Reichsbank gekoppelt. Diese versuchte nun, die Goldreserven aufzustocken. Dazu sollten die Menschen auf die Verwendung von Gold- und Silbermünzen verzichten und stattdessen Banknoten nutzen. Die Münzen sollten in den Bestand der Reichsbank eingehen und so zur Deckung einer größeren Banknotenmenge dienen.

Um die Verwendung von Papiergeld in der Bevölkerung zu fördern, gab die Reichsbank vom Jahr 1906 an den 20-Mark-Schein aus. 1908 folgte der 50-Mark-Schein. Die bis dahin kleinste Banknote war der 100-Mark-Schein gewesen, dessen Nennwert den Monatslohn eines gewöhnlichen Arbeiters deutlich überstieg. Vom Jahr 1909 an wurden die Banknoten außerdem gesetzliches Zahlungsmittel, um ihre Akzeptanz zu stärken. Das Misstrauen in die Banknoten blieb dennoch bestehen. So lautete die Schlagzeile der sozialdemokratischen Zeitschrift „Vorwärts" im Jahr 1912 „Papier statt Lohn?".

Die Reichsbank wurde in dieser Zeit zu einem Spitzeninstitut, das die Überweisungen zwischen den Gironetzen der verschiedenen Bankengruppen abwickelte. Sie bot in ihren Zweigstellen unentgeltliche Zahlungen zwischen Konten an, die Banken und andere Akteure bei ihr unterhielten. Statt mit Münzen und Banknoten wurde nun mit Buchgeld bezahlt. Das Buchgeld unterlag keiner Golddeckung. Die Reichsbank konnte die Geldmenge auf diese Weise insgesamt erhöhen und das schnell steigende Wirtschaftswachstum finanzieren.

Für die Reichsbank hatte diese Entwicklung jedoch eine geldpolitische Kehrseite. Die Geschäftsbanken tätigten immer mehr Zahlungen unbar und benötigten somit weniger Münzen und Scheine zu Zahlungszwecken. Folglich unterhielten sie eine immer geringere Barreserve. Der Einfluss der Reichsbank auf die Kreditschöpfung der Banken, den sie über die Banknotenausgabe ausüben konnte, ging deshalb zurück.

2.2 Die Geldpolitik im Ersten Weltkrieg und in der Weimarer Republik (1914 bis 1933)

Im Sommer 1914 brach der Erste Weltkrieg aus. Die Ausgaben für diesen Krieg über höhere Steuern zu decken, hätte in der Bevölkerung womöglich zu Widerstand geführt. Deshalb entschied sich die Reichsregierung dazu, Kredite aufzunehmen. Die Reichsbank sollte die Kriegsausgaben vorfinanzieren. Später wollte die Reichsregierung Kriegsanleihen auflegen. Solange die Reichsbank aber der Golddeckungspflicht unterstand, musste sie jederzeit in der Lage sein, Geld gegen Gold zu tauschen. Sie konnte folglich nicht ohne Weiteres von der Regierung dazu angewiesen werden, unbegrenzt Geld zu drucken.

Im August 1914 traten deshalb neue Währungsgesetze in Kraft. Sie hoben die Goldeinlösepflicht und die Deckungsvorschriften für umlaufende Reichsbanknoten auf. Die Reichsbank durfte die Schuldpapiere des Staates – Schatzwechsel und Anweisungen – zur Deckung der umlaufenden Reichsbanknoten annehmen. Die Reichsregierung hatte damit direkten Zugriff auf den Notenbankkredit. Rund ein Drittel der Kriegsausgaben bestritt das Deutsche Reich fortan durch den Verkauf von Schuldpapieren an die Reichsbank. Zwei Drittel finanzierte es über öffentliche Kriegsanleihen.

Durch die Kriegsfinanzierung nahmen die deutschen Staatsschulden stark zu, wofür die besiegten Gegner aufkommen sollten. Deutschland verlor jedoch den Krieg, und zu den Kriegsschulden kamen Reparationskosten hinzu, die die Siegermächte der im November 1918 ausgerufenen Weimarer Republik durch die Versailler Verträge auferlegten. Diese Verpflichtungen musste der Staat in Gold und Devisen oder mit Sachlieferungen bezahlen. Außerdem entstanden Kosten durch die Demobilisierung, die zum Beispiel die Integration der nach Deutschland heimkehrenden Soldaten umfasste, und den passiven Widerstand gegen die Besetzung des Ruhrgebietes durch Franzosen und Belgier. Auch diese Nachkriegsausgaben finanzierte der Staat zu mehr als einem Drittel durch den Verkauf kurzfristiger Schuldpapiere an die Reichsbank, was die Geldmenge ausdehnte.

2.2.1 Nachkriegsinflation

Trotz dieser Verschuldungspolitik stiegen die Preise bis zum Sommer 1922 nur moderat. Die Rationierung von Milch, Fleisch oder auch Wurst sowie die Beschlagnahmung von Lebensmitteln sorgten dafür, dass die Preise in den Kriegsjahren und kurz danach vergleichsweise schwach zunahmen. Außerdem stützten zeitweise ausländische Anleger, die eine Erholung der deutschen Währung erwarteten und deshalb Wertpapiere kauften, den Wechselkurs der Mark und damit auch das Preisniveau.

Anfang der 1920er-Jahre beäugten die Siegermächte die immer noch hohen Schulden des deutschen Staates und deren Finanzierung über die Reichsbank kritisch. Sie befürchteten, dass eine entwertete Mark die Deutschland auferlegten Reparationszahlungen gefährden könnte. Auf Drängen der Siegermächte wurde die Reichsbank mit dem Autonomiegesetz vom 26. Mai 1922 von politischen Weisungen unabhängig. Die Hoffnung der Siegermächte, dass sich die Reichsbank nun gegen die staatliche Schuldenfinanzierung wehren würde, schwand jedoch schnell.

Die Reichsbank erkannte zwar, dass die Kreditvergabe an den Staat ohne eine entsprechende Zunahme der verbrauchsfähigen Gütermenge zur Inflation führen würde. Bis Mitte 1921 ermahnte sie die Reichsregierung deshalb wiederholt, ihr Kreditbegehren zu verringern. Doch waren auch aus Sicht der Reichsbank die Ausgaben für die Reparationen nach dem Krieg, den passiven Widerstand an der Ruhr und auch für Warenimporte für die Stabilität von Staat und Wirtschaft notwendig, weshalb sie diese Ausgaben von Mitte 1922 an akzeptierte. Die damit verbundenen Preissteigerungen nahm sie bewusst in Kauf.

Hinzu kam eine unbeabsichtigte Inflationspolitik. Seit Mitte 1922 hatte die Reichsbank massenhaft Kredite an die Wirtschaft vergeben. Diese Kredite gab sie gegen Handelswechsel aus, ihnen lagen also Warengeschäfte zugrunde. Die Reichsbank verkannte, dass auch Handelswechselkredite eine starke inflationäre Wirkung hatten.

2.2.2 Hyperinflation in Deutschland

Der immer weiter steigenden Geldmenge standen nicht mehr Güter als zuvor gegenüber; diese Schere öffnete sich von Mitte 1922 an dramatisch. Der Geldüberhang mündete in eine Hyperinflation, die im November 1923 ihren Höhepunkt erreichte. Die Mark besaß zu diesem Zeitpunkt nur noch ein Billionstel ihres Werts von 1913. Ihre Kaufkraft sank so schnell, dass Unternehmen ihren Mitarbeitern die Löhne mitunter täglich auszahlten. Mit Schubkarren, Tüten und Koffern holten die Menschen ihr Geld ab und drängten in die Geschäfte, um schnell möglichst viele Waren zu erwerben. In den Geschäften erhöhten die Händler fortwährend ihre Preise. In Erwartung weiter steigender

Preise hielten die Landwirte ihre Erzeugnisse zurück. Im Herbst 1923 litten Menschen in Deutschland bei vollen Scheunen unter Hunger.

Angesichts des Wertverfalls der Mark gaben Gemeinden und Unternehmen Notgeld heraus, das schließlich den größten Teil des umlaufenden Geldes ausmachte. Die Mark erfüllte keine der klassischen Geldfunktionen mehr: Sie diente weder als Zahlungsmittel noch als Wertspeicher noch als Recheneinheit. Gewinner der hohen Inflation waren die Schuldner, Verlierer waren die Besitzer von Geldvermögen. Das Vertrauen in die Mark ging in der gesamten Bevölkerung verloren.

Infolge dieser Situation drohte ein politischer Umsturz. Vor diesem Hintergrund erschienen der Regierung die Kosten einer Währungsreform geringer als die einer fortdauernden Inflation. Sie entschied sich dazu, mit der Rentenmark zunächst eine Übergangswährung einzuführen. Die hierfür gegründete Rentenbank gab die neue Währung von November 1923 an heraus. Die Rentenmark erwarb schnell das Vertrauen der Bevölkerung, die 4,20 Billionen (Papier-) Mark gegen 4,20 Rentenmark eintauschen konnte. Die Rentenmark war in ein festes Wertverhältnis zum US-Dollar gesetzt: 4,20 Rentenmark entsprachen wie schon bei der Reichsmark vor dem Krieg einem US-Dollar. Die Währungsreform bereitete außerdem der Staatsfinanzierung durch die Reichsbank ein Ende. Die Regierung konnte ihre Haushaltsdefizite nicht mehr über Kredite der Reichsbank finanzieren. Diesen Verzicht machte sie durch radikale Haushaltskürzungen glaubhaft.

Im Jahr 1924 führte Deutschland dann die Reichsmark ein. Grundlage der Reform war das Bankgesetz vom 30. August 1924, das die Währungsreform endgültig besiegelte. Die Reichsbank gab neue Banknoten heraus, die gesetzliches Zahlungsmittel waren. In den kommenden Jahren ersetzten sie faktisch die Rentenmark. Die neue Währung war teilweise durch Gold, aber auch durch Devisen gedeckt: Die Reichsbank war verpflichtet, die Banknoten der Reichsmark zu 30 Prozent durch Gold und zu weiteren 10 Prozent durch Devisenreserven zu decken. Die Reichsmark entsprach damit einer Währung nach dem Gold-Devisen-Standard. Den Rest deckte die Reichsbank durch Handelswechsel.

Das neue Bankgesetz schrieb die Unabhängigkeit der Reichsbank von der Regierung fest. Die Reichsbank unterstand jedoch einem vierzehnköpfigen Generalrat, der die Mitglieder des Direktoriums der Reichsbank bestimmte. Er war anfangs etwa zur Hälfte mit Vertretern aus dem Ausland besetzt. Mit dieser Regelung kam Deutschland einer Verpflichtung aus der Londoner Reparationskonferenz vom Sommer 1924 nach.

Die Reichsbank bemühte sich in den kommenden Jahren um die Stabilität der Währung und um billigen Kredit. Sie befand sich aber in einem Dilemma. Aufgrund der hohen Inlandszinsen strömte Kapital aus dem Ausland nach Deutschland, das die Geldmenge und die Preise beeinflusste. Senkte die Reichsbank den Diskontsatz, um den Zustrom von Auslandskapital einzudämmen, regte sie die inländische Kreditnachfrage an. Dies führte wiederum zu Preissteigerungen. Erhöhte sie den Diskontsatz, um die inländische Kreditnachfrage zu dämpfen, zog sie vermehrt Auslandskapital an, gegen das sie – die Geldmenge steigernd – ihre Banknoten hergab. Dieser Konflikt ergab sich daraus, dass die Reichsbank im Gold-Devisen-Standard – ähnlich wie zu Zeiten des Goldstandards vor dem Ersten Weltkrieg – Teil eines Festkurssystems mit frei austauschbaren Währungen war, die diesem Standard ebenfalls angehörten. Dazu zählte beispielsweise der US-Dollar, der im festen Austauschverhältnis (1:4,20) zur Reichsmark stand.

Im Zusammenhang mit der Gold- und Devisendeckung der Banknoten trat außerdem eine weitere Schwierigkeit auf: Bei einem starken Rückzug des Auslandskapitals in Krisenzeiten musste die Reichsbank ihre Gold- und Devisenreserven womöglich in so großer Menge hergeben, dass die gesetzliche Gold- und Devisendeckung der Banknoten unterschritten würde. Dieses Problem tat sich dann tatsächlich in der Bankenkrise von 1931 auf.

2.2.3 Weltweite Wirtschaftskrise

Am 25. Oktober 1929 kam es in den Vereinigten Staaten von Amerika zu einem Börsenzusammenbruch. Am sogenannten Schwarzen Freitag platzte an der New Yorker Wall Street eine Spekulationsblase am Aktienmarkt, die sich zuvor während einer langen Phase der Hochkonjunktur aufgebaut hatte. Viele amerikanische Bürger hatten in den „Goldenen Zwanzigern" in Aktien investiert. Im Sommer 1929 zeigte sich, dass viele US-amerikanische Unternehmen ihre Produktion zu stark ausgeweitet hatten und besonders langlebige Güter kaum noch absetzen konnten. Die Anleger beunruhigten diese Nachrichten. Am Schwarzen Freitag kam es an den Börsen zu Panikverkäufen: Viele Anleger verloren ihr Geld, Millionen US-Amerikaner in der anschließenden, auch „Große Depression" genannten Wirtschaftskrise ihre Arbeit.

In der Krise verloren US-amerikanische Banken, die zuvor die Aktienspekulation finanziert hatten, an Kreditfähigkeit und vergaben daraufhin kaum noch Kredite an das Ausland. Deutschland traf dieser Kreditentzug hart, die folgende Wirtschaftskrise fiel besonders schwer aus.

2.2.4 Deflation und Bankenkrise

Die Regierung ordnete in der Krise eine deflatorische Preis- und Kostensenkungspolitik an, die die Wettbewerbsfähigkeit Deutschlands gegenüber dem Ausland stärken sollte. Die Verbindlichkeiten Deutschlands gegenüber dem Ausland, die bedient werden mussten, hatten die Regierung unter Zugzwang gesetzt. Indem sie Steuern erhöhte und Ausgaben kürzte, versuchte sie außerdem, den staatlichen Haushalt auszugleichen. Die Reichsbank beteiligte sich an der Deflationspolitik, indem sie zunächst die Zinsen erhöhte und später auch die Kreditvergabe einschränkte.

Auch die politische Lage beeinflusste die Situation der deutschen Banken. Nach den Wahlen im September 1930, bei denen die Kommunistische Partei Deutschlands und die Nationalsozialistische Deutsche Arbeiterpartei (NSDAP) Stimmenanteile gewannen, zogen verunsicherte ausländische Anleger vorübergehend Einlagen bei den deutschen Banken ab. Im Mai 1931 verschärfte sich die Situation, weil Anleger die Zahlungsunfähigkeit deutscher Banken und des Staates befürchteten. Ausländische und später auch inländische Anleger zogen massiv Einlagen ab.

Die Reichsbank glich diese Abzüge auch deswegen nicht durch Kredite aus, weil sie befürchtete, die vorgeschriebene Gold- und Devisendeckung der Banknoten nicht einhalten zu können. Schließlich kontingentierte sie die Kreditvergabe im Rahmen der Deflationspolitik zeitweise stark. Dies stand im Kontrast zu ihrer ursprünglichen Funktion als „Kreditgeberin der letzten Instanz". Die Menschen in Deutschland fürchteten unterdessen um ihre Bankguthaben. Vor den Banken bildeten sich lange Schlangen von Menschen, die ihre Guthaben abheben wollten. Dies veranlasste die Regierung dazu, die Banken am 14. und 15. Juli 1931 zu schließen. Anschließend blieb der Reichsbankzins hoch, sodass die Unternehmen kaum noch Kredite aufnahmen.

Als Folge der Deflationspolitik sanken Beschäftigung und Produktion stark. Das reale Sozialprodukt in Deutschland schrumpfte zwischen 1929 und 1932 um ein Viertel. Die Arbeitslosigkeit schnellte drastisch in die Höhe. Begleitet von einem Rückgang der Geldmenge fielen die Verbraucherpreise von 1929 bis 1932 fast um ein Viertel. Letztlich verbesserten sich jedoch durch die Deflationspolitik die Bedingungen für Wettbewerb und Wirtschaftswachstum: Im Herbst 1932 zog die Konjunktur in Deutschland wieder an.

2.3 Die Rolle der Reichsbank im Nationalsozialismus (1933 bis 1945)

Die verheerende wirtschaftliche Lage nach 1929 trug zur politischen Radikalisierung und zum Aufstieg der NSDAP bei. Nach der Machtergreifung im Jahr 1933 leitete das nationalsozialistische Regime den beginnenden wirtschaftlichen Aufschwung in ein durch den Staat getriebenes Wirtschaftswachstum um. Es erhöhte die staatlichen Investitionen und begann mit einer Politik der Arbeitsbeschaffung und militärischen Aufrüstung. Die Reichsbank unterstützte die nationalsozialistische Politik durch die Finanzierung von Rüstungsaufträgen. Auf Veranlassung der Reichsregierung und mithilfe der Reichsbank gründeten im Jahr 1933 vier große Rüstungsunternehmen – Siemens, Krupp, Gutehoffnungshütte und Rheinstahl – die Metallurgische Forschungsgesellschaft mbH (Mefo). Mithilfe der sogenannten Mefo-Wechsel schufen die Akteure ein System, um von 1933 an Rüstungsaufträge zu finanzieren. Die Mefo wurde zwischen Staat und Reichsbank geschaltet, was das Bankgesetz von 1924 unterlief.

Im Jahr 1936 herrschte in Deutschland Vollbeschäftigung. Das nationalsozialistische Regime verhängte einen allgemeinen Preisstopp, der bis zum Ende seiner Herrschaft in Kraft blieb. Die Reichsbank sorgte sich vor diesem Hintergrund um die wachsende Staatsverschuldung und die immer höheren Bestände an Mefo-Wechseln in ihren Büchern. Sie beobachtete, wie sich die Schere zwischen Geldmenge und Güterangebot vom Jahr 1937 an sichtbar öffnete, und befürchtete als Folge eine hohe Inflation.

Das Verhältnis zwischen dem Direktorium der Reichsbank und dem nationalsozialistischen Regime kühlte immer weiter ab. Schritt für Schritt unterhöhlten die Nationalsozialisten nun auch die formale Unabhängigkeit der Reichsbank. Im Jahr 1937 kam die Reichsbank per Gesetz in direkte Weisungsabhängigkeit des „Führers und Reichskanzlers" Adolf Hitler. Im Januar 1939 wandte sich die Reichsbank mit einer Denkschrift zu einer inflationsfreien Finanzierung des Budgets an ihn. Die Staatsausgaben sollten so begrenzt

Die Funktionsweise des Mefo-Wechsels

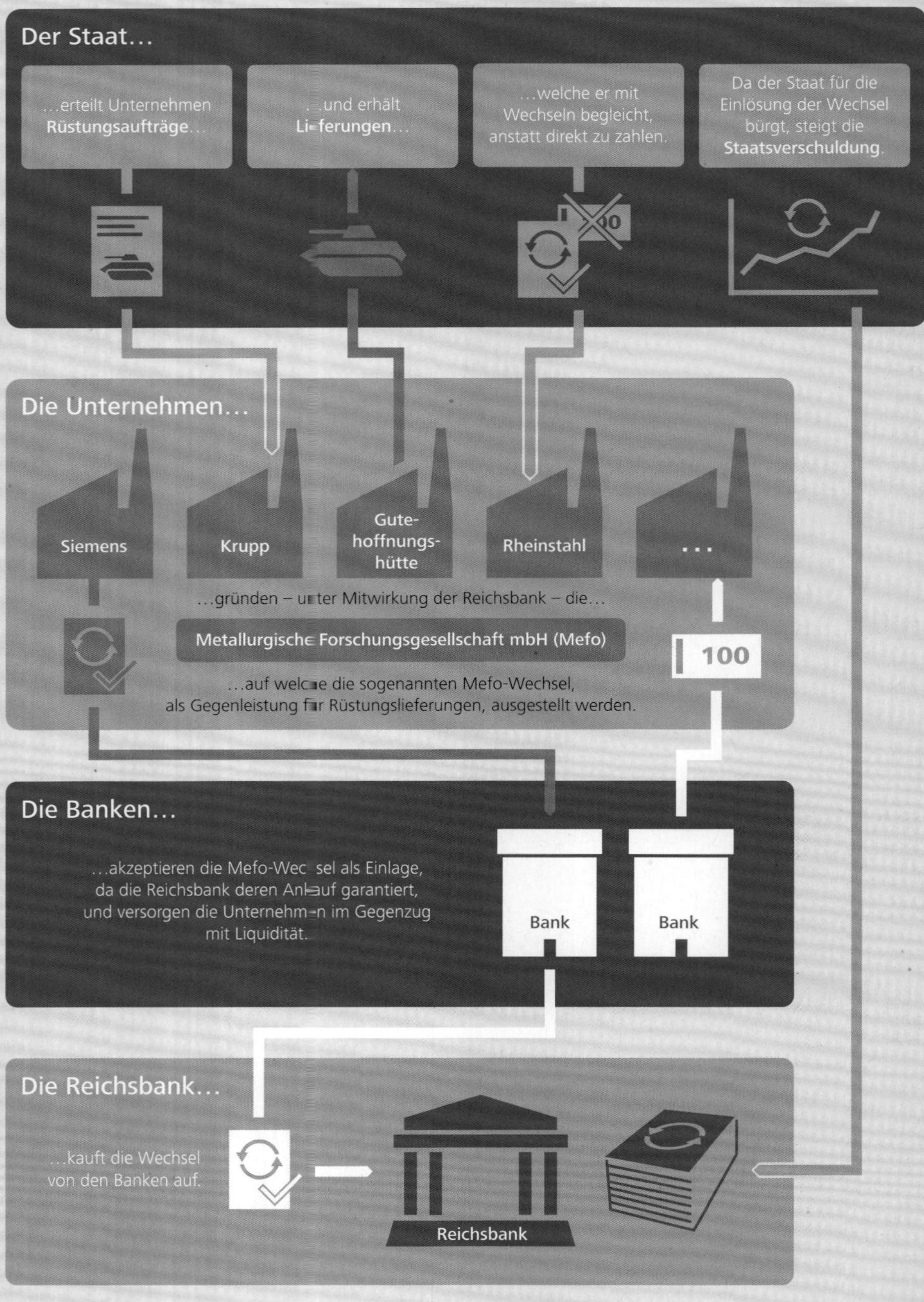

werden, dass sie durch Steuereinnahmen oder langfristige Anleihen gedeckt werden konnten. Hitler entließ daraufhin sechs der acht Direktoriumsmitglieder, darunter auch Reichsbankpräsident Hjalmar Schacht.

Durch ein weiteres Gesetz konnte Hitler zudem im Juni 1939 über die Höhe des Notenbankkredits an den Staat entscheiden. Mit diesem Gesetz wurde die Reichsbank offiziell in Deutsche Reichsbank umbenannt. Die Golddeckungspflicht wurde aufgehoben. Die Reichsbank war so in der Lage, die Geldmenge unbegrenzt zu erhöhen, ohne dafür mehr Gold hinterlegen zu müssen. Wie alle anderen Behörden und Verwaltungen im nationalsozialistischen Staat war nun auch die Reichsbank „gleichgeschaltet".

Die Reichsbank im Zweiten Weltkrieg

Von 1939 an übernahm die Reichsbank nur noch administrative sowie bank- und finanztechnische Aufgaben im Dienste der Regierung und verschiedener nationalsozialistischer Einrichtungen. Dies galt im Zweiten Weltkrieg auch für Rüstung und Kriegsführung, Besatzungspolitik und Judenverfolgung. In der Devisen- und Goldbewirtschaftung blieb der Reichsbank vor allem die Aufgabe, die Geschäfte der nationalsozialistischen Dienststellen abzuwickeln. Sie tätigte in den folgenden Jahren Geschäfte mit den geraubten Goldreserven der Zentralbanken besetzter Länder. Während des Zweiten Weltkriegs hatte sich das Reich Gold aus verschiedenen Ländern angeeignet, darunter Belgien und die damalige Tschechoslowakei, Italien, Österreich, Polen, Luxemburg und die Niederlande. Die Reichsbank betrieb außerdem Verwertungsgeschäfte mit geplünderten jüdischen Vermögenstiteln. Etwa vom Jahr 1942 an wurde das Gold jüdischer Opfer des nationalsozialistischen Regimes in den Tresoren der Reichsbank gelagert. Im Jahr 1942 wurde die Reichsbank als „nationalsozialistischer Musterbetrieb" ausgezeichnet.

Die Reichsbank unterstützte das Regime weiterhin bei der Kriegsfinanzierung. Wie im Ersten Weltkrieg bestritt die Regierung die Kosten für den Krieg vor allem durch Verschuldung und weniger über Steuern. Die Kriegsfinanzierung sollte geräuschlos erfolgen. Die Schuldpapiere des Staates wurden deshalb direkt im Bankensystem untergebracht, beispielsweise bei den Sparkassen. In den letzten Kriegsjahren wiesen aber immer mehr Banken die Staatsschuldpapiere zurück, sodass die Reichsbank diese übernahm. Gegen Ende des Krieges betrug die bei der Reichsbank untergebrachte Reichsschuld 21,9 Prozent des gesamten Reichsschuldenstandes im Haushaltsjahr 1944/45. Diese Verschuldung erzeugte einen gewaltigen Geldüberhang. Er war Ausdruck einer durch festgesetzte Preise ausgelösten „verdeckten Inflation“. Nach Kriegsende im Jahr 1945 lösten die Siegermächte die Reichsbank auf.

2.4 Nachkriegszeit und Währungsreform (1945 bis 1957)

Nach dem Krieg litten die Menschen Hunger. Viele Städte waren durch Bomben zerstört worden. Die wirtschaftliche Produktion lag darnieder und lief nur verhalten an. Dabei gab es einsetzbare Produktionsanlagen, Arbeitskräfte und Rohstofflager in beträchtlichem Umfang. Trotzdem konnten die Unternehmen kaum Gewinn erwirtschaften, weil die Preise festgesetzt waren und niedrig blieben. Für die Menschen lohnte es sich kaum, für den Gelderwerb zu produzieren und zu arbeiten. Es rentierte sich umso weniger, wenn Ersparnisse vorhanden waren. Denn die Menschen benötigten nicht viel Geld, um die wenigen staatlich zugeteilten und festgesetzten Waren zu erwerben. Sie brachen vielmehr zu sogenannten Hamsterfahrten aufs Land auf, bei denen sie Wertgegenstände gegen Lebensmittel tauschten. Auch der Schwarzhandel blühte. Eine neue Währung zu schaffen schien eine notwendige Maßnahme, um Anreize für den Gelderwerb zu schaffen.

Die amerikanische Militärregierung legte den ersten Entwurf für eine Währungsreform schon im Mai 1946 vor. Bis zur tatsächlichen Umsetzung vergingen jedoch zwei Jahre. Zunächst verhandelten alle vier Siegermächte, um in ganz Deutschland eine einheitliche Währung einzuführen. Doch begannen sowohl die Vereinigten Staaten als auch die Sowjetunion während der Verhandlungen mit dem Druck neuer Zahlungsmittel. Die

Vereinigten Staaten druckten auf Deutsche Mark lautende Banknoten, die Sowjetunion Kupons. Im Zuge des sich anbahnenden Kalten Krieges wurden schließlich in den westdeutschen Besatzungszonen und in dem von der Sowjetunion besetzten deutschen Gebiet unterschiedliche Währungen eingeführt.

Die Währungsreform der westlichen Alliierten legte zum 21. Juni 1948 die D-Mark als neue Währung fest. Unter Beteiligung deutscher Sachverständiger beschlossen die Alliierten schließlich, dass die Menschen 100 Reichsmark gegen 6,50 D-Mark eintauschen durften. Die Preisstopps und die staatliche Bewirtschaftung vieler Waren, die die Wirtschaft zuvor gelähmt hatten, wurden nun aufgehoben. All diese Maßnahmen stellten Vertrauen in die neue Währung her.

2.4.1 Die D-Mark und der Schaufenster-Effekt

Vom 21. Juni 1948 an konnten die Menschen in Westdeutschland mit der D-Mark bezahlen. Dieser Tag markierte den entscheidenden Startpunkt für den wirtschaftlichen Neubeginn nach dem Zweiten Weltkrieg. Ladenbesitzer boten über Nacht wieder Waren zum Verkauf an, die sie bis dahin gehortet hatten. Dieser sogenannte Schaufenster-Effekt schrieb den Tag der Währungseinführung im Bewusstsein vieler Zeitzeugen als Auftakt des deutschen „Wirtschaftswunders" fest. Tatsächlich stieg die Güterproduktion im ersten Halbjahr nach der Währungsreform sprunghaft an.

Das Wirtschaftswunder der Folgejahre ging jedoch nicht ausschließlich auf die Währungsreform zurück. Die Verfügbarkeit vieler Arbeitskräfte, eine zurückhaltende Lohnpolitik, der Erlass eines Teils der deutschen Auslandsschulden und die Haushaltsdisziplin des Staates schafften günstige wirtschaftliche Bedingungen. Außerdem waren US-amerikanische Kredite an die Bedingung geknüpft, dass Deutschland sich in den liberalen Warentausch innerhalb der westeuropäischen Staatengemeinschaft integrierte, was den Handel stimulierte. Auch die stabilitätsorientierte Geldpolitik der neuen deutschen Zentralbank, der Bank deutscher Länder (BdL), förderte den wirtschaftlichen Aufschwung.

2.4.2 Die Bank deutscher Länder

Die Währungsreform in Westdeutschland wäre ohne eine neue Zentralbank, die die D-Mark ausgab und die Geldpolitik übernahm, nicht möglich gewesen. Diese neue Zentralbank war die Bank deutscher Länder, über deren Ausgestaltung die Vereinigten Staaten und Großbritannien gerungen hatten. Die Amerikaner hatten für einen föderativen, die Briten für einen zentralen Aufbau plädiert. Unter amerikanischem Einfluss wurde das „westdeutsche Zentralbanksystem" schließlich föderativ organisiert. Auch mit der Wahl von Frankfurt am Main als Sitz der Bank deutscher Länder setzten sich die Amerikaner gegen die Briten durch, die Hamburg favorisiert hatten.

Die Bank deutscher Länder war im Besitz der schon von 1946 an errichteten Landeszentralbanken, die wiederum den Ländern gehörten. Oberstes Entscheidungsgremium war der Zentralbankrat, in dem die Präsidenten der Landeszentralbanken vertreten waren. Dem Gremium gehörten darüber hinaus der Zentralbankratspräsident und der Präsident des Direktoriums der Bank deutscher Länder an; beide wurden von den Landeszentralbankpräsidenten gewählt. Die rechtlich selbstständigen Landeszentralbanken tätigten nach den Richtlinien des Zentralbankrats Geschäfte mit den Geschäftsbanken und in begrenztem Umfang auch mit den Ländern. Auf Drängen der Briten wurde die Bank deutscher Länder selbst zu einem Spitzeninstitut, das ebenfalls geldpolitische Geschäfte ausübte.

Geldpolitische Instrumente der Bank deutscher Länder waren die klassische Diskont- und Lombardpolitik. Hinzu kam die Möglichkeit, Offenmarktgeschäfte zu tätigen. Diese gewannen aber erst in den 1980er-Jahren mit zunehmender Entwicklung des Kapitalmarkts an Bedeutung. Die Bank deutscher Länder besaß zunächst keine Devisenreserven und durfte im Gegensatz zu früheren deutschen Zentralbanken im größten Teil des Währungsgebiets weder Unternehmen noch Privatpersonen Kredite gewähren. Die Überbrückungskredite, die sie an die öffentliche Verwaltung vergab, waren stark begrenzt.

2.4.3 Einsatz für die Unabhängigkeit

In der Präambel des Gesetzes über die Bank deutscher Länder wurde die Festigung des Geld- und Kreditsystems in Deutschland als Ziel des Zentralbanksystems genannt. Unter diesem Auftrag verstand die Bank deutscher Länder von Beginn an die Erzielung von Preisstabilität. Die Bank deutscher Länder war von Weisungen deutscher politischer Stellen frei, stand jedoch unter alliierter Kontrolle. Im Frühjahr 1951 wurde die Unabhängigkeit der Bank deutscher Länder abermals zum Thema, als die Alliierten anboten, ihre Weisungsrechte gegenüber dem deutschen Banken- und Zentralbanksystem aufzuheben.

Auf Drängen des Zentralbankrats verzichtete der deutsche Gesetzgeber darauf, die Weisungsrechte der Allierten durch Weisungsrechte der Bundesregierung zu ersetzen. Das Überleitungsgesetz vom 10. August 1951 verpflichtete die Bank deutscher Länder zwar dazu, die Wirtschaftspolitik der Bundesregierung zu unterstützen – aber nur soweit dies ihre Aufgabe der Währungssicherung nicht beeinträchtigte. Mitglieder der Bundesregierung durften an Sitzungen des Zentralbankrats teilnehmen und Anträge stellen, hatten aber kein Stimmrecht. Damit war die Bank deutscher Länder von Weisungen der Alliierten und der Bundesregierung unabhängig.

2.5 Von der Gründung der Bundesbank bis zum Euro (1957 bis 1998)

Die Bank deutscher Länder sollte die Aufgaben einer Zentralbank nicht dauerhaft übernehmen. Das Grundgesetz vom 23. Mai 1949 sah bereits vor, die durch die Besatzungsmächte geschaffene Bank deutscher Länder durch eine „Währungs- und Notenbank als Bundesbank" zu ersetzen. Das Gesetz über die Deutsche Bundesbank wurde schließlich am 26. Juli 1957 verabschiedet. Es trat am 1. August 1957 in Kraft. Dies ist das Gründungsdatum der Bundesbank.

Das Bundesbankgesetz verwies – gegen den Widerstand des damaligen Bundeskanzlers Konrad Adenauer – auf die Weisungsunabhängigkeit der Bundesbank von politischen Stellen. Als Ziel legte das Gesetz die „Sicherung der Währung" fest, was die Bundesbank als Sicherung der Preisstabilität und nicht der Wechselkursstabilität verstand. Das ausdrückliche Ziel der Preisstabilität wurde erst im Jahr 1997 in das Bundesbankgesetz aufgenommen. Die Wahl des Wechselkursregimes und die Festsetzung des Wechselkurses innerhalb eines Festkurssystems fielen dagegen nicht in die Kompetenz der Bundesbank, sondern in die der Bundesregierung. Mit dem neuen Bundesbankgesetz wurde das westdeutsche Zentralbanksystem zentraler organisiert. Die Landeszentralbanken gingen in Bundesbesitz über. Die Präsidenten der Landeszentralbanken behielten zwar die Mehrheit im Zentralbankrat, dort waren nun aber auch die von der Bundesregierung ernannten Mitglieder des Direktoriums stimmberechtigt.

2.5.1 Verteidigung der Unabhängigkeit

Das Preisstabilitätsziel der Bundesbank konnte mit der kurzfristigen Ankurbelung von Konjunktur und Beschäftigung in Konflikt geraten. Dies war immer dann der Fall, wenn eine Stimulierung der Wirtschaft niedrige, die Inflationsbekämpfung aber hohe Zinsen verlangte. Die Bundesbank legte Wert auf eine enge Zusammenarbeit, doch geriet sie immer wieder in Auseinandersetzungen mit den jeweiligen Bundesregierungen, die über niedrige Zinsen Konjunktur und Beschäftigung anregen wollten. Das Selbstverständnis der Bundesbank beruhte darauf, dass stabiles Geld das Beste war, was sie für Wirtschaftswachstum und eine nachhaltige Beschäftigungsentwicklung tun konnte. Drohten ungewöhnlich hohe Inflationsraten, bremste sie diese, wenn auch langsam, durch Zinserhöhungen. Beispielsweise hob die Bundesbank zwischen dem 30. März 1979 und dem 27. August 1982 den Diskontsatz in mehreren Schritten von 3 auf 7 Prozent an, um eine stärkere Zunahme der Inflation zu verhindern. Dafür kritisierte die Regierung unter Bundeskanzler Helmut Schmidt die Bundesbank zeitweise scharf. Schmidt sagte im Nachhinein, die rigide Politik der Bundesbank habe dazu beigetragen, die Arbeitslosigkeit in Deutschland zu erhöhen. Aufgrund der gesetzlich festgelegten Unabhängigkeit konnte die Bundesbank solche Konflikte durchstehen und die Geldpolitik glaubwürdig verfolgen.

Als eine von politischen Stellen unabhängige Zentralbank hielt die Bundesbank den Wert der D-Mark über Jahrzehnte hinweg außerordentlich stabil. In den Jahren von 1948 bis 1998 lag der Kaufkraftverlust der D-Mark mit jahresdurchschnittlich 2,8 Prozent deutlich unter der Geldentwertung in den meisten anderen Industrieländern. Infolge der Ölpreiskrisen in den Jahren 1973 und 1979 kam es unter anderem in den Vereinigten Staaten, Frankreich und Großbritannien teilweise zu zweistelligen Inflationsraten. Die D-Mark galt als ausgesprochen stabil, weshalb sie in diesen Jahren zur zweitwichtigsten Reserve- und Anlagewährung nach dem US-Dollar aufstieg.

2.5.2 Die Bundesbank im Bretton-Woods-System

Das Preisstabilitätsziel der Bundesbank konnte auch dem Prinzip fester Wechselkurse zuwiderlaufen, wie es zuerst im Bretton-Woods-System und später im europäischen Wechselkurssystem verfolgt wurde. Dem 1944 gegründeten Bretton-Woods-System war Deutschland im Jahr 1952 beigetreten. Durch die Bindung aller beteiligten Währungen an den US-Dollar waren auch die Wechselkurse der teilnehmenden Länder untereinander festgelegt, also etwa zwischen der D-Mark und dem französischen Franc. Als Teil des Systems verpflichtete sich Deutschland dazu, den festgelegten Wechselkurs zwischen D-Mark und US-Dollar aufrechtzuerhalten. Der US-Dollar war wiederum – als einzige Währung – an Gold gebunden: Die Vereinigten Staaten versicherten den Zentralbanken im Ausland, US-Dollar jederzeit zum Kurs von 35 US-Dollar je Feinunze Gold zurückzunehmen. Die Währungen der Länder waren untereinander frei austauschbar, zumindest was den Waren- und Dienstleistungsverkehr betraf. Änderungen der Wechselkurse waren nur bei „fundamentalen Ungleichgewichten der Zahlungsbilanz" erlaubt.

Das Bretton-Woods-System beeinflusste die Politik der westdeutschen Zentralbank entscheidend. Solange sich die Inflationsraten und die Geld- und Haushaltspolitik der

Partnerländer im Gleichklang miteinander entwickelten, belastete der erzwungene Ankauf fremder Währungen zu festen Kursen die Stabilitätspolitik der Zentralbank nicht. Eine gleichlaufende Entwicklung war aber nicht der Regelfall. Von 1953 an florierte die deutsche Wirtschaft, die Exporte deutscher Unternehmen entwickelten sich dynamisch. Deutschland wies immer wieder vergleichsweise geringe Inflationsraten und beträchtliche Leistungsbilanzüberschüsse auf. Aufgrund der Umtauschverpflichtung der amerikanischen Notenbank wurde in dieser Zeit im Wesentlichen der deutsche Goldbestand aufgebaut. In den letzten Jahren des Bretton-Woods-Systems strömte zunehmend Auslandskapital nach Deutschland, weil höhere deutsche Zinsen und die Erwartung einer D-Mark-Aufwertung Gewinne versprachen.

In den Zeiten hoher Warenexporte und Kapitalzuflüsse musste die Bundesbank Fremdwährungen gegen D-Mark aufkaufen, ohne dass dem ausgleichende Geldabflüsse gegenübergestanden hätten. Die Folge war stets ein Anstieg der deutschen Geldmenge, durch den eine Zunahme der Inflation drohte. Der gesamte Anstieg des deutschen Geldvolumens von Anfang 1967 bis zum Ende des Bretton-Woods-Systems im März 1973 war vor allem auf Auslandskapital zurückzuführen, das in deutschen Wertpapieren angelegt wurde.

Die Bundesbank brachten diese Entwicklungen in ein Dilemma. Wenn sie versuchte, durch Zinserhöhungen die inländische Kreditnachfrage zu bremsen und das Geldmengenwachstum zu dämpfen, lockte sie damit Auslandskapital an. Senkte sie dagegen die Zinsen, stieß sie zwar Auslandskapital ab, regte aber die Binnennachfrage an. Sowohl Zinserhöhungen als auch Zinssenkungen führten somit tendenziell zu Preissteigerungen in Deutschland. Das beschriebene Dilemma trat zum ersten Mal von Ende 1960 bis Anfang 1961 auf, in den Jahren danach wiederholte es sich mehrmals.

Bundesregierung und Bundesbank versuchten immer wieder, den Zufluss von Auslandskapital zu bremsen. Kapitalimporte wurden erschwert, indem die Bundesregierung die D-Mark aufwertete, was ihren Erwerb für Ausländer verteuerte, oder indem sie den Wechselkurs zeitweise freigab, was die Bundesbank von Interventionen am Devisenmarkt entband. Diese Maßnahmen wurden von jeweils kurzzeitigen Schließungen der Devisenbörsen begleitet. Hierdurch sollte das auf eine bevorstehende Aufwertung der D-Mark spekulierende Auslandskapital zumindest vorübergehend ferngehalten werden.

Von Anfang der 1970er Jahre an strömten US-Dollar in mehreren Wellen nach Deutschland. Dafür gab es verschiedene Ursachen. Deutsche Unternehmen exportierten ihre Waren ins Ausland und erwarben hierbei zum Beispiel US-Dollar, die an die Bundesbank flossen, wenn die Unternehmen sie in D-Mark umtauschten. Dies trat in den Jahren 1970 und 1971 ein, als Deutschland zeitweise hohe Leistungsbilanzüberschüsse gegenüber den Vereinigten Staaten verzeichnete. Vor allem aber veranlasste die deutliche Lockerung der amerikanischen Geldpolitik von Anfang 1970 an die zinsbewussten Dollarbesitzer zu Anlagen in D-Mark-Wertpapieren. Hinzu kam das Misstrauen in die Stabilität des US-Dollar, welches durch die Finanzierung des Vietnamkrieges durch die Vereinigten Staaten genährt wurde. US-amerikanische Kapitalbesitzer legten in D-Mark an, auf deren Aufwertung sie hofften. Die Bundesregierung gab zum 10. Mai 1971 vorübergehend den Wechselkurs der D-Mark frei, andere Länder folgten mit ihren Währungen.

Im August 1971 kündigte die amerikanische Regierung unter Präsident Richard Nixon die Verpflichtung der Vereinigten Staaten auf, US-Dollar jederzeit in Gold einzutauschen. Dieser sogenannte Nixon-Schock zeichnete das endgültige Ende des Bretton-Wood-Systems vor. Zunächst aber wurde das Festkurssystem im Dezember 1971 im Rahmen einer Vereinbarung der G-10-Staaten unter deutlicher Abwertung des Dollar und Aufwertung der D-Mark – 1 US-Dollar kostete nun noch 3,225 D-Mark – erneuert.

Das Abkommen verminderte den Druck auf die D-Mark nur vorübergehend. In den ersten Monaten des Jahres 1973 floss abermals massenhaft spekulatives Auslandskapital nach Deutschland. Die Bundesbank musste allein am 1. März 1973 US-Dollar für fast 8 Milliarden D-Mark ankaufen. Das entsprach dem Zuwachs an Zentralbankgeld fast eines ganzen Jahres. Vor diesem Hintergrund befreite die Bundesregierung die Bundesbank am 2. März 1973 von ihrer Verpflichtung, US-Dollar zum festen Kurs anzunehmen. Der Ministerrat der

Europäischen Gemeinschaft (EG) hob die Bindung anderer Währungen an den US-Dollar schließlich offiziell auf, wodurch das Bretton-Woods-System endgültig aufgelöst wurde. Die Bundesbank gewann dadurch erheblichen geldpolitischen Spielraum.

2.5.3 Der Monetarismus setzt sich durch

Nach dem Zusammenbruch des Bretton-Woods-Systems kamen in Deutschland neue geldpolitische Konzepte auf. Der wirtschaftstheoretische Ansatz des US-amerikanischen Ökonomen Milton Friedman, des Begründers des Monetarismus, setzte sich durch. Nach Friedmans Theorie besteht zwischen der Geldmenge in einer Volkswirtschaft und der Entwicklung der Preise ein enger Zusammenhang. „Inflation ist immer und überall ein rein monetäres Phänomen", lautet einer seiner berühmtesten Sätze.

Die dahinter stehende Grundauffassung war schon zuvor in der Bundesbank präsent gewesen: Wenn Inflation vermieden werden sollte, durfte die Geldmenge mittelfristig nur im Verhältnis zum realen Wirtschaftswachstum ausgedehnt werden. Die Bundesbank griff auch die Schlussfolgerung Friedmans auf, dass die Aufgabe einer Zentralbank einzig darin bestehen solle, die Geldmenge weitgehend inflationsfrei zu steuern. Sie machte aber die Geldmenge zum ausdrücklichen, jährlich neu festzulegenden Zwischenziel der Geldpolitik, das mithilfe des Zinssatzes indirekt anzusteuern war. Die Bundesbank ging davon aus, dass die Entwicklung der Geldmenge ihr frühzeitig die künftige Preisentwicklung anzeigen würde. Außerdem würde sie die Geldmenge durch ihr Instrumentarium unmittelbarer als die Preisentwicklung selbst beeinflussen können. In den nachfolgenden Jahren schlug die Bundesbank als erste Zentralbank der Welt den Kurs der Geldmengensteuerung ein, um die Entwicklung der Inflation zu beeinflussen.

Bei der Festlegung des Geldmengenziels ließ sie sich für das Jahr 1975 vor allem von folgenden Größen leiten: dem Wachstum des Produktionspotenzials, der Änderung des Auslastungsgrads des Produktionspotenzials, dem sogenannten unvermeidlichen Preisanstieg und der Änderung der Umlaufgeschwindigkeit der Geldmenge. Von diesen vier

Größen waren zwei – die Auslastung des Produktionspotenzials und die Umlaufgeschwindigkeit – konjunkturabhängig. Die Bundesbank orientierte sich zunächst bei ihrer Geldmengensteuerung von 1975 bis 1987 an der sogenannten Zentralbankgeldmenge, danach an der Geldmenge M3. Für das Wachstum dieser Geldmengenaggregate legte sie vom Jahr 1975 an einen konkreten Zielwert von zunächst 8 Prozent fest. Vom Jahr 1979 an ermöglichten Bandbreiten mehr Flexibilität.

Von 1975 an gab die Bundesbank ihre konkreten Geldmengenziele bekannt. Sie unterwarf sich damit einer öffentlichen Kontrolle und machte zum Beispiel deutlich, welche Lohnerhöhungen sie durch eine Ausdehnung der Geldmenge monetär unterlegen würde. In den insgesamt 23 Jahren der Geldmengensteuerung erreichte sie ihre Ziele zwölf Mal. Besonders in den Jahren 1978 und von 1986 bis 1989 schoss das Wachstum der Geldmenge über die gesetzten Zielwerte hinaus. Damals senkte die Bundesbank die Zinsen, um die Konjunktur zu beleben und die starke Aufwertung der D-Mark zu dämpfen. Die Zinssenkungen führten aber dazu, dass sich die Geldmenge ausweitete. Zudem kaufte die Bundesbank in dieser Zeit – mit demselben Effekt – US-Dollar an. Die Bundesbank kehrte jedoch in der mittleren Frist, meist innerhalb von zwei bis drei Jahren, immer wieder auf ihren Zielpfad zurück.

2.5.4 Die Integration europäischer Währungen

Die Euro-Banknoten und Euro-Münzen kamen vom Jahr 2002 an in den Umlauf. Die Idee zu einer gesamteuropäischen Währung war schon viel älter; sie hatte an Fahrt aufgenommen, als das Bretton-Woods-System fester Wechselkurse zu zerbröckeln begann. Der luxemburgische Premierminister Pierre Werner legte dazu Anfang der 1970er-Jahre einen Plan vor, der eine gemeinsame Währung in allen Ländern der Europäischen Gemeinschaft bis zum Jahr 1980 vorsah.

Einige europäische Länder (anfangs Deutschland, Frankreich, Italien, die Niederlande, Belgien und Luxemburg) einigten sich im Jahr 1972 zunächst auf den Europäischen

Wechselkursverbund (EWV), die sogenannte Währungsschlange. In ihr durften die Wechselkurse um nicht mehr als 2,25 Prozent von den vereinbarten Leitkursen nach oben oder unten abweichen. Der Zusammenhalt war jedoch schwach. Die Inflationsraten der Teilnehmerländer gingen zu sehr auseinander, Währungsreserven und gegenseitige Finanzierungshilfen waren zu gering, um laufende Auf- und Abwertungen (Realignments) und Austritte zu vermeiden. Diese Schwierigkeiten veranlassten Frankreich und Deutschland dazu, ein System anzustreben, das den schwächeren Währungen auch ohne die Preisdisziplin der Länder mit stärkeren Währungen feste Wechselkurse ermöglichte. Im Jahr 1979 ersetzte das Europäische Währungssystem (EWS) den Wechselkursverbund. Die Durchschnittswährung der Teilnehmerländer, die Europäische Währungseinheit European Currency Unit (ECU), wurde zur rechnerischen Leitwährung des Systems. Der ECU wurde allerdings nicht zum Bezugspunkt für die Devisenintervention der teilnehmenden Länder, dies war die jeweils stärkste Währung. Das EWS bestand bis zur Einführung des Euro im Jahr 1999.

Das EWS hatte eine doppelte Wirkung auf die Entstehung der Europäischen Wirtschafts- und Währungsunion (EWWU). Die Stabilitätspolitik der Bundesbank, durch welche die D-Mark zur informellen Anker- oder Orientierungswährung in diesem System wurde, spielte hierbei eine bedeutende Rolle. Einerseits beförderte das EWS eine allgemeine Stabilitätsorientierung der Teilnehmerländer: Die währungsschwachen Länder, allen voran Frankreich, schlugen von 1982 an eine restriktive Geld- und Haushaltspolitik ein, um die hohen Inflationsraten zu senken. Laufenden Währungsabwertungen versuchten sie auf diese Weise zu entgehen. Tatsächlich wurden die Neufestsetzungen der Wechselkurse im EWS nach 1983 seltener. Diese Erfahrung verstärkte die Neigung, stabilitätsfördernde Eigenschaften in den Ordnungsrahmen der EWWU einfließen zu lassen. Dazu gehörten Vereinbarungen über die Begrenzung der Haushaltsdefizite und Verschuldung der teilnehmenden Länder, die Unabhängigkeit ihrer Zentralbanken von politischen Weisungen sowie ein Verbot der Kreditvergabe an die öffentlichen Haushalte durch die Zentralbanken. Andererseits blieb das EWS anfällig: Die Rückführung der Inflationsraten gelang den währungsschwachen Ländern nur, wenn sie hohe Zinsen festsetzten. Diese belasteten aber

Konjunktur und Beschäftigung. Den Wechselkurs zur D-Mark stabil zu halten, bedeutete daher für einige Länder eine schwere Bürde. Diese Belastung verstärkte den Wunsch nach einer gemeinschaftlichen Institution, von der einige der an dem System teilnehmenden Länder einen Ausgleich der nationalen Interessen erhofften. Der Abhängigkeit von der Politik der Bundesbank, in der man sich gefangen sah, wollte man auf diese Weise entgehen. Im Jahre 1988 begannen die Beratungen zur Errichtung der EWWU.

Die D-Mark kommt nach Ostdeutschland

Am 9. November 1989 lagen sich die Menschen in Berlin jubelnd in den Armen. Die Mauer war gefallen, die Trennung zwischen West- und Ostdeutschland hatte ein Ende gefunden. Etwa sieben Monate später wurde die D-Mark gesamtdeutsche Währung. Die Bundesbank war dafür verantwortlich, die Menschen der Deutschen Demokratischen Republik (DDR) pünktlich zum 1. Juli 1990 mit D-Mark zu versorgen. Ihre Mitarbeiter brachten dazu 440 Millionen Banknoten und 102 Millionen Münzen in Rekordzeit in den Osten Deutschlands. Um das Bargeld vor Ort zu verteilen, baute die Bundesbank 15 neue Filialen auf. Das gemeinsame Geld wurde zu einem Symbol der deutschen Einheit, die wenige Monate später offiziell wurde: Am 3. Oktober trat die DDR der Bundesrepublik Deutschland bei.

2.6 Der Übergang zum Euro (seit 1999)

Am 7. Februar 1992 unterzeichneten die Staats- und Regierungschefs der damals zwölf Mitgliedstaaten der Europäischen Gemeinschaft den Vertrag von Maastricht. Rund zwanzig Jahre nach dem Werner-Plan sah dieser Vertrag vor, den Euro als gemeinsame Währung einzuführen und eine europäische Wirtschaftsunion zu errichten. Jedes Land, das dem Euro beitreten wollte, musste die im Maastricht-Vertrag festgelegten wirtschaftlichen Konvergenzkriterien erfüllen.

In den folgenden Jahren bereiteten die Länder die Einführung des Euro vor. Sie gründeten im Jahr 1994 das Europäische Währungsinstitut (EWI). Die Mitglieder des EWI waren die Zentralbanken der EU-Mitgliedstaaten, die ihre Geldpolitik von diesem Zeitpunkt an koordinierten. Aus dem EWI ging zum 1. Juni 1998 die Europäische Zentralbank (EZB) mit Sitz in Frankfurt am Main hervor, die heute gemeinsam mit den nationalen Zentralbanken der EU das Europäische System der Zentralbanken (ESZB) bildet. Das Modell der Bundesbank wurde auf dieses System übertragen: Die Europäische Zentralbank ist von politischen Stellen unabhängig, die Preisstabilität ihr vorrangiges Ziel, und das ESZB ist föderal aufgebaut (→ Kapitel Eurosystem). Der EZB-Rat legte als Preisstabilitätsziel eine Inflationsrate von unter, aber nahe 2 Prozent fest.

Die Gemeinschaftswährung wurde im Jahr 1999 zunächst als Buchgeld eingeführt. Im Jahr 2002 ersetzten dann Euro-Banknoten die bisherigen nationalen Banknoten. Gleichzeitig kamen die Euro-Münzen in den Umlauf. Deutschland, Belgien, Finnland, Frankreich, Griechenland, Irland, Italien, Luxemburg, die Niederlande, Österreich, Portugal und Spanien waren die ersten Länder, in denen der Euro gesetzliches Zahlungsmittel wurde. Ein Euro entsprach gerundet 1,96 D-Mark. Die Verantwortung für die Stabilität der Währung lag von diesem Zeitpunkt an nicht länger bei den nationalen Zentralbanken, sondern beim Eurosystem. Dieses besteht aus den nationalen Zentralbanken der

EU-Länder, deren Währung der Euro ist. Die Bundesbank ist als nationale Zentralbank Deutschlands Teil des Eurosystems.

Für die Bundesbank änderte sich mit der Euro-Einführung einiges. Durch das Siebte Gesetz zur Änderung des Bundesbankgesetzes vom 23. März 2002 wurden die Landeszentralbanken zu nachgeordneten Hauptverwaltungen. Zugleich entfielen die Bezeichnung der Hauptverwaltungen als Landeszentralbank, deren Vorbehaltszuständigkeiten sowie der Zentralbankrat als das Organ, in dem bisher die Landeszentralbanken durch ihre Präsidenten vertreten waren. Alleiniges Leitungsorgan wurde der Bundesbankvorstand, der zunächst aus acht Personen bestand.

Die Finanz-, Wirtschafts- und Staatsschuldenkrise

Am 15. September 2008 meldete die US-amerikanische Investmentbank Lehman Brothers Insolvenz an. Daraufhin schwand das Vertrauen zwischen vielen Geschäftsbanken. Sie zweifelten daran, dass andere Banken ihre Verbindlichkeiten ihnen gegenüber erfüllen konnten. Infolge dieses Vertrauensverlustes handelten die Banken kaum mehr miteinander, der Interbankenmarkt kam praktisch zum Erliegen. An den internationalen Finanzmärkten kam es zu großen Spannungen. Damit erreichte eine Entwicklung ihren Höhepunkt, die im Sommer 2007 als Krise auf dem US-amerikanischen Immobilienmarkt begonnen hatte und sich nun innerhalb eines Jahres zu einer globalen Finanz- und Wirtschaftskrise ausweitete: Staaten, Banken, Unternehmen und private Haushalte waren betroffen. In Deutschland kam es im Jahr 2009 zum stärksten Wachstumseinbruch seit Beginn der Wirtschaftswunderjahre.

Regierungen und Notenbanken auf der ganzen Welt versuchten, den Auswirkungen der Krise zu begegnen. Die Bundesregierung legte zwei Konjunkturprogramme auf und gründete im Herbst 2008 den Sonderfonds Finanzmarktstabilisierung (SoFFin), der Banken mit Geldern stützte. Bundeskanzlerin Angela Merkel und Finanzminister Peer Steinbrück versicherten zudem im Oktober 2008, dass die Bankeinlagen der deutschen Bürger sicher seien. Im Jahr 2010 legte das deutsche Bruttoinlandsprodukt wieder deutlich zu. Auch die Weltwirtschaft erholte sich.

Als Konsequenz aus der Krisenbekämpfung erhöhten sich die Staatsschulden in vielen Ländern kräftig, auch weil viele Staaten angeschlagene Banken mit erheblichen Summen stützten. Die Finanzkrise weitete sich in Europa zur Staatsschuldenkrise aus. Unter den Ländern des Euro-Raums waren Griechenland, Irland, Portugal, Spanien und Zypern besonders betroffen. Als vorübergehende Rettungsmaßnahme richteten die EU-Mitgliedstaaten die Europäische Finanzstabilitätsfazilität (European Financial Stability Facility, EFSF) ein, die später durch den Europäischen Stabilitätsmechanismus (European Stability Mechanism, ESM) ersetzt wurde. Über diese beiden Krisenfonds erhielten Euro-Länder finanzielle Unterstützung, im Gegenzug verpflichteten diese sich zu wirtschaftlichen Reformen. Als weitere Antworten auf die Finanz- und Staatsschuldenkrise beschlossen die EU-Mitgliedstaaten, die Überwachung des Finanzsystems neu zu gestalten (→ Kapitel Finanzstabilität) sowie die EWWU durch eine gemeinsame Bankenaufsicht zu ergänzen (→ Kapitel Bankenaufsicht).

Auch das Eurosystem ergriff viele Maßnahmen, um die Verwerfungen an den Finanzmärkten zu vermindern und negative Auswirkungen auf Unternehmen und Verbraucher abzuwenden. So wurden die Leitzinsen seit dem Jahr 2008 bis in den negativen Bereich gesenkt. Seit Herbst 2008 können sich Geschäftsbanken zudem in beliebiger Höhe Zentralbankgeld vom Eurosystem leihen, sofern sie werthaltige Sicherheiten dafür hinterlegen. Um in den Krisenzeiten die Kreditvergabe zu stärken und Störungen der geldpolitischen Wirkungsketten entgegenzuwirken, legte der EZB-Rat über die Zinspolitik und die Vollzuteilung hinaus mehrere geldpolitische Wertpapierankaufprogramme auf. Außerdem stellte das Eurosystem verstärkt längerfristige Liquidität bereit.

Angesichts einer unerwünscht niedrigen Inflationsrate und eines schon nahe bei null Prozent liegenden Leitzinses beschloss der EZB-Rat Anfang 2015 weitere Wertpapierankaufprogramme, um den geldpolitischen Kurs zu lockern (→ Kapitel Geldpolitik).

Foto: © European Central Bank

Kapitel 3

Das Eurosystem und die Bundesbank

Das Eurosystem und die Bundesbank
Gemeinsam für eine stabile Währung

In Deutschland und in weiteren 18 Ländern Europas wird mit dem Euro gezahlt. Die Stabilität der gemeinsamen Währung zu sichern, ist die zentrale Aufgabe des Eurosystems. Die Deutsche Bundesbank als Teil des Eurosystems sorgt zusammen mit den übrigen nationalen Zentralbanken im europäischen Währungsgebiet sowie der Europäischen Zentralbank (EZB) für die Erfüllung dieser Aufgabe.

Etwas weiter gefasst als das Eurosystem ist das Europäische System der Zentralbanken (ESZB). Ihm gehören die Zentralbanken aller EU-Mitgliedstaaten an, unabhängig davon, ob ihre Währung der Euro ist oder nicht. Die Präsidenten der nationalen Zentralbanken aller EU-Staaten kommen im Erweiterten Rat zusammen.

Rechtliche Grundlage

Die rechtliche Grundlage für die Zusammenarbeit im Eurosystem bildet die Satzung des ESZB und der EZB. Die Stellung der Bundesbank im ESZB ist auch im Gesetz über die Deutsche Bundesbank (Bundesbankgesetz) beschrieben.

Artikel 14 des Protokolls über die Satzung des Europäischen Systems der Zentralbanken (ESZB) und der Europäischen Zentralbank (EZB)

(3) Die nationalen Zentralbanken sind integraler Bestandteil des ESZB und handeln gemäß den Leitlinien und Weisungen der EZB. Der EZB-Rat trifft die notwendigen Maßnahmen, um die Einhaltung der Leitlinien und Weisungen der EZB sicherzustellen, und kann verlangen, dass ihm hierzu alle erforderlichen Informationen zur Verfügung gestellt werden.

§ 3 Bundesbankgesetz

Die Deutsche Bundesbank ist als Zentralbank der Bundesrepublik Deutschland integraler Bestandteil des Europäischen Systems der Zentralbanken. (...)

Das Europäische System der Zentralbanken (ESZB)

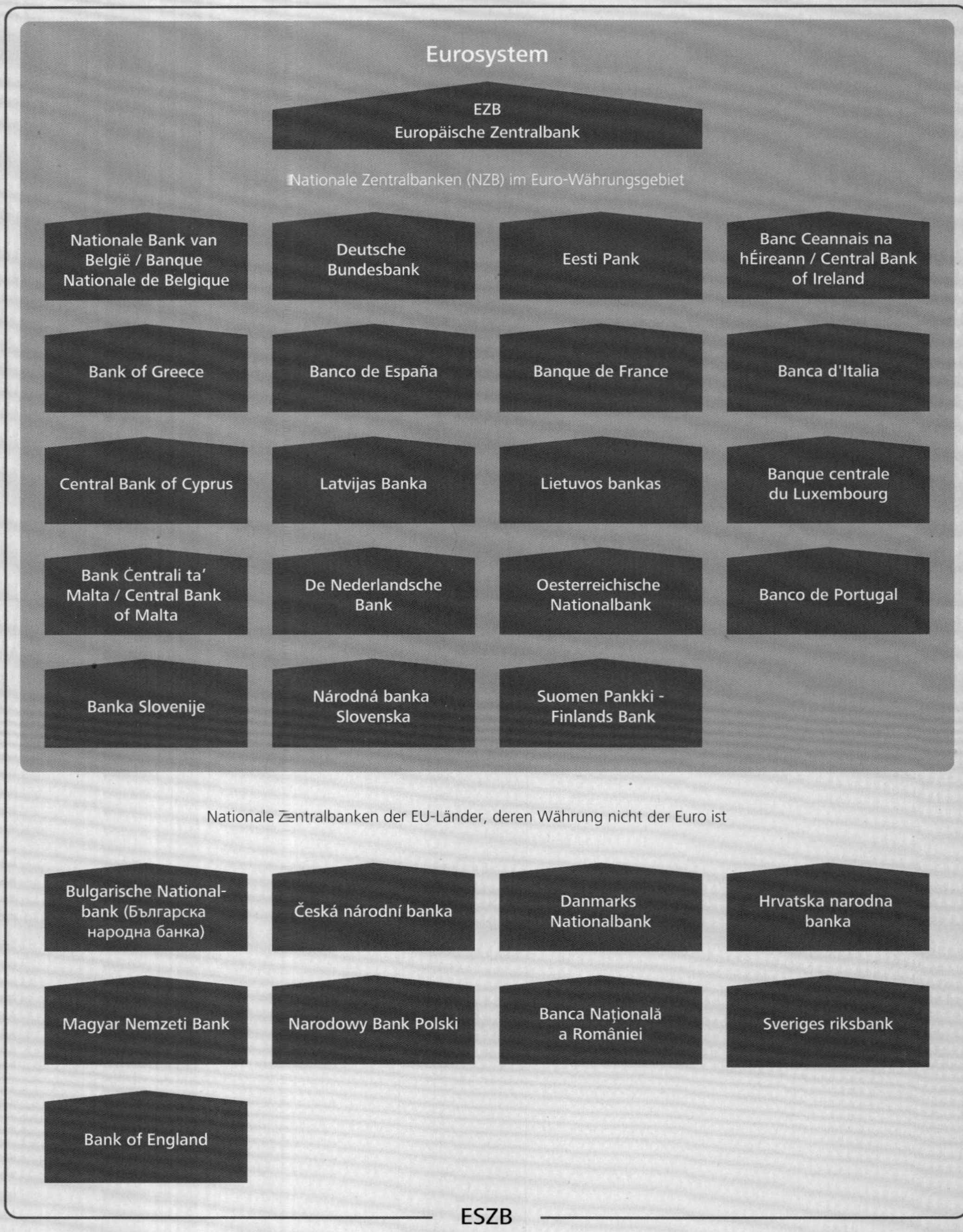

Die Bundesbank als nationale Institution

Das Europarecht bestimmt über Pflichten und Befugnisse der Bundesbank, soweit sie Aufgaben im ESZB wahrnimmt. Zugleich unterliegt sie deutschem Recht. Struktur und Aufbau der Bundesbank regelt der deutsche Gesetzgeber im Gesetz über die Deutsche Bundesbank.

3.1 Das Eurosystem

Im Jahr 1999 führten elf Mitgliedstaaten der Europäischen Wirtschafts- und Währungsunion (EWWU) den Euro als gemeinsame Währung ein. Dazu gehörten Belgien, Deutschland, Finnland, Frankreich, Irland, Italien, Luxemburg, die Niederlande, Österreich, Portugal und Spanien. Danach traten Griechenland (im Jahr 2001), Slowenien (2007), Malta und Zypern (2008), die Slowakei (2009), Estland (2011), Lettland (2014) und Litauen (2015) bei.

Die EU-Staaten, deren Währung nicht der Euro ist, sind grundsätzlich verpflichtet, der Währungsunion beizutreten, sobald sie die im EG-Vertrag festgelegten Konvergenzkriterien erfüllen. Dänemark und Großbritannien handelten eine Sonderstellung (Opting-out-Klausel) aus und können selbst entscheiden, ob sie der EWWU beitreten, sofern sie die Konvergenzkriterien erfüllen. In Großbritiannien entschied sich die Bevölkerung in einem Referendum allerdings inzwischen mehrheitlich dafür, aus der EU auszutreten.

3.1.1 Die Unabhängigkeit des Eurosystems

Die Verantwortung für die Geldpolitik liegt beim Eurosystem. Es ist von politischen Stellen unabhängig. Der EZB und den nationalen Zentralbanken sowie den Mitgliedern ihrer Beschlussorgane ist es untersagt, Weisungen von Organen oder Einrichtungen der EU, Regierungen der Mitgliedstaaten oder anderen Stellen einzuholen oder entgegenzunehmen. Umgekehrt sind die Organe und Einrichtungen der EU sowie die Regierungen der

Mitgliedstaaten verpflichtet, diesen Grundsatz zu beachten und nicht zu versuchen, die Mitglieder der Beschlussorgane der EZB oder der nationalen Zentralbanken zu beeinflussen.

Die Unabhängigkeit des Eurosystems beruht auf dem Vertrag über die Arbeitsweise der Europäischen Union (AEUV). Sie ist besonders geschützt, weil eine Änderung dieses völkerrechtlichen Vertrags der Zustimmung aller EU-Mitgliedstaaten bedarf. Bevor ein Mitgliedstaat den Euro als Währung einführen kann, müssen die Rechtsvorschriften des entsprechenden Mitgliedstaats die Unabhängigkeit der nationalen Zentralbanken und ihrer Beschlussorgane von staatlichen Stellen gewährleisten. Das deutsche Verfassungsrecht garantiert durch Artikel 88 Satz 2 des Grundgesetzes (mittelbar) die Unabhängigkeit der Bundesbank. Im Gesetz über die Deutsche Bundesbank regelt § 12 die Unabhängigkeit von der Bundesregierung.

Unabhängige Zentralbanken sind erfahrungsgemäß besser in der Lage, den Geldwert zu sichern. Sie unterliegen nicht kurzfristigen Handlungszwängen und wahltaktischen Überlegungen wie etwa Regierungen. In Deutschland war die Zentralbank nicht immer unabhängig von der jeweiligen Regierung, was schwerwiegende Auswirkungen hatte. So endete die Finanzierung des Ersten Weltkriegs sowie der Kriegsfolgekosten mithilfe der Reichsbank im Jahr 1923 in einer Hyperinflation und einer völligen Entwertung der Reichsmark. Auch während des Zweiten Weltkriegs unterstützte die Reichsbank die Kriegsfinanzierung. Gegen Kriegsende überstieg die Geldmenge das Angebot an Gütern bei Weitem, was nach dem Krieg in einer verdeckten Inflation mündete (→ Kapitel Geschichte deutscher Zentralbanken).

Die Unabhängigkeit des Eurosystems fußt auf vier Säulen. Sie ist erstens institutionell: Nationalen und supranationalen Stellen ist es untersagt, der EZB oder nationalen Zentralbanken wie der Bundesbank Weisungen zu erteilen. Sie ist zweitens funktionell: Das Eurosystem wählt frei und eigenverantwortlich die Strategien und Maßnahmen, um die ihm vorgegebenen Ziele zu erreichen. Sie ist drittens finanziell: Das Eurosystem kann frei

Die Europäische Wirtschafts- und Währungsunion (EWWU)

über die ihm zur Verfügung stehenden Mittel bestimmen. Die nationalen Zentralbanken sind zudem die alleinigen Zeichner und Inhaber des Kapitals der EZB. Kein Dritter kann Anteile an der EZB erwerben und so gegebenenfalls Einfluss nehmen. Und sie ist viertens personell: Lange Amtszeiten und Schutz vor willkürlicher, vorzeitiger Amtsenthebung sollen verhindern, dass die Organmitglieder des Eurosystems unter Druck gesetzt werden können. Für den Präsidenten der EZB beträgt die Amtszeit acht Jahre, für die nationalen Zentralbankpräsidenten mindestens fünf Jahre.

3.1.2 Der EZB-Rat

Das oberste Entscheidungsgremium der EZB und des Eurosystems ist der EZB-Rat, der die Geldpolitik im Euro-Währungsgebiet festlegt. Die Bundesbank ist durch ihren Präsidenten im EZB-Rat vertreten. Zu den geldpolitischen Sitzungen begleitet ihn der Vizepräsident. Der Präsident nimmt an diesen Sitzungen weder als Vertreter der Interessen Deutschlands noch als Vertreter der Interessen der Bundesbank teil. Er tritt dort vielmehr als unabhängiger Fachmann auf. Dem EZB-Rat gehören ferner der EZB-Präsident, ihr Vizepräsident und die vier weiteren Mitglieder des Direktoriums der EZB an. Neben dem Bundesbankpräsidenten sind die Präsidenten der nationalen Zentralbanken aller weiteren Länder, deren Währung der Euro ist, Mitglied.

Vor den geldpolitischen Entscheidungen erörtern die Mitglieder im EZB-Rat intensiv die Risiken für die Preisstabilität, die Übertragung geldpolitischer Impulse, den geeigneten Einsatz der Instrumente und den richtigen Zeitpunkt für eine Maßnahme (→ Kapitel Geldpolitik). Der Bundesbankpräsident tritt im EZB-Rat für die Beschlüsse ein, mit denen seiner Ansicht nach das Ziel der Preisstabilität für den gesamten Euro-Raum bestmöglich erreicht werden kann.

Die Diskussion geldpolitischer Themen im EZB-Rat wird grundsätzlich von untergeordneten Gremien des Eurosystems wie beispielsweise dem Geldpolitischen Ausschuss unterstützt. Er setzt sich aus ranghohen Fachleuten der EZB und der nationalen Zentralbanken zusammen. Ihm angeschlossen sind weitere Arbeitsgruppen des Eurosystems, an denen die Bundesbank ebenfalls beteiligt ist. Diese beschäftigen sich unter anderem mit den öffentlichen Finanzen in den Ländern der Europäischen Wirtschafts- und Währungsunion, der ökonometrischen Modellierung der Volkswirtschaften oder der Methodik der gesamtwirtschaftlichen Projektionen.

Das Abstimmungsverfahren im EZB-Rat

Der EZB-Rat tagt zweimal im Monat. Geldpolitische Sitzungen finden in der Regel alle sechs Wochen statt. Mit dem Beitritt Litauens als 19. Mitgliedstaat der Europäischen Wirtschafts- und Währungsunion im Jahr 2015 ist ein neues Abstimmungsverfahren in Kraft getreten. Danach ist der Bundesbankpräsident nicht bei allen geldpolitischen Sitzungen stimmberechtigt. Das deutsche Stimmrecht rotiert monatlich in einer Gruppe mit den Stimmen der Präsidenten der nationalen Zentralbanken von Frankreich, Italien, Spanien und den Niederlanden. Dies sind die nach ihrer Wirtschaftskraft und der Bedeutung ihres Finanzsektors größten EWWU-Länder. Auf die fünf Zentralbankpräsidenten dieser Länder entfallen vier

Nicht immer einer Meinung

Die Mitglieder des EZB-Rats wägen in ihren Sitzungen die Vor- und Nachteile der geldpolitischen Entscheidungen ab. Manchmal beurteilen sie die Situation unterschiedlich. Im Sommer 2012 stimmte Bundesbankpräsident Jens Weidmann gegen die „Outright Monetary Transactions" (OMT). Das OMT-Programm sieht vor, unter bestimmten Auflagen und gegebenenfalls in unbegrenztem Umfang Staatsanleihen aus Ländern des Euro-Raums anzukaufen (→ Kapitel Geldpolitik). Bisher ist es in diesem Rahmen nicht zum Kauf von Staatsanleihen gekommen. Nach Ansicht des Bundesbankpräsidenten bringt das Programm eine gefährliche Nähe zur monetären Staatsfinanzierung mit sich, die nach den EU-Verträgen verboten ist. Mehrheitlich stimmten die Mitglieder des EZB-Rats für das Programm.

Stimmrechte im EZB-Rat. Auf die übrigen 14 nationalen Zentralbankpräsidenten entfallen insgesamt elf Stimmrechte. Die Mitglieder des EZB-Direktoriums dürfen jeden Monat abstimmen. Steigt die Anzahl der Mitgliedstaaten, deren Währung der Euro ist, auf 22, verändert sich das Rotationsprinzip abermals. Die Mitgliedstaaten werden dann in drei Gruppen unterteilt. Die erste Gruppe mit den fünf großen Ländern behält vier Stimmrechte, die zweite Gruppe der mittelgroßen Länder erhält acht Stimmrechte. Auf die dritte Gruppe, die der kleinsten Länder, entfallen dann drei Stimmrechte.

Auch wenn der Bundesbankpräsident zeitweise kein Stimmrecht hat, nimmt er an den Sitzungen des EZB-Rats mit Rederecht teil. Auf diese Weise kann er in jeder Sitzung weiterhin Einfluss auf die Beschlüsse nehmen. Bei finanziellen Entscheidungen, wie etwa einer Kapitalerhöhung oder Beschlüssen zur Gewinnverteilung oder zu den Währungsreserven der EZB, findet das Rotationsverfahren keine Anwendung. Das Stimmgewicht richtet sich bei solchen Entscheidungen nach dem Anteil einer nationalen Zentralbank am Kapital der EZB; die Stimmen der Mitglieder des EZB-Direktoriums werden dann mit null gewichtet.

Die Anteile der nationalen Zentralbanken am Kapital der EZB ändern sich, sobald ein Land etwa der EU beitritt oder den Euro als Währung einführt. Tritt ein Land der EU bei, wird dessen Zentralbank automatisch Mitglied im ESZB. Damit wird es zugleich in die Berechnung des Kapitalschlüssels einbezogen. Allerdings zahlen nur die nationalen Zentralbanken des Eurosystems ihren Kapitalanteil in voller Höhe ein. Alle übrigen Zentralbanken im ESZB leisten 3,75 Prozent ihres Anteils, um sich an den Betriebskosten der EZB zu beteiligen. Deutschland kommt derzeit auf einen Schlüssel für die Zeichnung des Kapitals der EZB von 17,9973 Prozent; der Anteil am voll eingezahlten Kapital beträgt 25,7184 Prozent, das entspricht 1,948 Milliarden Euro (Stand Januar 2015).

3.1.3 Der Erweiterte Rat

In einigen Ländern der EU wird nicht mit dem Euro gezahlt. Die Zentralbanken dieser Länder geben nationale Währungen aus und behalten ihre geldpolitischen Befugnisse.

Sie stellen keinen Vertreter im EZB-Rat. Um dennoch ein Bindeglied zwischen der EZB, den nationalen Zentralbanken der Euro-Länder und den übrigen Zentralbanken der EU zu schaffen, besteht der Erweiterte Rat. Er ist neben EZB-Rat und EZB-Direktorium das dritte Beschlussorgan der EZB.

Der Erweiterte Rat bereitet die Länder auf ihren Beitritt zur EWWU vor. Dazu gehört es etwa, Statistiken zu harmonisieren. Dies ist wichtig, um beispielsweise die Entwicklung der Preise in den verschiedenen Ländern miteinander vergleichen zu können. Darüber hinaus berät der Erweiterte Rat die EZB und wirkt unter anderem an der Erstellung des EZB-Jahresberichts mit. Er tagt normalerweise viermal im Jahr.

Dem Erweiterten Rat gehören die Präsidenten der nationalen Zentralbanken aller 28 EU-Mitgliedstaaten an, darunter auch der Bundesbankpräsident. Der Präsident und der Vizepräsident der EZB sind ebenfalls im Erweiterten Rat vertreten. Die anderen Mitglieder des EZB-Direktoriums, der Präsident des EU-Rats und ein Mitglied der Europäischen Kommission dürfen an den Sitzungen des Erweiterten Rats teilnehmen, sind jedoch nicht stimmberechtigt. Der Erweiterte Rat stellt ein Übergangsgremium dar und hat im Prinzip nur so lange Bestand, bis alle EU-Mitgliedstaaten den Euro eingeführt haben. Danach soll das Gremium aufgelöst werden.

Auswirkungen des Brexit

In Großbritannien entschied sich die Bevölkerung am 23. Juni 2016 in einem Referendum mehrheitlich für einen Austritt des Landes aus der Europäischen Union („Brexit"). Die britischen Austrittsverhandlungen mit der EU sollen im Jahr 2017 beginnen. Mit dem Austritt aus der EU wird Großbritannien nicht mehr Mitglied im ESZB sein.

3.2 Die Bundesbank als nationale Institution

3.2.1 Der Vorstand als Entscheidungsorgan

Die Bundesbank nimmt in der deutschen Verwaltung eine Sonderstellung ein. Sie ist eine bundesunmittelbare juristische Person des öffentlichen Rechts, aber von Weisungen der Bundesregierung unabhängig. Die Bundesbank gehört zur Exekutivgewalt des Bundes. Das Grundkapital beträgt gemäß § 2 des Bundesbankgesetzes 2,5 Milliarden Euro. Die gesetzliche Rücklage ist mit der in § 27 des Bundesbankgesetzes festlegten Obergrenze von 2,5 Milliarden Euro ausgestattet. Die Struktur und den Aufbau der Deutschen Bundesbank regelt der deutsche Gesetzgeber im Gesetz über die Deutsche Bundesbank. Der Vorstand der Bundesbank besteht aus dem Präsidenten, dem Vizepräsidenten und vier weiteren Mitgliedern. Der Bundesbankvorstand leitet und verwaltet die Bundesbank.

Seine Beschlüsse fasst der Vorstand nach dem Kollegialprinzip mit der einfachen Mehrheit der abgegebenen Stimmen. Bei Stimmengleichheit gibt die Stimme des Vorsitzenden den Ausschlag; bei Beschlüssen zur Geschäftsverteilung im Vorstand verfügt der Bundesbankpräsident über ein Vetorecht. Die Bundesregierung schlägt den Präsidenten und den Vizepräsidenten sowie ein weiteres Mitglied des Vorstands vor. Die übrigen drei Mitglieder werden vom Bundesrat im Einvernehmen mit der Bundesregierung vorgeschlagen. Der Bundespräsident bestellt auf Grundlage dieser Vorschläge alle Vorstandsmitglieder.

Der Vorstand stellt den nach den Regeln des Eurosystems ermittelten Gewinn fest. Diesen führt die Bundesbank in voller Höhe an den Bund als Eigentümer ab. Die Gewinnerzielung ist kein Ziel der Bundesbank. Der Gewinn entsteht üblicherweise aus Zinserträgen aus den geldpolitischen Geschäften zur Umsetzung der Geldpolitik und aus der Anlage der Währungsreserven. Seine Höhe weist die Bundesbank in ihrem jährlichen

Geschäftsbericht aus. Den Geschäftsbericht veröffentlicht die Bundesbank auf Grundlage von § 18 des Gesetzes über die Deutsche Bundesbank. Den Jahresabschluss, die Plankostenrechnung, den Investitionsplan, die Plan/Ist-Analyse und die Prüfungsberichte der Wirtschaftsprüfungsgesellschaft leitet die Bundesbank dem Bundesministerium der Finanzen und dem Bundesrechnungshof zu. Der Deutsche Bundestag erhält den Jahresabschluss, die Plan/Ist-Analyse und den Prüfungsbericht der Wirtschaftsprüfungsgesellschaft.

3.2.2 Das Personal, die Standorte und die Organisation

Zum Stichtag 31. Dezember 2015 beschäftigte die Bundesbank insgesamt 9 636 Personen. 49,2 Prozent der Mitarbeiter sind Beamte, 50,8 Prozent Tarifbeschäftigte. Die Bundesbank ist in Deutschland an rund 40 Standorten vertreten. Ihren Sitz hat sie in der Zentrale in Frankfurt am Main. In neun deutschen Städten befinden sich ihre Hauptverwaltungen, denen 35 Filialen nachgeordnet sind.

Darüber hinaus unterhält die Bundesbank Repräsentanzen in New York und Tokio. Beiden Repräsentanzen sind Handelsbüros der Bundesbank angegliedert, die für die Verwaltung der deutschen Währungsreserven notwendig sind. Zu den wichtigsten Aufgaben der Repräsentanzen gehören die Beobachtung und Analyse des Finanzsystems vor Ort. Bundesbankmitarbeiter arbeiten darüber hinaus in den Botschaften beziehungsweise Generalkonsulaten von London, Moskau, Singapur, Peking, Istanbul, São Paulo, Mumbai und Pretoria. In Brüssel und Paris sind die Mitarbeiter in den Ständigen Vertretungen Deutschlands bei der EU und bei der Organisation für wirtschaftliche Zusammenarbeit und Entwicklung (OECD) eingesetzt. Innerhalb der diplomatischen Vertretungen bringen sie die Wirtschafts- und Finanzexpertise der Bundesbank ein. In ihrer Funktion beobachten sie auch – etwa in Singapur oder São Paulo – die wirtschaftliche Entwicklung in anderen Ländern der betreffenden Region und tauschen sich dort mit Vertretern der jeweiligen Zentralbanken und der Finanzwirtschaft aus. Die Repräsentanzen und die Mitarbeiter in den Botschaften und Generalkonsulaten unterstützen auch die Zusammenarbeit der Bundesbank mit internationalen Gremien und Institutionen wie der Gruppe der 20 (G 20) und dem Internationalen Währungsfonds (IWF).

Viele Mitarbeiter der Zentrale in Frankfurt am Main befassen sich vor allem mit europäischen und internationalen Aufgaben sowie Grundsatzangelegenheiten. Sie sind Ansprechpartner der EZB, des Eurosystems und des ESZB sowie der Bank für Internationalen Zahlungsausgleich (BIZ) und des IWF und vertreten die Bundesbank in den dortigen Ausschüssen und Arbeitsgruppen.

Der Bundesbankvorstand tagt regelmäßig in der Zentrale in Frankfurt am Main. Jeder Vorstand steht einem Dezernat vor, dem wiederum mehrere Zentralbereiche angehören. Dies sind unter anderem die Zentralbereiche Volkswirtschaft, Bankenaufsicht, Finanzstabilität, Bargeld oder auch Verwaltung und Bau. Die Zentralbereiche teilen sich wiederum in Abteilungen auf. Im Zentralbereich Volkswirtschaft sind zum Beispiel die Abteilungen „Geldpolitik und monetäre Analyse" sowie „Konjunktur und Wachstum" angesiedelt. Das Geldmuseum und seine Fachbibliothek, die öffentlich zugänglich sind, befinden sich ebenfalls in Frankfurt am Main.

Mit ihren neun Hauptverwaltungen ist die Bundesbank in den deutschen Regionen vertreten. Jede Hauptverwaltung ist für das Gebiet mindestens eines Bundeslands zuständig, manche auch für das mehrerer Bundesländer. Den Hauptverwaltungen steht jeweils ein Präsident vor. Eine zentrale Aufgabe der Mitarbeiter der Hauptverwaltungen ist – im Rahmen einer Aufgabenteilung mit der EZB und der Bundesanstalt für Finanzdienstleistungsaufsicht (BaFin) – die Aufsicht über die Kreditinstitute und Finanzdienstleister in ihrer Region (→ Kapitel Bankenaufsicht). Im Rahmen der Bonitätsanalyse prüfen Bundesbankmitarbeiter der Hauptverwaltungen außerdem die Jahresabschlüsse von Unternehmen ihrer Region. Sie entscheiden dann, ob sie die Unternehmen als „notenbankfähig" anerkennen. Kreditforderungen von Geschäftsbanken gegenüber als notenbankfähig eingestuften Unternehmen werden dann von der Bundesbank als Sicherheiten akzeptiert.

Die Organisation der Zentrale der Deutschen Bundesbank

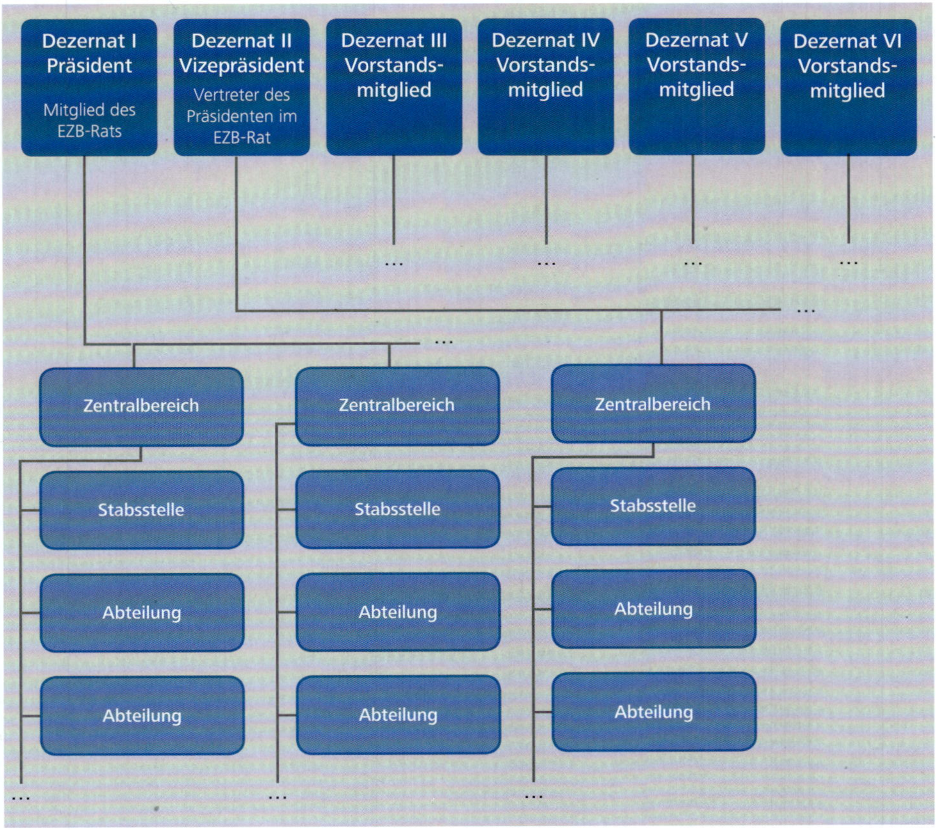

Alle Hauptverwaltungen gliedern sich in die Bereiche „Banken und Finanzaufsicht" sowie „Innen- und Filialbetrieb". Den Hauptverwaltungen sind die 35 Filialen untergeordnet. Zur Hauptverwaltung in Bayern mit Sitz in München gehören beispielsweise die Filialen in Augsburg, München, Nürnberg, Regensburg und Würzburg. Der Hauptverwaltung in Nordrhein-Westfalen sind Filialen in Düsseldorf, Essen, Köln, Bochum, Dortmund, Hagen und Bielefeld untergeordnet. Die Filialen bringen druckfrische Banknoten und frisch geprägte Münzen in Umlauf. Die Filialmitarbeiter prüfen zudem die eingezahlten Banknoten und Münzen auf Echtheit und Qualität. Bürger können beschädigtes Geld bei den Filialen einreichen, wo es unter bestimmten Voraussetzungen erstattet wird (→ Kapitel Bargeld). Ferner sind bei nahezu allen Hauptverwaltungen Servicezentren angesiedelt, in denen bestimmte Tätigkeiten der Bundesbank gebündelt werden. Die Mitarbeiter dieser Servicezentren beschäftigen sich überwiegend mit bankinternen Abläufen wie der Buchhaltung. Einige dieser Servicezentren sind Ansprechstellen nach außen. So informiert das Servicezentrum Finanzsanktionen Kreditinstitute zum Beispiel über neue Sanktionsrechtsakte und beantwortet entsprechende Anfragen.

Seitdem die Bundesbank Teil des Eurosystems ist, wachsen die Anforderungen an ihre Mitarbeiter, was oftmals eine akademische Bildung erforderlich macht. Um der Entwicklung hin zu immer anspruchsvolleren Aufgaben gerecht zu werden, rekrutiert die Bundesbank ihren Nachwuchs auf mehreren Wegen. Sie bietet unter anderem einen dualen Studiengang zum „Bachelor of Science" in Zentralbankwesen an ihrer Hochschule in Hachenburg in Rheinland-Pfalz an. Dort bildet sie Mitarbeiter für die gehobene Beamtenlaufbahn aus. Zudem rekrutiert sie weitere Mitarbeiter von Hochschulen und Fachhochschulen. Außerdem bildet die Bundesbank vorwiegend in kaufmännischen Berufen aus.

Die Organisation einer Hauptverwaltung

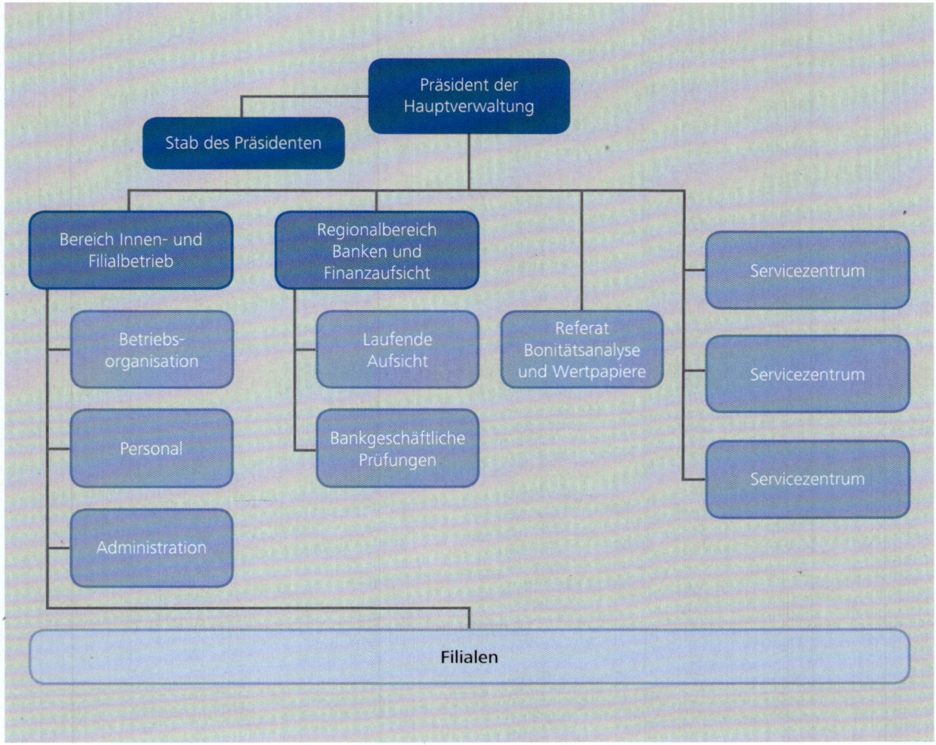

Foto: Walter Vorjohann

Kapitel 4
Die Geldpolitik des Eurosystems

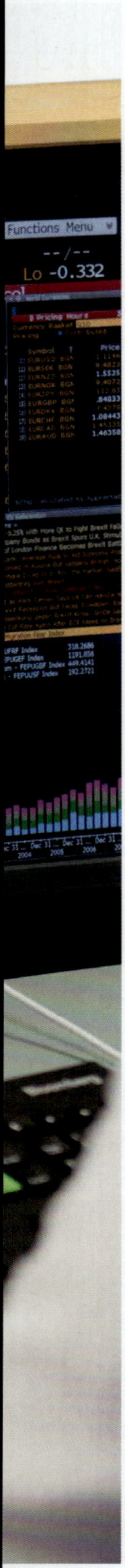

Die Geldpolitik des Eurosystems
Den Geldwert sichern

Geldpolitik ist die Kernaufgabe des Eurosystems und damit auch der Deutschen Bundesbank. Gemeinsam mit der Europäischen Zentralbank (EZB) und den anderen nationalen Zentralbanken im Euro-Raum hat die Bundesbank den Auftrag, den Wert des Geldes stabil zu halten. Vorrangiges Ziel der Geldpolitik ist daher die Preisstabilität. Das Eurosystem unterstützt darüber hinaus die allgemeine Wirtschaftspolitik in der Europäischen Union, soweit das Ziel der Preisstabilität dadurch nicht beeinträchtigt wird. Als höchstes Beschlussorgan legt der EZB-Rat die Geldpolitik fest. Der Präsident der Bundesbank wirkt hier über Sitz und Stimme an den geldpolitischen Entscheidungen mit (→ Kapitel Bundesbank und Eurosystem). Des Weiteren ist die Bundesbank durch ihre Mitarbeit in Ausschüssen und Arbeitsgruppen des Eurosystems in die geldpolitische Entscheidungsfindung eingebunden.

Artikel 127 des Vertrags über die Arbeitsweise der Europäischen Union

(1) Das vorrangige Ziel des Europäischen Systems der Zentralbanken (im Folgenden „ESZB") ist es, die Preisstabilität zu gewährleisten. Soweit dies ohne Beeinträchtigung des Zieles der Preisstabilität möglich ist, unterstützt das ESZB die allgemeine Wirtschaftspolitik in der Union [...]. Das ESZB handelt im Einklang mit dem Grundsatz einer offenen Marktwirtschaft mit freiem Wettbewerb, wodurch ein effizienter Einsatz der Ressourcen gefördert wird [...].

Rechtliche Grundlagen

Die Preisstabilität als vorrangiges Ziel ist im Vertrag über die Arbeitsweise der Europäischen Union (AEUV) festgeschrieben.

Im Bundesbankgesetz ist geregelt, dass die Bundesbank die Geldpolitik des Eurosystems in Deutschland umsetzt.

Die geldpolitische Strategie

Nach der Definition des EZB-Rats ist Preisstabilität erreicht, wenn die Inflationsrate im Euro-Währungsgebiet gegenüber dem Vorjahr auf mittlere Sicht unter, aber nahe 2 Prozent liegt. Das Eurosystem kann das allgemeine Preisniveau jedoch nicht direkt steuern, geldpolitische Entscheidungen wirken vielmehr ausgehend von der geldpolitischen Maßnahme auf die gesamtwirtschaftliche Entwicklung und Inflation. Traditionell setzt das Eurosystem mit seinem Instrumentarium am Bedarf der Banken an Zentralbankgeld an. Denn es hat ein Monopol auf Zentralbankgeld und kann so den Zins für dessen Bereitstellung bestimmen. Da die Geldpolitik verzögert wirkt, ist die geldpolitische Strategie des Eurosystems vorausschauend. Dabei werden viele Kennzahlen analysiert, die Gefahren für die Preisstabilität frühzeitig anzeigen. Wichtig ist das Verständnis möglicher Wirkungsketten von geldpolitischen Maßnahmen, des monetären Transmissionsmechanismus.

§ 3 Bundesbankgesetz

Die Deutsche Bundesbank ist als Zentralbank der Bundesrepublik Deutschland integraler Bestandteil des Europäischen Systems der Zentralbanken. Sie wirkt an der Erfüllung seiner Aufgaben mit dem vorrangigen Ziel mit, die Preisstabilität zu gewährleisten […].

Umsetzung der Geldpolitik in Deutschland

Die Umsetzung der Geldpolitik liegt weitgehend bei den nationalen Zentralbanken, in Deutschland also bei der Bundesbank. Die deutschen Banken können sich bei der Bundesbank refinanzieren. Das bedeutet, gegen Stellung von Sicherheiten erhalten sie Zentralbankgeld. Zu den wichtigsten geldpolitischen Instrumenten zählen die geldpolitischen Refinanzierungsgeschäfte und die ständigen Fazilitäten. Die Leitzinsen gelten für diese Geschäfte. Die Bundesbank prüft und verwaltet die dazu benötigten Sicherheiten und wickelt die Geschäfte ab. Seit der Finanz- und Staatsschuldenkrise ergreift das Eurosystem zudem außergewöhnliche geldpolitische Maßnahmen. Auch die Umsetzung dieser Maßnahmen liegt überwiegend bei den nationalen Zentralbanken.

4.1 Die Ziele der Geldpolitik

4.1.1 Preisstabilität als vorrangiges Ziel

Die Bedeutung der Preise

Das vorrangige Ziel der Geldpolitik im Eurosystem ist es, Preisstabilität zu wahren. Preisstabilität erleichtert es, die Entwicklung einzelner Waren- und Dienstleistungspreise von Veränderungen des allgemeinen Preisniveaus zu unterscheiden. In einer Marktwirtschaft geben Preise Signale über Knappheit und Überschuss von Gütern auf Märkten. Im Umfeld eines stabilen Preisniveaus spiegeln Veränderungen einzelner Preise vor allem die Entwicklung der relativen Knappheit wider. Dies erhöht die Kalkulations- und Planungssicherheit von Unternehmen und Verbrauchern und hilft ihnen bei ihren Entscheidungen. Im Ergebnis trägt Preisstabilität dazu bei, knappe Ressourcen dorthin zu lenken, wo sie am produktivsten eingesetzt werden können. Dies steigert den Wohlstand der Bevölkerung und fördert ein nachhaltiges Wirtschaftswachstum.

Die Geldpolitik in der Europäischen Wirtschafts- und Währungsunion (EWWU) ist dem Ziel der Preisstabilität verpflichtet, weil sowohl ein dauerhaft hoher Anstieg des Preisniveaus – Inflation – als auch ein dauerhaft sinkendes Preisniveau – Deflation – schädliche Folgen für die Gesamtwirtschaft haben. Inflation und Deflation bergen die Gefahr ineffizienter Entscheidungen und schaden dem Ziel eines nachhaltigen Wirtschaftswachstums.

Schaden durch Inflation

Durch eine über längere Zeit andauernde hohe Inflation sinkt der Wert des Geldes, was vor allem auch unerwünschte Wirkungen auf Einkommen und Vermögen nach sich zieht: Empfänger von längerfristig gleichbleibenden (Nominal-)Einkommen wie Löhnen und Gehältern, Renten oder Sozialleistungen verlieren durch Inflation an Kaufkraft. Sie können sich von ihrem Geld wegen der allgemein steigenden Preise immer weniger leisten. Die Anpassung dieser Zahlungen an die höhere Inflation geschieht oft verzögert oder nicht in vollem Umfang. Inflation schadet vor allem den Schwächsten in der Gesellschaft und kann den sozialen Zusammenhalt gefährden. Auch Sparer sind benachteiligt; bei langfristigen Geldanlagen verlieren das angelegte Geld und die laufende Zinszahlung an Wert. Das kann die Altersvorsorge beeinträchtigen: Ein über viele Jahre angespartes Geldvermögen reicht unter Umständen nicht mehr für den Lebensunterhalt aus. Schuldner dagegen werden durch Inflation begünstigt. Sinkt der Wert des Geldes, schrumpft auch der reale Wert ihrer Schulden und ihres Schuldendienstes.

Dauerhaft hohe – und damit auch stärker schwankende – Inflation dämpft zudem das Wirtschaftswachstum. So verlangen Gläubiger wie zum Beispiel Banken bei der Vergabe langfristiger Kredite eine Inflationsrisikoprämie, weil die Unsicherheit über die Preisentwicklung bei hohen Inflationsraten ebenfalls hoch ist. Die Finanzierung verteuert sich entsprechend, dadurch investieren Unternehmen tendenziell weniger. Der Anstieg des allgemeinen Preisniveaus kann zudem zu dauerhaft höheren Inflationserwartungen oder Lohnanstiegen führen, den Zweitrundeneffekten. Schlagen die Unternehmen die dadurch gestiegenen Kosten auf ihre Preise auf, nimmt die Inflation zu. Die Zweitrundeneffekte können dann in einer Lohn-Preis-Spirale enden, die Arbeitslosigkeit und stockende Wirtschaftstätigkeit nach sich zieht.

Gefahren einer Deflation

Auch ein dauerhafter Rückgang des allgemeinen Preisniveaus schadet der Wirtschaft. In einer solchen Situation besteht die Gefahr einer sich selbst verstärkenden Abwärtsspirale, die ebenfalls über Zweitrundeneffekte zu geringerer Wirtschaftstätigkeit und zu Arbeitslosigkeit führen kann. Zwar können die Verbraucher zunächst mehr kaufen, wenn die Preise sehr vieler Güter sinken. Allerdings halten sie sich möglicherweise mit Ausgaben zurück, um später zu noch niedrigeren Preisen kaufen zu können. Unternehmen verzeichnen dadurch weniger Umsatz, erzielen weniger Gewinn, machen Verluste und müssen deshalb Mitarbeiter entlassen. Geplante Investitionen werden unterlassen. Aufgrund der Arbeitslosigkeit und sinkender Einkommen wird weniger konsumiert. Als Folge schränken Unternehmen ihre Produktion ein und senken nochmals die Preise.

Gleichzeitig nimmt der Staat weniger Steuern ein, während sich die Ausgaben für Sozialleistungen erhöhen. Ein Rückgang des Preisniveaus belastet zudem die Schuldner, weil der reale Gegenwert ausstehender Schulden sowie die realen Zinszahlungen steigen. In der Folge kann es zu Überschuldungen oder Insolvenzen kommen, die ihrerseits die Wirtschaftstätigkeit weiter dämpfen können.

4.1.2 Unterstützung der Wirtschaftspolitik

Sofern es dem obersten Ziel der Preisstabilität nicht entgegensteht, soll das Eurosystem die allgemeine Wirtschaftspolitik in der Europäischen Union unterstützen. Die Möglichkeiten der Geldpolitik, das Wachstumspotenzial der Wirtschaft zu verbessern, sind eng begrenzt. Sie hängen vom technologischen Fortschritt, von der Bevölkerungsentwicklung, der Entwicklung des Humankapitals sowie stabilen institutionellen Rahmenbedingungen ab. Auf diese Größen hat die Geldpolitik dauerhaft keinen Einfluss. Die Geldpolitik trägt vielmehr zu einem stabilen Wirtschaftswachstum bei, indem sie durch Preisstabilität ein wachstumsfreundliches Umfeld schafft.

4.1.3 Die Rolle des Ordnungsrahmens der Europäischen Wirtschafts- und Währungsunion

In der EWWU entscheiden die Mitgliedstaaten weitgehend selbstständig über ihre Haushaltspolitik und ihre Steuerpolitik oder auch über die Regulierung des Arbeitsmarkts. Angesichts dessen ist es für die gemeinsame Geldpolitik mit dem vorrangigen Ziel der Preisstabilität besonders wichtig, dass alle Mitgliedstaaten ihre Finanz- und Wirtschaftspolitik auf die gemeinsame Währung ausrichten und für solide Staatsfinanzen sorgen sowie notwendige Wirtschaftsreformen in Gang bringen. Da in der Wirtschafts- und Währungsunion ein einheitlicher Leitzins gilt und eine Anpassung des Wechselkurses nicht mehr möglich ist, wirken sich eine hohe öffentliche Verschuldung oder unzureichende Reformen einiger Staaten auf den Euro-Raum als Ganzes aus. Es besteht dann die Gefahr, dass die Zentralbank zur Abwehr großer volkswirtschaftlicher Kosten Aufgaben außerhalb oder im Grenzbereich ihres Mandats übernimmt. Unsolide öffentliche Haushalte einzelner Mitgliedstaaten bedrohen die Unabhängigkeit der Zentralbank. Dies wäre der Fall, wenn die Geldpolitik die Zahlungsfähigkeit von Mitgliedstaaten aufrechterhielte oder zugunsten der Finanzstabilität Schulden von Staaten oder Banken übernähme.

Die Wirtschafts- und Währungsunion baut auf dem Grundsatz der Eigenverantwortung auf. Die Staaten entscheiden über ihre Finanz- und Wirtschaftspolitik (Kontrolle) und treten für die Folgen ihrer Entscheidungen selbst ein (Haftung). Eine Finanzierung staatlicher Defizite durch die Zentralbank oder eine Gemeinschaftshaftung durch die Europäische Union oder andere Mitgliedstaaten ist ausdrücklich untersagt. Das Haftungsprinzip soll sicherstellen, dass Staaten mit unsolider Finanzpolitik oder zweifelhafter Wirtschaftspolitik nur zu höheren Zinsen Kredite am Kapitalmarkt aufnehmen können, weil Investoren für ihr Risiko, dass die Rückzahlungsverpflichtungen nicht eingehalten werden, eine Entschädigung verlangen. Damit die Disziplinierung durch die Kapitalmärkte nicht ausgehebelt wird, gelten zusätzlich zum Verbot der monetären Staatsfinanzierung und zu der Nichtbeistandsklausel (No-Bail-Out) die Regeln des Stabilitäts- und Wachstumspaktes. Dieser verlangt von den EU-Staaten, mittelfristig nahezu ausgeglichene öffentliche Haushalte anzustreben: die jährliche Neuverschuldung darf höchstens 3 Prozent, der Schuldenstand höchstens 60 Prozent des Bruttoinlandsprodukts betragen.

In der globalen Finanzkrise zeigte sich allerdings, dass dieser Ordnungsrahmen nicht ausreicht, weil viele Mitgliedstaaten den Anforderungen der Wirtschafts- und Währungsunion an solide öffentliche Haushalte und eine wettbewerbsfähige Volkswirtschaft nicht gerecht geworden waren. Die Krise weitete sich im Euro-Raum zur Staatsschuldenkrise aus, nicht zuletzt weil viele Länder angeschlagene Banken mit erheblichen Summen stützten, was die Staatsverschuldung in die Höhe trieb und die Bonität der Staaten verschlechterte. In der Folge wurde der Stabilitäts- und Wachstumspakt reformiert. Das Ziel eines zügigen Schuldenabbaus wird allerdings durch den großen Ermessensspielraum der Europäischen Kommission in der Frage, ob die Vorgaben eingehalten werden, nur unzureichend verfolgt.

Durch die Krise wurde deutlich, dass der Grundsatz der Eigenverantwortung gestärkt werden muss. Der Zahlungsausfall eines Staates oder die Insolvenz einer großen Bank müssen möglich sein, ohne das Finanzsystem ins Wanken zu bringen. Mit diesem Ziel wurden die europäische Bankenunion errichtet (→ Kapitel Bankenaufsicht) und die Regulierung verschärft. Die Banken müssen unter anderem mehr Eigenkapital vorhalten. Um die Verflechtungen von Staaten und Banken zukünftig zu lösen, sollten Banken auch Kredite an Staaten mit Eigenkapital unterlegen müssen, und es sollte Obergrenzen für Ausleihungen an Staaten geben.

4.2 Die geldpolitische Strategie

Das Eurosystem verfolgt eine geldpolitische Strategie, die es ihr erlaubt, den geeigneten Zeitpunkt und das richtige Maß für eine geldpolitische Entscheidung zu bestimmen. Die Strategie umfasst einen Richtwert für die Preisstabilität und einen Zwei-Säulen-Ansatz für die Analyse der Risiken für die Preisstabilität. Dieser analytische Ansatz soll sicherstellen, dass der EZB-Rat alle wesentlichen Informationen prüft, die er für seine vorausschauenden geldpolitischen Beschlüsse benötigt.

Ein punktgenaues Erreichen einer bestimmten Inflationsrate wird nicht angestrebt, weil geldpolitische Maßnahmen verzögert und auf unterschiedliche Weise auf die Wirtschaft und das Preisniveau wirken. Zudem unterliegen die Verbraucherpreise kurzfristigen Schwankungen oder Preisschocks, welche die Geldpolitik nicht rückgängig machen kann. Daher zielt die Geldpolitik des Eurosystems darauf, Preisstabilität auf mittlere Frist zu gewährleisten.

Strategie fördert Transparenz, Unabhängigkeit und Preisstabilität

Anhand der geldpolitischen Strategie kann das Eurosystem seine geldpolitischen Entscheidungen transparent erläutern und eine Orientierungshilfe über die zukünftige Ausrichtung

(„Forward Guidance") geben. Transparente Entscheidungen erhöhen die Glaubwürdigkeit und damit die Wirksamkeit der Geldpolitik. Daher hält die EZB im Anschluss an geldpolitische Sitzungen Pressekonferenzen ab. Seit Anfang des Jahres 2015 werden zudem mit einer Verzögerung von einigen Wochen schriftliche Zusammenfassungen („Accounts") der geldpolitischen Sitzungen des EZB-Rats veröffentlicht, welche einen Einblick in die geldpolitische Diskussion geben (→ Kapitel Öffentlichkeitsarbeit).

4.2.1 Der Richtwert für die Preisstabilität

Der Definition des EZB-Rats zufolge ist Preisstabilität erreicht, wenn der gemessene Anstieg der Verbraucherpreise im Euro-Währungsgebiet gegenüber dem Vorjahr unter, aber nahe 2 Prozent liegt. Dieses Ziel soll mittelfristig erreicht werden. Gemessen wird die Inflationsrate anhand des Harmonisierten Verbraucherpreisindex, den das Europäische Statistikamt (Eurostat) jeden Monat für den gesamten Euro-Raum berechnet.

Die Bekanntgabe eines Richtwerts für die Preisstabilität hilft den Handlungsrahmen der Geldpolitik zu verstehen und macht geldpolitische Entscheidungen transparenter. Zugleich liefert die quantitative Definition von Preisstabilität einen nachprüfbaren Maßstab, an dem die Bevölkerung den Erfolg der Geldpolitik des Eurosystems messen kann. Abweichende Preisentwicklungen können leicht erkannt werden. Das Eurosystem muss diese dann erläutern und darlegen, wie die Preisstabilität innerhalb einer überschaubaren Zeit wieder erreicht wird. Die Zentralbank setzt sich somit einem Rechtfertigungszwang gegenüber der Öffentlichkeit aus – dieser ist die notwendige Ergänzung zu der weitgehenden Unabhängigkeit des Eurosystems von den Regierungen. Schließlich dient der Richtwert für die Preisstabilität den Unternehmen, Gewerkschaften, Verbrauchern und Finanzmarktteilnehmern als Orientierung, welche Inflationsraten sie langfristig erwarten können (→ Wirkung über die Inflationserwartungen).

Die geringe Steigerung des Preisniveaus – von unter, aber nahe 2 Prozent – nimmt das Eurosystem in Kauf, um mögliche Fehler in der Preismessung zu berücksichtigen und um einen gewissen Sicherheitsabstand zur Zinsuntergrenze zu wahren. Steigen die Preise etwa wegen einer besseren Qualität der Produkte oder Dienstleistungen, können statistische Messfehler auftreten. In diesem Fall überschätzt die amtliche Inflationsrate die tatsächliche Geldentwertung tendenziell. Der Sicherheitsabstand zur Zinsuntergrenze ist in Zeiten sehr niedriger Inflationsraten und mäßiger Wirtschaftstätigkeit von Bedeutung, in denen die Zentralbank die Leitzinsen tendenziell senken würde. Positive Preissteigerungsraten verschaffen diesen Sicherheitsabstand. Bei einem zu geringen Inflationsziel kann der Spielraum der Zentralbank, mit ihren üblichen geldpolitischen Instrumenten auf die Wirtschaft einzuwirken, schnell erschöpft sein. In der Wirtschafts- und Währungsunion kommt diesem Sicherheitsabstand zudem eine besondere Bedeutung zu, weil sich die Volkswirtschaften in den Euro-Ländern nicht einheitlich entwickeln und unterschiedliche Inflationsraten der Normalfall sind. Zielte der EZB-Rat auf einen Durchschnitt von null, müssten einige Länder zumindest zeitweise negative Inflationsraten aufweisen.

4.2.2 Die Steuerung des Preisniveaus über den Leitzins

Das Eurosystem steuert wie jede Zentralbank in einer Marktwirtschaft die Entwicklung des Preisniveaus nicht direkt; die Preise verlören ansonsten ihre Signalfunktion. Geldpolitische Maßnahmen sollen jedoch indirekt die Preisentwicklung beeinflussen. Hierfür verändert das Eurosystem typischerweise anhand des Leitzinses die Refinanzierungskosten der Geschäftsbanken, also die Kosten für die Bereitstellung von Zentralbankgeld. Das Eurosystem hat in der Europäischen Wirtschafts- und Währungsunion das Monopol als Anbieter von Zentralbankgeld, also von Banknoten und Sichtguthaben der Banken bei der Zentralbank. Die Banken fragen Zentralbankgeld nach, um ihren Kunden Bargeld auszahlen zu können, die Mindestreservepflicht zu erfüllen und den bargeldlosen Zahlungsverkehr abzuwickeln. Die Banken sind also grundsätzlich darauf angewiesen, dass das Eurosystem ihnen die benötigte Liquidität zur Verfügung stellt. Dies geschieht üblicherweise über ein Refinanzierungsgeschäft, dessen Betrag auf dem Zentralbankkonto der Bank gutschrieben wird.

Seit Ausbruch der Finanz- und Staatsschuldenkrise stellt das Eurosystem allerdings in außergewöhnlichen Refinanzierungsgeschäften sehr großzügig Zentralbankgeld bereit. Damit soll unmittelbar auftretenden Liquiditätsengpässen vorgebeugt werden, die sich in einer Finanzkrise dann ergeben, wenn sich Banken gegenseitig kein Geld mehr leihen. Mittelbar soll so die Wirksamkeit der geldpolitischen Maßnahmen sichergestellt werden, damit Veränderungen des Leitzinses auf die gesamtwirtschaftliche Entwicklung durchschlagen können. Über den Leitzins beeinflusst das Eurosystem zunächst die kurz- und langfristigen Finanzierungsbedingungen und die Preise für Vermögenswerte, das heißt unter anderem die Geldmarktzinsen, Kreditzinsen, Aktienkurse und Wechselkurse. Die veränderten Finanzierungs- und Anlagekonditionen verändern wiederum die Anreize für Ausgaben der Unternehmen und Verbraucher für Güter und Dienstleistungen, also die gesamtwirtschaftliche Nachfrage, was sich letztlich auf die Entwicklung des Preisniveaus auswirkt.

Im Verlauf der Finanz- und Staatsschuldenkrise senkte der EZB-Rat die Leitzinsen teilweise in den negativen Bereich. Wird die Untergrenze erreicht, die nicht zu weit unterhalb von null liegen kann, lassen sich die kurzfristigen Zinsen am Geld- oder Kreditmarkt nicht mehr weiter verringern. Daher beschloss der EZB-Rat, eine weitere Absenkung der langfristigen Zinsen über umfangreiche Käufe von Staatsanleihen und privaten Anleihen herbeizuführen (quantitative Lockerung).

4.2.3 Die Wirkungsketten geldpolitischer Maßnahmen

Geldpolitische Maßnahmen wirken verzögert über verschiedene Wirkungsketten – den geldpolitischen Transmissionsmechanismus. Die Wirksamkeit geldpolitischer Entscheidungen hängt auch von den Entscheidungen anderer Marktteilnehmer und anderer Politikbereiche ab. Die Länder der Europäischen Wirtschafts- und Währungsunion unterscheiden sich in ihren Finanzierungsgewohnheiten, in den Konjunkturzyklen und in der Bedeutung einzelner Wirtschaftszweige. Der EZB-Rat richtet seine Geldpolitik am Euro-Raum in seiner Gesamtheit aus und berücksichtigt in seinen Entscheidungen auch zeitliche Verzögerungen der geldpolitischen Maßnahmen.

Die Wirkungsketten geldpolitischer Maßnahmen

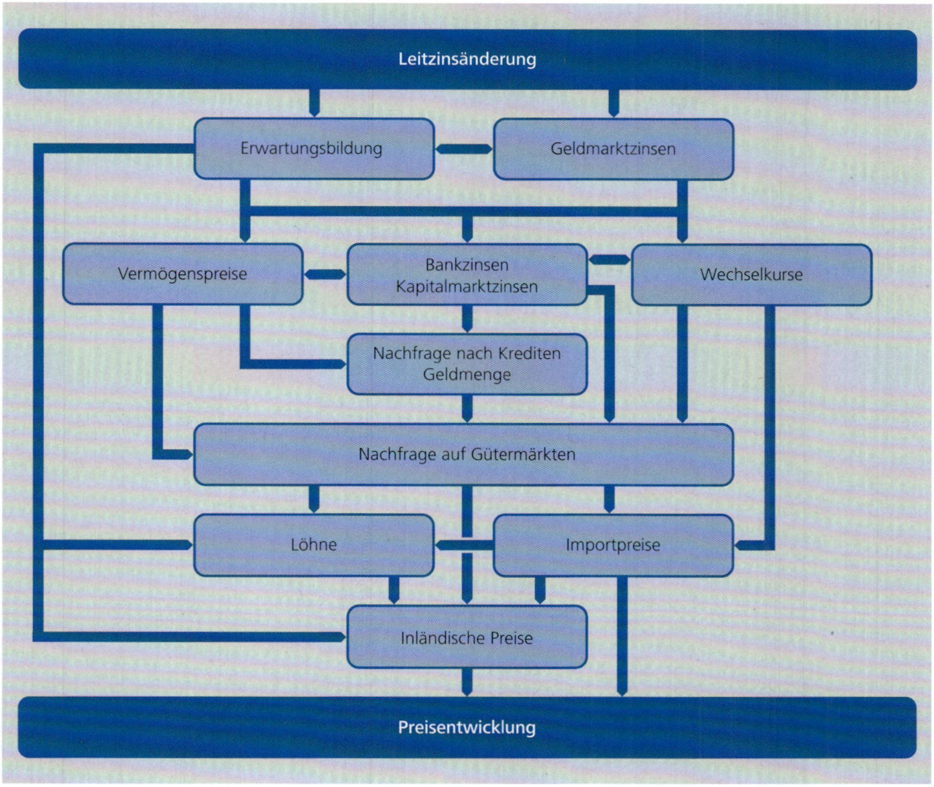

Die Wirkung über die Zinsen

Über die Leitzinsen wirkt die Geldpolitik zunächst maßgeblich auf die kurzfristigen Marktzinsen. Erhöht oder senkt der EZB-Rat die Leitzinsen, steigen oder sinken die Kosten, zu denen sich Banken beim Eurosystem Zentralbankgeld leihen können. Diese Zinskosten beeinflussen unmittelbar die Zinssätze, zu denen sich Banken untereinander auf dem Geldmarkt kurzfristig Zentralbankgeld leihen. Die höheren oder niedrigeren

Kosten geben sie an ihre Kunden weiter, indem sie die kurzfristigen Kreditzinsen herauf- oder herabsetzen und die Einlagensätze verringern oder erhöhen.

Im Allgemeinen verändern sich in der Folge tendenziell auch die längerfristigen Zinsen. Die Höhe der Zinsen wiederum ist eine wichtige Bestimmungsgröße für Investitionen und Konsumausgaben. Hohe Kreditzinsen verteuern Investitions- oder Konsumentenkredite, gleichzeitig machen höhere Einlagenzinsen das Sparen attraktiver. Die gesamtwirtschaftliche Nachfrage schwächt sich entsprechend ab, Unternehmen können ihre Preise kaum noch erhöhen, letztlich steigt dadurch das allgemeine Preisniveau weniger stark.

Niedrige Kreditzinsen schaffen Anreize, Investitions- oder Konsumentenkredite aufzunehmen. Aufgrund der damit angeregten Nachfrage können Unternehmen mehr absetzen und höhere Preise erzielen. Die Preisdynamik und damit die Inflationsrate steigen.

Die Wirkung über den Wechselkurs

Geldpolitische Maßnahmen wirken auch über den Wechselkurs auf die Entwicklung des Preisniveaus. Steigen im Euro-Raum die Zinsen im Vergleich zum Ausland, fragen mehr ausländische Anleger Euro nach, um ihr Geld zum Beispiel in deutschen oder französischen Anleihen anzulegen. Die höhere Nachfrage führt zu einer Aufwertung des Euro. Sinken die Zinsen im Euro-Raum, fragen die Anleger weniger Euro nach, die Währung wertet ab.

Die Veränderungen des Wechselkurses wirken sich auf die gesamtwirtschaftliche Nachfrage und damit auf die Entwicklung des Preisniveaus aus: Wertet der Euro auf, verbilligen sich die aus dem Ausland eingeführten Investitions- und Konsumgüter, was in der Tendenz die Preise aller im Inland angebotenen Güter senkt. Gleichzeitig verteuern sich die Güter aus dem Euro-Raum für die ausländischen Nachfrager. Die Nachfrage nach inländischen Gütern nimmt ab, auch dies dämpft die heimische Preisentwicklung. Im Fall einer Abwertung verhält es sich umgekehrt.

Die Wirkung über Inflationserwartungen

Geldpolitische Maßnahmen wirken darüber hinaus über die langfristigen Inflationserwartungen auf die Entwicklung des Preisniveaus. Die Erwartungen über die langfristige Entwicklung der Inflation sind bedeutend für die Glaubwürdigkeit einer Zentralbank und die Wirksamkeit der Geldpolitik. Wenn die tatsächlichen Maßnahmen der angekündigten Ausrichtung entsprechen, wenn sich die Zentralbank also überzeugend und glaubwürdig ihrem Ziel verpflichtet, „verankert" dies die Inflationserwartungen auf dem definierten Niveau des Richtwerts für die Preisstabilität. Dies erhöht die Wirksamkeit der Geldpolitik, denn die Erwartungen über die zukünftigen Inflationsraten beeinflussen Unternehmen in ihrer Preissetzung, Gewerkschaften in ihren Lohnforderungen, Verbraucher in ihren Konsumentscheidungen und Finanzmarktanleger in ihrem Renditeziel.

Die Wirkung über die Risikoneigung

In der jüngeren Vergangenheit hat sich gezeigt, dass geldpolitische Maßnahmen auch die Risikoneigung – die Risikowahrnehmung und die Risikobereitschaft – der Finanzmarktteilnehmer beeinflussen können, was letztlich ebenfalls auf das allgemeine Preisniveau zurückwirkt. So kann eine länger andauernde Phase niedriger Leitzinsen die Banken oder andere Finanzmarktteilnehmer dazu verleiten, höhere Risiken einzugehen. Leitzinssenkungen führen dann nicht nur – wie beschrieben – zu einer vermehrten Kreditvergabe, sondern können zur Folge haben, dass die Kreditvergabe insgesamt risikoreicher wird. Werden zu viele riskante Projekte finanziert, kann dies unter anderem Preisblasen bei Vermögenswerten nach sich ziehen. Steigende Preise von Vermögenwerten wie etwa Immobilien können sich schließlich auch in höheren Verbraucherpreisen niederschlagen.

Die Bedeutung der Finanzstabilität für die Geldpolitik des Eurosystems

Als eine wesentliche Lehre aus der im Jahr 2007 ausgebrochenen globalen Finanzkrise wird heute die Sicherung der Stabilität des Finanzsystems als Ganzes angestrebt. Die dazu national und international neu eingerichteten Institutionen für die makroprudenzielle Politik verfügen über Instrumente der Regulierung und der Aufsicht.

Es zeigte sich, dass die traditionelle Überwachung einzelner Finanzinstitute durch die Bankenaufsicht den Ausbruch einer Finanzkrise nicht verhindern kann, weil sie die Wirkungszusammenhänge zwischen einzelnen Instituten und dem gesamten Finanzsystem vernachlässigt. Auch Zentralbanken gewährleisten nicht zwangsläufig Finanzstabilität, wenn sie für geringe Inflationsraten sorgen.

Während die makroprudenzielle Politik die Aufgabe hat, Finanzstabilität zu sichern, bleibt für die Geldpolitik im Eurosystem die Preisstabilität oberstes Ziel. Die makroprudenzielle Politik trägt zur gesamtwirtschaftlichen Stabilität bei. Dies erleichtert es dem Eurosystem, seine Aufgabe zu erfüllen, und verringert zugleich die Wahrscheinlichkeit, in Krisen die Zinsen auf das Niveau der Untergrenze senken und massive außergewöhnliche Maßnahmen ergreifen zu müssen. Umgekehrt profitiert die makroprudenzielle Politik von Preisstabilität. Da beide Politikbereiche ihre Maßnahmen im Finanzsystem ansetzen, kommt es jedoch zu Wechselwirkungen. Zum Beispiel ist die Kreditvergabe der Banken wesentlich für die Übertragung geldpolitischer Maßnahmen, und gleichzeitig ist sie ein Hebel für die makroprudenzielle Politik. Im besten Fall ergänzen sich geldpolitische und makroprudenzielle Maßnahmen. Sie können aber auch zeitweise miteinander in Konflikt geraten, wenn etwa die makroprudenzielle Politik versucht, die Kreditvergabe und das Eingehen von Risiken zu beschränken, während die expansive Geldpolitik eine höhere Kreditvergabe anstrebt.

Die Erfahrungen und Kenntnisse über die Wirkungsweise makroprudenzieller Instrumente sowie ihre Wechselwirkung mit der Geldpolitik sind bisher begrenzt. In der geldpolitischen Strategie verfügt das Eurosystem jedoch über Analyseansätze, um Finanzmärkte eingehend zu untersuchen und damit die Analysen der makroprudenziellen Institutionen zu ergänzen. Um Preisstabilität dauerhaft zu sichern, kommt die Geldpolitik nicht umhin, über die Risiken für die kurz- bis mittelfristige Preisentwicklung hinaus die Gefahren für die Finanzstabilität in den Blick zu nehmen, wenn sich daraus auch Risiken für die längerfristige Preisentwicklung ergeben.

4.2.4 Der Zwei-Säulen-Ansatz

Den Entscheidungen über geldpolitische Maßnahmen des EZB-Rats liegt eine umfassende Betrachtung wirtschaftlicher Kennzahlen und Prognosen zugrunde, die auf Risiken für die Preisstabilität hinweisen und Handlungsbedarf anzeigen können. Die Analyse der Risiken gliedert sich in zwei Säulen, die der wirtschaftlichen und der monetären Analyse. Um wichtige Hinweise auf mögliche Risiken nicht zu übersehen, werden die aus beiden Säulen stammenden Informationen wechselseitig überprüft.

Die wirtschaftliche Analyse

In der wirtschaftlichen Analyse werden gesamtwirtschaftliche und finanzielle Kennzahlen wie das Wirtschaftswachstum, das Produktionspotenzial, Löhne und Gehälter sowie Rohstoffpreise und Wechselkurse ausgewertet. Aus der vorangegangenen Entwicklung dieser Kennzahlen lassen sich Rückschlüsse auf die kurz- bis mittelfristige Preisentwicklung ziehen. Von Interesse sind auch die möglichen Folgen wirtschaftlicher Schocks wie etwa eines massiven Anstiegs des Ölpreises, welche die Wirtschaftstätigkeit und schließlich das allgemeine Preisniveau beeinflussen können.

Die Daten fließen in die gesamtwirtschaftlichen Projektionen für den Euro-Raum sowie für die Länder des Euro-Währungsgebiets ein, welche das Eurosystem zweimal im Jahr unter Beteiligung der nationalen Zentralbanken erstellt. Vorausgeschätzt werden die Entwicklung des Bruttoinlandsprodukts und der Verbraucherpreise für das aktuelle, das kommende und das darauffolgende Jahr. Die Fachleute der Bundesbank bringen die Ergebnisse ihrer Prognose für Deutschland ein und beteiligen sich an der Festlegung der zugrunde liegenden Annahmen über Zinsen, Wechselkurse, Ölpreis und die Entwicklung des Welthandels sowie am gesamten Prozess der Projektionserstellung für den ganzen Euro-Raum. Die Prognosen sind eine wichtige Grundlage für die geldpolitischen Entscheidungen des EZB-Rats; sie dienen dazu, die Wirtschaftsentwicklung und die Risiken für die Preisstabilität zu bewerten. Trotz des aufwändigen Verfahrens sind die Projektionen des Eurosystems – wie alle wirtschaftlichen Prognosen – mit Unsicherheit behaftet. Deshalb sind die Projektionen in den Veröffentlichungen der EZB mit Bandbreiten versehen, die auf der Grundlage früherer Prognosefehler berechnet werden. Die gemeinsam erstellten Projektionen werden jeweils im Juni und Dezember eines Jahres veröffentlicht. Zwischenzeitlich bringen Fachleute der EZB die Prognosen auf den neuesten Stand; die Aktualisierungen werden im März und September veröffentlicht. Dies ermöglicht es der Öffentlichkeit, die geldpolitischen Entscheidungen des EZB-Rats nachzuvollziehen.

Die monetäre Analyse

Die monetäre Analyse stützt sich auf Kennzahlen aus der Bankenstatistik wie etwa die Geldmenge und die Kreditvergabe. Diese Kennzahlen können wichtige Hinweise darauf geben, ob sich mittel- bis langfristig Risiken für die Preisstabilität aufbauen. Die Ergebnisse der monetären Analyse fließen somit in die Einschätzung der Inflationsaussichten auf mittlere bis lange Sicht ein. Der Geldmenge kommt eine besondere Bedeutung zu, weil auf lange Sicht ein Zusammenhang zwischen ihrer Entwicklung und der Preisentwicklung besteht. Ein dauerhafter Anstieg der Preise setzt nämlich voraus, dass die Geldversorgung der gesamten Wirtschaft entsprechend steigt. Die Analyse der Geldmengenentwicklung allein reicht jedoch nicht aus, um zukünftige Preisentwicklungen vorherzusagen. Daher betrachtet die monetäre Analyse weitere Kennzahlen wie die

Kreditvergabe der Banken an Nichtbanken oder auch die Entwicklung der Verschuldung der Nichtbanken. Eine steigende Kreditvergabe für den Kauf von Aktien, Anleihen oder Investmentfondsanteilen kann zu steigenden Preisen für Vermögenswerte führen, die sich schließlich auch in den Verbraucherpreisen niederschlagen können.

Die monetäre Analyse lässt überdies Rückschlüsse darauf zu, ob sich auf den Finanzmärkten Übertreibungen wie Vermögenspreisblasen aufbauen und dadurch die Stabilität des Finanzsystems gefährdet ist. Damit ergänzt sie die Analyse der Finanzstabilität, die Gegenstand der makroprudenziellen Aufsicht ist.

Die Geldmenge im Euro-Währungsgebiet

Die Geldmenge im Euro-Währungsgebiet misst die liquiden Guthaben der inländischen Nichtbanken (ohne Zentralregierungen) bei den dort tätigen Banken und Geldmarktfonds. Die Guthaben der Banken und Geldmarktfonds (monetäre Finanzinstitute, MFIs) bei anderen MFIs sind nicht einbezogen. Diese Definition stellt darauf ab, dass zwischen der Geldhaltung der Nichtbanken und ihren Ausgaben für Konsum und Investitionen auf längere Sicht ein stabiler Zusammenhang besteht, der sich für die Prognose der künftigen Entwicklung der Verbraucherpreise nutzen lässt.

Wegen der Unschärfe des Geldbegriffs gibt es verschieden weit gefasste statistische Abgrenzungen der Geldmenge. Das Eurosystem erfasst die Geldmenge nach der Verfügbarkeit der Guthaben und unterscheidet drei Aggregate:
M1 = Bargeldumlauf (ohne Kassenbestände der MFIs) plus täglich fällige Einlagen der im Währungsgebiet ansässigen Nichtbanken
M2 = M1 plus Einlagen der inländischen Nichtbanken mit vereinbarter Laufzeit von bis zu zwei Jahren und mit vereinbarter Kündigungsfrist von bis zu drei Monaten
M3 = M2 plus Verbindlichkeiten der Banken aus Repogeschäften mit Nichtbanken

sowie von inländischen Nichtbanken gehaltene Anteile an Geldmarktfonds und Bankschuldverschreibungen mit einer Laufzeit von bis zu zwei Jahren

Die statistische Grundlage für die Berechnung der Geldmengen und ihrer Veränderungen liefert die konsolidierte Bilanz des MFI-Sektors. Diese fasst die monatlichen Meldungen der Geschäftsbanken, der nationalen Zentralbanken, der EZB und der Geldmarktfonds im Euro-Raum zusammen. Die zwischen den inländischen MFIs bestehenden Forderungen und Verbindlichkeiten werden gegeneinander aufgerechnet, sodass der konsolidierte Ausweis nur noch die Forderungen und Verbindlichkeiten des MFI-Sektors gegenüber den inländischen Nichtbanken und dem Ausland enthält.

Für den Euro-Raum wies in der Vergangenheit besonders das breite Geldmengenaggregat M3 über längere Zeithorizonte gute Prognoseeigenschaften für die künftige Entwicklung der Verbraucherpreise auf. Der Informationsgehalt von Veränderungen der Geldmenge M3 für die langfristige Preisentwicklung kann jedoch durch zeitweise auftretende Einflüsse beeinträchtigt werden. Die monetäre Analyse interpretiert daher die Geldmengenentwicklung im Bilanzzusammenhang, das heißt, sie betrachtet auch die anderen Positionen der konsolidierten Bilanz des MFI-Sektors. Diese Positionen, die sogenannten Gegenposten von M3, liefern Informationen darüber, welche Transaktionen zwischen dem MFI-Sektor und den Nichtbanken für Veränderungen der Geldmenge verantwortlich waren. Im Fall eines Geldmengenanstiegs können dies beispielsweise eine stärkere Buchkreditvergabe an den Privatsektor oder Wertpapierkäufe der MFIs sein. Anhand dieser Informationen kann die monetäre Analyse zu einer Einschätzung darüber gelangen, ob die aktuelle Entwicklung der Geldmenge mit Risiken für die langfristige Preisentwicklung verbunden ist.

4.3 Geldpolitische Instrumente

Das Eurosystem führt die Geldpolitik mithilfe geldpolitischer Instrumente durch. Diese sind in der Satzung des Europäischen Systems der Zentralbanken und der EZB aufgeführt, die Bestandteil des Vertrags über die Arbeitsweise der Europäischen Union (AEUV) ist. Die Ausgestaltung der vom Eurosystem genutzten Geschäfte ist im „geldpolitischen Handlungsrahmen" beschrieben. Der tatsächliche Einsatz der zur Verfügung stehenden Instrumente und die darauf angewendeten Zinssätze werden regelmäßig vom EZB-Rat beschlossen. Die Bundesbank und die nationalen Zentralbanken des Eurosystems wenden die Instrumente auf Grundlage der Entscheidungen des EZB-Rats grundsätzlich einheitlich an.

Im Rahmen geldpolitischer Entscheidungen kann das Eurosystem einerseits das Niveau der Leitzinssätze ändern, die den geldpolitischen Kurs signalisieren. Höhere Leitzinsen bedeuten eine Straffung des Kurses, niedrigere Leitzinsen eine Lockerung. Andererseits entscheidet die Geldpolitik über die Ausgestaltung und den Umfang der Liquiditätsbereitstellung mittels geldpolitischer Geschäfte, um die Zinssätze am Geldmarkt zu steuern. Zu den wichtigsten Instrumenten der Geldmarktsteuerung zählen unter anderem die geldpolitischen Refinanzierungsgeschäfte, die ständigen Fazilitäten sowie die Mindestreservepflicht.

Seit dem Jahr 2009 kauft das Eurosystem außerdem zeitweise und unter verschiedenen geldpolitischen Zielsetzungen Wertpapiere an – zum einen, um die Wirksamkeit der Geldpolitik sicherzustellen, und zum anderen, um den geldpolitischen Kurs zu lockern.

Volkswirtschaftliche Analysen und Prognosen

Der Bundesbankpräsident trifft seine geldpolitische Einschätzung anhand der volkswirtschaftlichen Analysen und Prognosen der Bundesbank. Fachleute der Bundesbank analysieren regelmäßig die wirtschaftliche und monetäre Entwicklung in Deutschland und im Euro-Raum. Zudem erstellen sie umfangreiche Prognosen wichtiger wirtschaftlicher

Kennzahlen in Deutschland, die halbjährlich auch in die Projektionen des Eurosystems einfließen. Prognostiziert werden vor allem die Verbraucherpreise sowie das Bruttoinlandsprodukt, die Beschäftigung, die Arbeitslosigkeit und die Entwicklung der öffentlichen Finanzen. Auch die Ergebnisse der Analysen und der Forschung zu aktuellen und grundlegenden wirtschaftspolitischen Fragen gehen in die interne Meinungsbildung ein.

4.3.1 Die geldpolitischen Refinanzierungsgeschäfte

Mit geldpolitischen Refinanzierungsgeschäften stellt das Eurosystem den Banken für eine bestimmte Frist Zentralbankgeld bereit. Der Angebotszeitpunkt, die Laufzeit und weitere Bedingungen wie das Bietungs- und Zuteilungsverfahren legt der EZB-Rat fest. Grundsätzlich haben alle Banken gleichberechtigten Zugang zu den öffentlich angekündigten, regelmäßig angebotenen Refinanzierungsgeschäften, sofern sie gewisse Mindestvoraussetzungen erfüllen. Die Geschäfte werden auch als befristete Offenmarktgeschäfte bezeichnet. Banken benötigen das Zentralbankgeld für ihre Geschäftstätigkeit. Zum Beispiel brauchen sie ein Guthaben auf dem Zentralbankkonto, um sich Bargeld – etwa zur Bestückung von Geldautomaten – auszahlen zu lassen oder im Auftrag ihrer Kunden Zahlungen an andere Banken zu leisten. Meist nimmt nur eine kleine Zahl der zugelassenen Banken an den Refinanzierungsgeschäften des Eurosystems teil, weil die Banken sich benötigtes Zentralbankguthaben beispielsweise auch über Geldmarktgeschäfte mit anderen Banken beschaffen können.

Die Refinanzierungsgeschäfte werden standardmäßig als Tendergeschäfte durchgeführt, das heißt in einem im gesamten Euro-Raum zu gleichen Bedingungen zeitgleich durchgeführten Zuteilungsverfahren. Die in Deutschland ansässigen oder niedergelassenen Banken dürfen nur über die Bundesbank daran teilnehmen. Zu Beginn eines Auktionsverfahrens gibt die Bundesbank die Tenderankündigung der EZB an die Banken weiter, welche dann über die Bundesbank verbindliche Gebote abgeben können. Für den Bietungsprozess nutzt die Bundesbank das von ihr entwickelte und betriebene elektronische Auktionssystem OMTOS (OffenMarkt Tender Operations-System). Nach Ablauf einer festgeschriebenen Bietungsfrist informieren alle nationalen Zentralbanken die EZB über die eingegangenen Gebote, die daraufhin festlegt, wie viel Liquidität den teilnehmenden Banken insgesamt zur Verfügung gestellt wird.

Anhand dieser Zuteilungsentscheidung errechnet die Bundesbank die Zuteilungsergebnisse für die einzelnen Banken in Deutschland und informiert diese darüber. Sie schließt dann Kreditverträge mit den teilnehmenden Banken und wickelt die Kredite ab. Vor der Buchung überprüft sie auch, ob die Institute ausreichende Sicherheiten – das heißt marktfähige Wertpapiere oder Kreditforderungen – bei ihr hinterlegt haben, die den Anforderungen des Eurosystems entsprechen. Ist dies der Fall, erfolgt die Gutschrift der zugeteilten Beträge auf dem Zentralbankkonto der jeweiligen Bank. Bei Fälligkeit des Kredits belastet die Bundesbank das Zentralbankkonto der Bank und gibt die genutzten Sicherheiten frei.

Sicherheiten

Die Sicherheiten listet das Eurosystem in einem einheitlichen Verzeichnis auf. Die nationalen Zentralbanken ermitteln fortlaufend den Beleihungswert der von den Banken hinterlegten Sicherheiten, wobei auch eine Risikomarge („Haircut") abgezogen wird. Verlieren die von einer Bank hinterlegten Sicherheiten während der Laufzeit eines Refinanzierungsgeschäfts an Wert, so muss die Bank erforderlichenfalls zusätzliche Sicherheiten stellen. In der Finanz- und Staatsschuldenkrise erweiterte das Eurosystem die Liste der akzeptierten Sicherheiten, um den Banken eine umfängliche Nutzung der Refinanzierungsgeschäfte zu ermöglichen.

Die Hauptrefinanzierungsgeschäfte

Das Hauptrefinanzierungsgeschäft ist ein befristetes Offenmarktgeschäft mit einwöchiger Laufzeit. Der Zinssatz für die Hauptrefinanzierungsgeschäfte ist der Leitzins, mit dem der EZB-Rat traditionell den geldpolitischen Kurs signalisiert. Angesichts der kurzen Laufzeit dieser Geschäfte kann das Eurosystem das Volumen des bereitgestellten Zentralbankgeldes kurzfristig anpassen.

Leitzinssätze des Eurosystems

in %

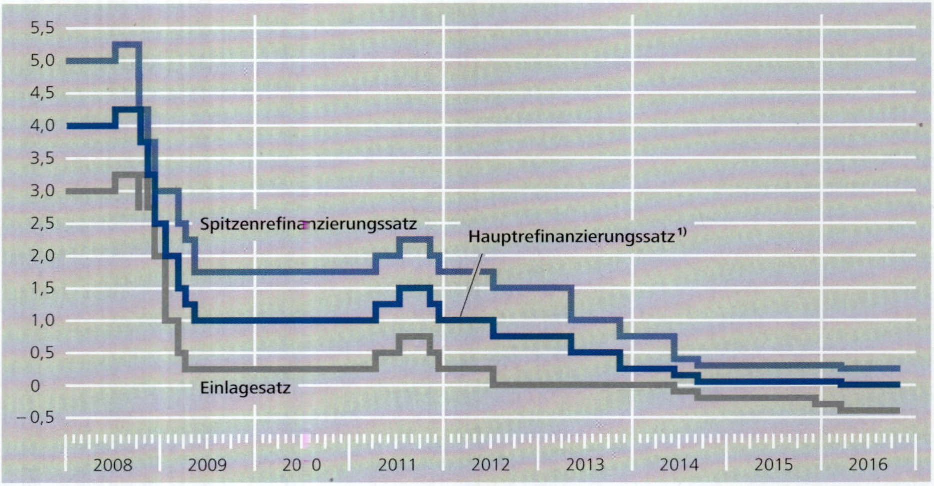

1 Mindestbietungssatz bzw. Festzinssatz für Hauptrefinanzierungsgeschäfte.

Bei den Hauptrefinanzierungsgeschäften setzte das Eurosystem bis 2008 verschiedene Bietungs- und Zuteilungsverfahren (Tenderverfahren) ein. Dabei bestimmte es vor der Finanzkrise das Zuteilungsvolumen vorab. Seit dem Höhepunkt der Finanzkrise im Herbst 2008 können die Banken Gebote abgeben, deren Umfang nur vom Vorhandensein von Sicherheiten begrenzt ist und die vollständig zugeteilt werden (Vollzuteilung). Den Banken wird dafür ein fester Zinssatz, der Hauptrefinanzierungssatz, in Rechnung gestellt. Diese Regelung wurde auch auf die längerfristigen Refinanzierungsgeschäfte ausgeweitet und gilt vorläufig bis mindestens zum Jahresende 2017. Die Vollzuteilung bei den Refinanzierungsgeschäften führte im Zusammenwirken mit anderen Maßnahmen auch zum Aufbau umfangreicher Verrechnungssalden zwischen den Zentralbanken des Eurosystems im Zahlungsverkehrssystem TARGET2 (→ Kapitel Zahlungsverkehr).

Bis zur Finanzkrise stellte das Eurosystem den Banken etwa drei Viertel des benötigten Zentralbankgeldes über Hauptrefinanzierungsgeschäfte zur Verfügung; durch die veränderten Bedingungen haben seitdem jedoch die längerfristigen Refinanzierungsgeschäfte und die Ankaufprogramme eine größere Bedeutung.

Die längerfristigen Refinanzierungsgeschäfte

Mit längerfristigen Refinanzierungsgeschäften (LRG, engl. Longer-Term Refinancing Operations, LRGs) kann das Eurosystem den Banken Zentralbankgeld für längere Laufzeiten zur Verfügung stellen. Längerfristige Refinanzierungsgeschäfte geben für gewöhnlich kein Signal über den geldpolitischen Kurs, sondern dienen der Grundversorgung der Banken mit Zentralbankgeld. Das Eurosystem führt in der Regel einmal monatlich ein längerfristiges Refinanzierungsgeschäft mit dreimonatiger Laufzeit durch.

Seit Beginn der Finanzkrise bietet das Eurosystem den Banken solche Refinanzierungsgeschäfte mit längeren Laufzeiten an. Für einige galten besondere Bedingungen, weil die Kreditvergabe von Banken an Unternehmen und private Haushalte im Euro-Raum und damit die geldpolitische Transmission gefördert werden sollte. So führte das Eurosystem zunächst acht gezielte längerfristige Refinanzierungsgeschäfte (GLRG, engl. Targeted Longer-Term Refinancing Operations, TLTROs) mit einer Laufzeit von bis zu vier Jahren durch. Sie wurden in vierteljährlichem Abstand von September 2014 bis Juni 2016 aufgelegt. Die Obergrenze für die Mittelaufnahme einer Bank hing von der Höhe der anrechenbaren Kredite an nichtfinanzielle Unternehmen und private Haushalte ab; Wohnungsbaukredite waren ausgenommen.

Einem weiteren Beschluss des EZB-Rats zufolge können sich Kreditinstitute im Anschluss daran zwischen Juni 2016 und März 2017 in vier weiteren gezielten längerfristigen Refinanzierungsgeschäften (GLRG II) für die Dauer von jeweils vier Jahren Zentralbankgeld leihen. Insgesamt können sie hierbei Mittel von bis zu 30 Prozent ihres Ende Januar 2016 ausstehenden Kreditbestands gegenüber Unternehmen und private Haushalte aufnehmen. Der Zinssatz für die Mittelaufnahme orientiert sich in diesen Geschäften an ihrer Kreditvergabe: Vergeben Banken bis Ende Januar 2018 verstärkt Kredite an die Realwirtschaft, können sie den zu zahlendenden Zinssatz vom Hauptrefinanzierungssatz bis auf den Einlagesatz verringern.

Feinsteuerungsgeschäfte

Anhand von Feinsteuerungsgeschäften kann das Eurosystem unerwartete kurzfristige Liquiditätsschwankungen ausgleichen und damit unerwünschten Entwicklungen der Geldmarktsätze entgegen wirken. Mithilfe von Tendergeschäften, die innerhalb weniger Stunden mit nur wenigen Banken durchgeführt werden, kann je nach Bedarf Liquidität zur Verfügung gestellt oder entgegengenommen werden. Im Verlauf der Krise nutzte das Eurosystem dieses Instrument zwischen Mai 2010 und Juni 2014, um die Liquidität einzuziehen, die durch die Wertpapierkäufe im Rahmen des Programms für die Wertpapiermärkte (Securities Markets Programme, SMP) entstand (→ Geldpolitische Wertpapierankäufe).

4.3.2 Die ständigen Fazilitäten

Mit dem geldpolitischen Instrument der ständigen Fazilitäten bietet das Eurosystem den Banken grundsätzlich jederzeit und unbegrenzt die Möglichkeit, zu vorab festgelegten Zinssätzen zusätzliche Zentralbankguthaben zu erhalten oder überschüssige Zentralbankguthaben anzulegen. Die Zinssätze für die Einlage- und die Spitzenrefinanzierungsfazilität sind zwei weitere Leitzinsen des Eurosystems, die der EZB-Rat festlegt.

In der Einlagefazilität kann eine in Deutschland zugelassene Bank überschüssiges Zentralbankgeld auf ihrem Bundesbankkonto „über Nacht" anlegen. Dies geschieht auf eigene Initiative und nach eigenem Ermessen. Der Zinssatz für die Einlagefazilität (Einlagesatz) ist niedriger als der Hauptrefinanzierungssatz. Da es sich für Banken meist nicht rechnet, untereinander Zentralbankgeld zu einem niedrigeren Zins zu verleihen, bildet dieser Zinssatz im Allgemeinen die Untergrenze für den Tagesgeldsatz am Geldmarkt. Über die Spitzenrefinanzierungsfazilität kann eine Bank bei der Bundesbank „über

Nacht" gegen notenbankfähige Sicherheiten einen Kredit aufnehmen und ihren Liquiditätsbedarf kurzfristig decken. Der Zinssatz für die Spitzenrefinanzierungsfazilität ist höher als der Hauptrefinanzierungssatz. Da eine Bank mit einem ausreichenden Bestand an Sicherheiten für einen Übernachtkredit bei einer anderen Bank in der Regel nicht mehr zahlen würde als den Spitzenrefinanzierungssatz, bildet dieser Zinssatz im Allgemeinen die Obergrenze für den Tagesgeldsatz am Geldmarkt.

Durch die hohe Zentralbankgeldnachfrage des Bankensektors im Rahmen der Refinanzierungsgeschäfte und durch die geldpolitischen Wertpapierankäufe des Eurosystems wird den Banken in großem Umfang Liquidität zur Verfügung gestellt. Den Banken im Euro-Raum fließt dadurch mehr Zentralbankgeld zu, als sie zur Deckung des Banknotenumlaufs, zur Erfüllung der Mindestreservepflicht und für andere autonome Faktoren wie die Einlagen öffentlicher Haushalte benötigen.

Durch diese Überschussliquidität erlangten die Einlagefazilität und auch die über die Mindestreserveerfüllung hinausgehenden Guthaben auf den Zentralbankkonten (Überschussreserven) eine besondere Bedeutung. Da die Banken überschüssige Zentralbankliquidität nur beim Eurosystem halten können, sammelt sich diese dort. Die Inanspruchnahme der Einlagefazilität wie auch die Überschussreserven auf den Zentralbankkonten werden gleich verzinst, seitdem der EZB-Rat auf die Überschussliquidität Zinsen von null beziehungsweise negative Zinsen einführte.

Bereitstellung und Verwendung von Zentralbankliquidität im Eurosystem

Mrd €, Wochenwerte

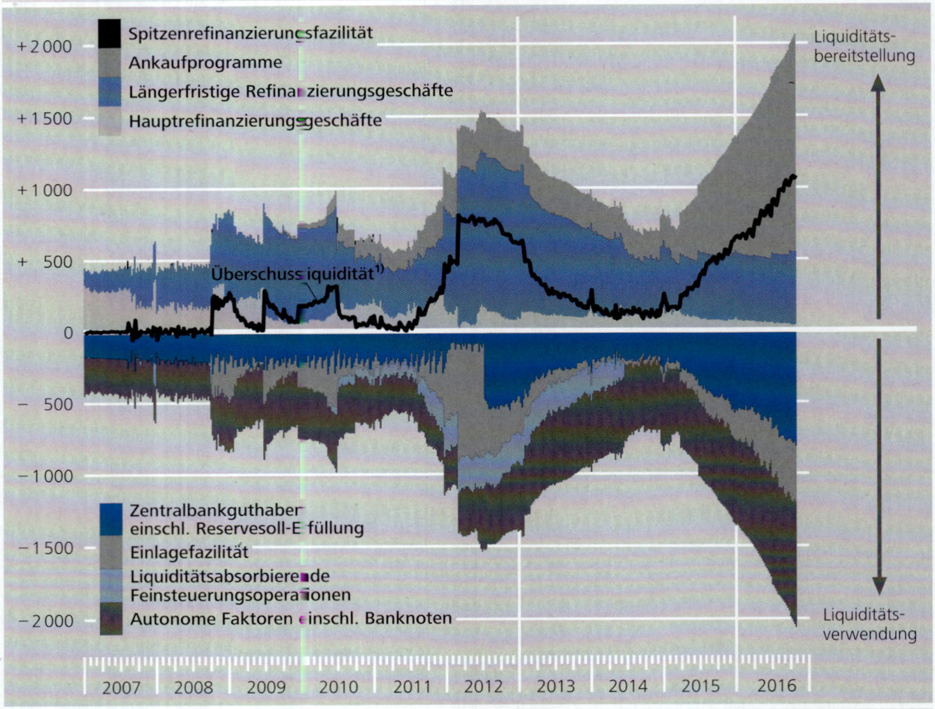

1 Zentralbankguthaben minus Mindestreservesoll plus Einlagefazilität.

4.3.3 Die Mindestreservepflicht

Das Eurosystem verpflichtet die Banken, eine Mindestreserve auf ihrem Konto bei der Zentralbank zu unterhalten. Die Höhe dieser Mindestreserve hängt von den reservepflichtigen Verbindlichkeiten einer Bank ab. Das Reservesoll ist das Produkt dieser Verbindlichkeiten und des Mindestreservesatzes, der vom Eurosystem festgelegt wird. Die Banken müssen das Reservesoll nicht an jedem Tag in voller Höhe halten, sondern nur im Durchschnitt innerhalb einer Mindestreserveperiode. Diese Periode dauert seit dem

Jahr 2015 in der Regel sechs oder sieben Wochen; ihr Beginn orientiert sich an den geldpolitischen Sitzungen des EZB-Rats.

Da die Banken die vorgeschriebene Mindestreserve nur im Durchschnitt der Reserveperiode halten müssen, können sie Mindestreserveguthaben für den in Zentralbankgeld abgewickelten Zahlungsverkehr nutzen. So müssen sie abfließende Liquidität nicht notwendigerweise durch taggleiche Mittelaufnahme zum Beispiel am Interbanken-Geldmarkt ersetzen. Die Mindestreserve kann daher am Geldmarkt wie ein Puffer wirken, der zur Stabilisierung der Zinssätze am Geldmarkt beiträgt. Durch Verzinsung der Mindestreserveguthaben mit dem Hauptrefinanzierungssatz wird gewährleistet, dass die Reservepflicht für die Banken im Ergebnis keinen nennenswerten Kostenfaktor darstellt.

Nachdem seit dem Jahr 1999 der Mindestreservesatz 2 Prozent der reservepflichtigen Verbindlichkeiten mit einer Laufzeit oder Kündigungsfrist bis zwei Jahre betrug, halbierte ihn das Eurosystem Anfang 2012 auf 1 Prozent. Dadurch müssen die Banken insgesamt weniger Zentralbankgeld vorhalten. Für einige Banken kann dies dazu führen, dass sie die Refinanzierungsgeschäfte des Eurosystems in etwas geringerem Umfang nutzen und entsprechend weniger Sicherheiten beim Eurosystem hinterlegen müssen.

4.3.4 Geldpolitische Wertpapierankäufe

Zum geldpolitischen Instrumentarium des Eurosystems gehören grundsätzlich auch endgültige Ankäufe oder Verkäufe von Wertpapieren (Outright-Geschäfte). Dabei dürfen die EZB und die nationalen Zentralbanken Schuldtitel von öffentlichen Emittenten innerhalb der EU – wie Anleihen von EU-Staaten oder Wertpapiere von europäischen Institutionen – nicht am Primärmarkt erwerben. Dies würde das Verbot der monetären Staatsfinanzierung nach Artikel 123 des Vertrags über die Arbeitsweise der Europäischen Union verletzen, wonach das Eurosystem keine Staaten finanzieren darf.

Bisher legte das Eurosystem mehrere geldpolitische Wertpapierankaufprogramme mit verschiedenen Zielsetzungen auf (siehe Tabelle). Das Programm zum Ankauf von Vermögenswerten (Expanded Asset Purchase Programme, APP) wurde Anfang 2015 aufgrund äußerst niedriger Inflationsraten beschlossen. Der EZB-Rat sah die bisherige geldpolitische Lockerung als unzureichend an, um den Risiken einer zu langen Phase mit zu niedriger Inflation zu begegnen. Das Programm soll die feste Verankerung der mittel- bis langfristigen Inflationserwartungen untermauern und dazu beitragen, dass sich die Inflationsraten wieder einem Niveau von 2 Prozent annähern. Es wurde im Dezember 2015 verlängert und im März 2016 ausgeweitet. Im Rahmen des Programms erwerben die Zentralbanken des Eurosystems – darunter die Bundesbank – Wertpapiere des öffentlichen und privaten Sektors. Darunter befinden sich Staatsanleihen sowie Schuldtitel europäischer Institutionen, gedeckte Schuldverschreibungen, forderungsbesicherte Wertpapiere und Unternehmensanleihen. Die Ausgestaltung des Programms kontrolliert der EZB-Rat. Um die Einheitlichkeit der Geldpolitik des Eurosystems zu wahren, stimmt die EZB die Ankäufe ab. Der umfangreiche Erwerb auch lang laufender Staatsanleihen soll dämpfend auf die langfristigen Zinsen wirken und hat somit den Charakter einer geldpolitischen Lockerung (quantitativen Lockerung) an der Zinsuntergrenze.

Beim Programm zum Ankauf von Wertpapieren des öffentlichen Sektors (Public Sector Purchase Programme, PSPP), das den Kern des APP darstellt, erwirbt die Bundesbank Wertpapiere von öffentlichen Emittenten aus Deutschland, insbesondere Bundesanleihen. Insgesamt unterliegen bei diesem Programm auf Ebene des Eurosystems 20 Prozent der angekauften Wertpapiere der Risikoteilung. Davon entfallen 10 Prozent auf Ankäufe von Wertpapieren öffentlicher Emittenten durch die EZB und 10 Prozent auf von den nationalen Zentralbanken erworbene Schuldtitel europäischer Institutionen wie zum Beispiel der Europäischen Investitionsbank (EIB). Die übrigen von den nationalen Zentralbanken angekauften Wertpapiere öffentlicher Emittenten unterliegen nicht der Risikoteilung. Jede nationale Zentralbank trägt allein das Risiko der Staatsanleihen ihres Landes.

Die Ankaufprogramme des Eurosystems im Überblick

Ankaufprogramm	Start	Ende	Volumen (€)	Ziel
APP Expanded Asset Purchase Programme [1]				
CSPP Corporate Sector Purchase Programme [2]	06/2016	mindestens bis März 2017 (bis nachhaltige Änderung der Inflationsraten erkennbar)	monatlich 60 Mrd, seit März 2016 monatlich 80 Mrd	geldpolitische Transmission stärken, Kreditversorgung unterstützen, geldpolitischen Kurs lockern, Preisstabilität gewährleisten
PSPP Public Sector Purchase Programme [3]	03/2015			
CBPP3 Covered Bond Purchase Programme [4]	11/2014			
ABSPP Asset-Backed Securities Purchase Programme [5]	11/2014			
Beendet oder inaktiv				
CBPP2 Covered Bond Purchase Programme [4]	11/2011	10/2012	16 Mrd	Finanzierungsbedingungen lockern und Kreditvergabe stärken
OMT Outright Monetary Transactions [6]	09/2012	grundsätzlich möglich		Störungen der geldpolitischen Transmission entgegenwirken
SMP Securities Markets Programme [7]	05/2010	09/2012	219 Mrd	Störungen der geldpolitischen Transmission entgegenwirken
CBPP1 Covered Bond Purchase Programme [4]	07/2009	06/2010	60 Mrd	Finanzierungsbedingungen lockern und Kreditvergabe stärken

1 Erweitertes Programm zum Ankauf von Vermögenswerten **2** Programm zum Ankauf von Wertpapieren des Unternehmenssektors **3** Programm zum Ankauf von Wertpapieren des öffentlichen Sektors **4** Programm zum Ankauf gedeckter Schuldverschreibungen **5** Programm zum Ankauf von Asset-Backed Securities **6** Geldpolitische Outright-Geschäfte **7** Programm für die Wertpapiermärkte

Frühere Programme des Eurosystems zum Ankauf von Staatsanleihen dienten anderen Zielsetzungen. Mit den im Jahr 2012 beschlossenen geldpolitischen Outright-Geschäften (Outright Monetary Transactions, OMTs) sollten eine ordnungsgemäße geldpolitische Transmission und die Einheitlichkeit der Geldpolitik sichergestellt werden, nachdem der EZB-Rat schwere Verwerfungen an einigen nationalen Staatsanleihemärkten festgestellt hatte. Ein wichtiger Aspekt dieses Ankaufprogramms liegt darin, dass Anleihen nur solcher Mitgliedstaaten des Euro-Raums erworben werden sollten, welche die Bedingungen von Anpassungsprogrammen der Europäischen Finanzstabilitätsfazilität (European Financial Stability Facility, EFSF) und des Europäischen Stabilitätsmechanismus (European Stability Mechanism, ESM) erfüllen. Im Rahmen des OMT-Programms erwarb das Eurosystem bislang keine Staatsanleihen.

Davor wurde schon im Mai 2010 das Programm für die Wertpapiermärkte (Securities Markets Programme, SMP) beschlossen, als mit der ersten Zuspitzung der Staatsschuldenkrise die Spannungen auf den Märkten für bestimmte Staatsanleihen zunahmen. Als Ziel der Wertpapierankäufe bekundete der EZB-Rat, die festgestellten Störungen an den Wertpapiermärkten zu beseitigen und einen angemessenen geldpolitischen Transmissionsmechanismus wiederherzustellen. Anlässlich dieses Beschlusses verwies der EZB-Rat ausdrücklich auf eine Erklärung der Regierungen im Euro-Währungsgebiet, alle nötigen Maßnahmen ergreifen zu wollen, um ihre haushaltspolitischen Ziele im Einklang mit den fiskalischen Defizitverfahren einzuhalten.

Um die Finanzierungsbedingungen für Banken und nichtfinanzielle Unternehmen zu lockern und die Kreditvergabe zu stärken, beschloss der EZB-Rat zudem in den Jahren 2009 und 2011 jeweils ein Programm zum Ankauf gedeckter Schuldverschreibungen (Covered Bond Purchase Programme, CBPP1 und CBPP2). Die beiden Programme waren zeitlich auf ein Jahr befristet und hatten einen vergleichsweise geringen Umfang.

Insgesamt gesehen sind Staatsanleihekäufe in der Europäischen Wirtschafts- und Währungsunion kein geldpolitisches Instrument wie jedes andere, auch wenn sie auf dem

Sekundärmarkt erfolgen. Sie sind mit besonderen Risiken verbunden, weil die Wirtschafts- und Währungsunion keine politische Union mit einem zentralen Haushalt ist, sondern aus Mitgliedstaaten besteht, die eine eigenverantwortliche Wirtschafts- und Fiskalpolitik betreiben. Wenn die Zentralbanken des Eurosystems durch umfangreiche Käufe von Staatsanleihen zum größten Gläubiger der Mitgliedstaaten werden, könnte solides Haushalten vernachlässigt werden. Schließlich könnte der politische Druck auf das Eurosystem steigen, Finanzierungsengpässe zu überbrücken, wenn einzelne Staaten nicht mehr über die Möglichkeit verfügen, sich Geld am Kapitalmarkt zu leihen. Die Unabhängigkeit der Geldpolitik ist aber eine zentrale Voraussetzung, um Preisstabilität zu gewährleisten.

Das Agreement on Net Financial Assets (ANFA)

Neben den geldpolitischen Geschäften tätigen die nationalen Zentralbanken im Rahmen ihrer nationalen Aufgaben auch Geschäfte auf eigene Rechnung. Zu diesen Geschäften gehören beispielsweise der Aufbau von Währungsreserven oder Anlagen zur Altersvorsorge von Beschäftigten, aber auch der Aufbau von Eigenportfolios für allgemeine Anlagezwecke oder die Hereinnahme von Einlagen öffentlicher Haushalte, anderer Notenbanken sowie internationaler Institutionen. Sofern Zentralbanken solche Geschäfte tätigen und diese sich in ihren Bilanzen widerspiegeln, kann Zentralbankgeld geschaffen werden. Dies wiederum kann den Umfang der Liquiditätsbereitstellung mittels geldpolitischer Geschäfte beeinflussen. Das Agreement on Net Financial Assets (ANFA) regelt deshalb, in welchem Umfang die nationalen Zentralbanken nicht-geldpolitische Geschäfte tätigen dürfen. Es soll sicherstellen, dass die Liquiditätswirkung der Geschäfte, die die nationalen Zentralbanken im Rahmen ihrer nationalen Aufgaben tätigen, den geldpolitischen Zielen des Eurosystems nicht zuwiderläuft. Es dient somit dem Schutz der Geldpolitik.

Foto: Walter Vorjohann

Kapitel 5
Die Finanzstabilität

Die Finanzstabilität
Die Stabilität des Finanzsystems sichern

5.1 Die makroprudenzielle Überwachung in Deutschland

5.1.1 Die Mitverantwortung der Bundesbank

5.1.2 Die Risiko- und Stabilitätsanalyse der Bundesbank

5.1.3 Die Bundesbank im Ausschuss für Finanzstabilität

5.2 Die makroprudenziellen Instrumente von Bundesbank und AFS

5.2.1 Öffentliche Kommunikation

5.2.2 Warnungen und Empfehlungen

5.3 Die makroprudenzielle Überwachung auf europäischer Ebene

5.3.1 Die Rolle der Bundesbank im Europäischen System der Zentralbanken

5.3.2 Die Bundesbank im Europäischen Ausschuss für Systemrisiken

5.3.3 Die Mitarbeit in weiteren europäischen Gremien

In einem Finanzsystem vermitteln Banken, Versicherungen, Wertpapierhäuser und Investmentfonds zwischen den Anbietern und Nachfragern finanzieller Mittel. Dies geschieht mittels Finanzinfrastrukturen auf Finanzmärkten. Auch Systeme für die Abwicklung des Zahlungsverkehrs und von Wertpapieren sind Teil eines Finanzsystems. Über grenzüberschreitende Ströme finanzieller Mittel und viele, teilweise hoch komplexe Finanzprodukte sind nationale Finanzinstitute und Finanzmärkte auf der ganzen Welt eng miteinander vernetzt. Störungen im Finanzsystem oder Finanzkrisen können erheblichen wirtschaftlichen Schaden verursachen, die Geldpolitik beeinträchtigen und zu einem Risiko für die Preisstabilität werden. Die Deutsche Bundesbank hat als Zentralbank ein großes Interesse an einem stabilen Finanzsystem. Daher beobachtet sie es laufend, um Fehlentwicklungen rechtzeitig zu erkennen und Finanzkrisen vorzubeugen.

Rechtliche Grundlage

Seit dem Jahr 2013 steht die Überwachung des Finanzsystems auf einer gesetzlichen Grundlage. Das Gesetz zur Überwachung der Finanzstabilität (Finanzstabilitätsgesetz) verpflichtet die Bundesbank zur makroprudenziellen Überwachung im Inland.

§ 1 Gesetz zur Überwachung der Finanzstabilität

(1) Die Deutsche Bundesbank trägt im Inland zur Wahrung der Stabilität des Finanzsystems (Finanzstabilität) bei [...].

Während die mikroprudenzielle Aufsicht und Regulierung auf die Widerstandsfähigkeit einzelner Banken abzielt, ist die makroprudenzielle Sichtweise auf das Finanzsystem als Ganzes und seine Risiken ausgerichtet. Die Wörter mikroprudenziell und makroprudenziell bedeuten, dass mit Regulierung und Aufsicht („prudenziell") auf die einzelnen Finanzinstitute („mikro") beziehungsweise auf das gesamte Finanzsystem („makro") eingewirkt werden soll.

Im Europäischen System der Zentralbanken (ESZB) ist die Bundesbank durch den Vertrag über die Arbeitsweise der Europäischen Union (AEUV) verpflichtet, zur Stabilität des Finanzsystems beizutragen.

Makroprudenzielle Überwachung durch die Bundesbank

Das Finanzstabilitätsgesetz weist der Bundesbank herausgehobene Aufgaben zu. Die Bundesbank soll den Zustand des

Artikel 127 des Vertrags über die Arbeitsweise der Europäischen Union

(5) Das ESZB trägt zur reibungslosen Durchführung der von den zuständigen Behörden auf dem Gebiet der Aufsicht über die Kreditinstitute und der Stabilität des Finanzsystems ergriffenen Maßnahmen bei.

Das Finanzsystem

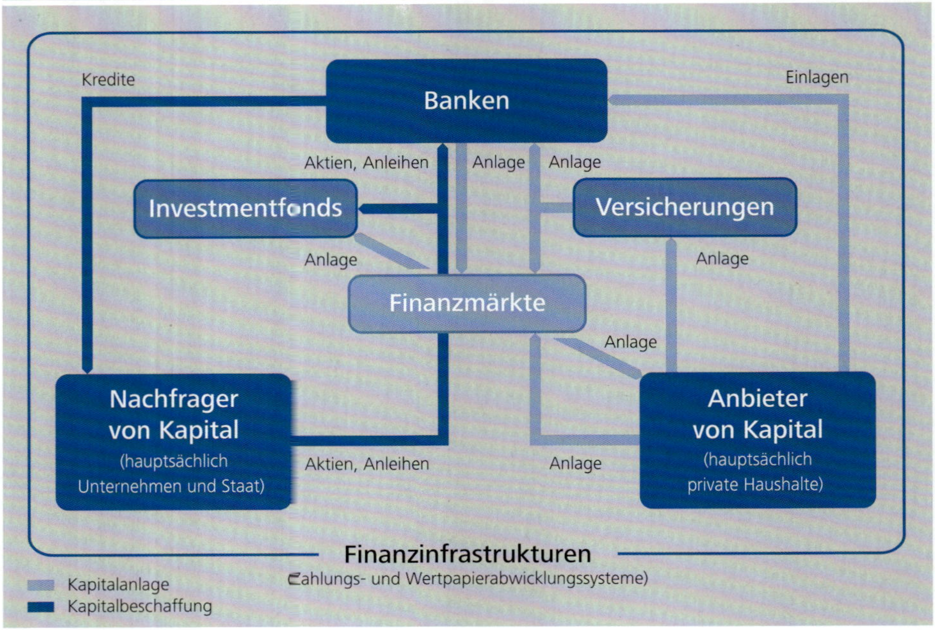

Finanzsystems analysieren und Gefahren für die Stabilität aufzeigen, die sich aus dem Verhalten von Beteiligten und von Finanz-infrastrukturen innerhalb des Finanzsystems ergeben können. Die Ergebnisse bringt die Bundesbank unter anderem in den Ausschuss für Finanzstabilität (AFS) und in den Europäischen Ausschuss für Systemrisiken (European Systemic Risk Board, ESRB) ein. Gleichzeitig veröffentlicht die Bundesbank ihre Erkenntnisse in ihrem jährlichen Finanzstabilitätsbericht.

5.1 Die makroprudenzielle Überwachung in Deutschland

5.1.1 Die Mitverantwortung der Bundesbank

Die Bundesbank hat als Zentralbank ein großes Interesse an einem stabilen Finanzsystem. Sie definiert Finanzstabilität als die Fähigkeit des Finanzsystems, seine zentralen gesamtwirtschaftlichen Funktionen jederzeit und reibungslos zu erfüllen – und zwar gerade im Falle unvorhergesehener Ereignisse, in Situationen hoher Belastungen sowie in Umbruchphasen. Dies ist der Fall, wenn die Finanzinstitute auf den Finanzmärkten unter Beachtung der Risiken bestmöglich zwischen Angebot und Nachfrage nach finanziellen Mitteln vermitteln können und dazu leistungsfähige und sichere Finanzmarktinfrastrukturen nutzen können.

Ein stabiles Finanzsystem ist eine wesentliche Grundlage für eine nachhaltig wachsende Volkswirtschaft. Störungen im Finanzsystem können Wirtschaftswachstum und Beschäftigung schaden und Staatshaushalte belasten. Ein uneingeschränkt funktionsfähiges Finanzsystem ist zugleich eine Voraussetzung dafür, dass geldpolitische Maßnahmen in der gewünschten Weise wirken. Bei einer störungsfreien geldpolitischen Übertragung kann der Leitzins über andere Zinsen auf die gesamtwirtschaftliche Nachfrage und schließlich auf die Verbraucherpreise (→ Kapitel Geldpolitik) wirken. Störungen im Finanzsystem behindern die Umsetzung der Geldpolitik und können zu einem Risiko für die Preisstabilität werden. Der Beitrag der Bundesbank zur Sicherung der Finanzstabilität ist daher zugleich ein wichtiger Beitrag zur Erfüllung ihrer geldpolitischen Aufgabe.

Ein stabiles Finanzsystem ist für die Bundesbank außerdem auch deshalb bedeutsam, weil nur das Eurosystem Zentralbankgeld schaffen kann. Dadurch könnten die Zentralbanken des Eurosystems zum Kreditgeber letzter Instanz (Lender of Last Resort) werden, zum Beispiel wenn eine ansonsten solvente Geschäftsbank auf dem Geldmarkt kein Zentralbankgeld von anderen Marktteilnehmern erhielte. Die Bereitstellung von Zentralbankgeld durch das Eurosystem verhindert in einer solchen Situation, dass sich ein akuter Liquiditätsengpass auf weitere, möglicherweise systemrelevante Marktteilnehmer ausbreitet. Ist das Finanzsystem als Ganzes stabil, könnte sich die betroffene Bank danach wieder bei anderen Banken mit Liquidität versorgen, sodass die Liquiditätshilfe eng begrenzt bliebe.

Liquiditätshilfe im Notfall

Im Eurosystem kann eine nationale Zentralbank mit der Notfall-Liquiditätshilfe (Emergency Liquidity Assistance, ELA) einer Geschäftsbank für eine bestimmte Frist Zentralbankgeld bereitstellen, sofern diese Bank solvent ist und mit der Nothilfe nur ein vorübergehender Liquiditätsengpass überbrückt werden soll. Die Zentralbank entscheidet selbst, welche Sicherheiten sie für den gewährten Notkredit akzeptiert. Notfall-Liquiditätshilfen stellen außerordentliche Maßnahmen dar und gelten nicht als Teil der einheitlichen Geldpolitik des Eurosystems; die Kosten und Risiken sind von der jeweiligen nationalen Zentralbank selbst zu tragen. Der EZB-Rat kann sie aber mit Zweidrittelmehrheit einschränken oder ablehnen, wenn sie den Zielen und Aufgaben der Geldpolitik zuwiderlaufen. Sie bergen auch die Gefahr, dass das Verbot der monetären Staatsfinanzierung unterlaufen wird. Dies könnte zum Beispiel der Fall sein, wenn die Notfall-Liquiditätshilfen für eine nicht solvente Bank, die gegebenenfalls mit öffentlichen Mitteln abgewickelt werden müsste, über eine längere Zeit gewährt würden. In der Finanz- und Staatsschuldenkrise gewährten mehrere Zentralbanken des Eurosystems Notfall-Liquiditätshilfen. Die Bundesbank stellte der Immobilienbank Hypo Real Estate für wenige Monate im Jahr 2008 eine Notfall-Liquiditätshilfe bereit.

Die Bundesbank ist gemeinsam mit der Bundesanstalt für Finanzdienstleistungsaufsicht (BaFin) für die Bankenaufsicht in Deutschland zuständig. Dadurch verfügt sie über tiefe Einblicke in die geschäftliche Situation der Kreditinstitute. Neben Kreditinstituten spielen jedoch auch Versicherer, Investmentfonds, Finanzmärkte und die finanzielle Infrastruktur wie Börsenbetreiber eine wichtige Rolle im Finanzsystem. Stabilitätsrisiken entstehen oft durch das Zusammenspiel mehrerer Finanzinstitute, auch wenn diese in der Einzelbetrachtung gesund erscheinen mögen. Da Finanzinstitute und Finanzmärkte über moderne Informationstechnik und Finanzprodukte wie zum Beispiel Derivate eng miteinander vernetzt sind, können sich Fehlentwicklungen im Finanzsystem über Grenzen und Sektoren hinaus ausbreiten.

Die Finanzkrise verdeutlichte, dass die Überwachung einzelner Finanzinstitute nicht alle Risiken aufzuzeigen vermag, mit denen das Finanzsystem konfrontiert ist. Durch das im Jahr 2013 in Kraft getretene Finanzstabilitätsgesetz übertrug der Gesetzgeber der Bundesbank die Aufgabe, zur Wahrung der Finanzstabilität beizutragen. Im Rahmen ihres makroprudenziellen Mandats analysiert sie für die Finanzstabilität maßgebliche Sachverhalte und zeigt Gefahren auf, welche die Finanzstabilität beeinträchtigen können.

Die makroprudenzielle Überwachung ist mit der mikroprudenziellen Aufsicht über einzelne Banken eng verbunden. Die makroprudenzielle Überwachung kann mithilfe von Informationen über einzelne Finanzinstitute das Ausmaß ihrer Vernetzung untereinander sowie der von ihnen ausgehenden Risiken für das gesamte Finanzsystem einschätzen. Die mikroprudenzielle Aufsicht wiederum kann Erkenntnisse über Fehlentwicklungen im gesamten Finanzsystem nutzen, um Risiken für einzelne Finanzinstitute frühzeitig zu erkennen und anzugehen. Die Verzahnung der makroprudenziellen und der mikroprudenziellen Überwachung findet innerhalb der Bundesbank statt.

5.1.2 Die Risiko- und Stabilitätsanalyse der Bundesbank

Risikoorientierter Ansatz

Die Bundesbank beobachtet laufend das deutsche Finanzsystem. Dabei analysiert sie nicht nur mögliche Risiken im Inland, sondern auch Risiken aufgrund der engen Verflechtung des deutschen Finanzsystems mit dem Ausland. Die Analysen sollen aufkommende Risiken, welche die Finanzstabilität beeinträchtigen können, möglichst früh erkennen und aufzeigen. Die Bundesbank verfolgt einen risikoorientierten Ansatz, der Abwärtsszenarien betrachtet. Im Unterschied zu Prognosen, welche die wahrscheinlichsten Entwicklungen aufzeigen, beschreiben Abwärtsszenarien Ereignisse, die großen Schaden für die Gesamtwirtschaft verursachen können, selbst wenn ihre Eintrittswahrscheinlichkeit gering erscheint. Dabei zeigen Belastungstests (auch Stresstests genannt) auf, wie sich negative Ereignisse oder Entwicklungen wie zum Beispiel eine gesamtwirtschaftliche Rezession auf das Finanzsystem auswirken würden.

Systemische Risiken

Die makroprudenzielle Überwachung zielt auf das Erkennen systemischer Risiken ab. Diese liegen vor, wenn die Schieflage von systemrelevanten Banken, Versicherern, anderen Finanzintermediären oder auch eines Finanzinfrastrukturanbieters die Funktionsfähigkeit des gesamten Systems gefährdet. Das kann geschehen, wenn der jeweilige Marktteilnehmer sehr groß oder eng mit anderen Marktteilnehmern verflochten ist (too big beziehungsweise too interconnected to fail). Systemische Risiken entstehen aber auch, wenn viele Marktteilnehmer ähnliche Risiken eingegangen sind (too many to fail). Breiten sich einmal eingetretene Störungen aus, können erhebliche Liquiditätsengpässe oder eine verminderte Zahlungsfähigkeit der Marktteilnehmer die Folge sein, was die Stabilität des Finanzsystems insgesamt bedroht.

Systemische Risiken entstehen zum Beispiel durch Fehlanreize oder wenn prozyklisches Verhalten eine Abfolge von sich verstärkenden Übertreibungen fördert. In einer Zeit des Überschwangs sind Marktteilnehmer bereit, hohe Risiken einzugehen, oder aber sie unterschätzen das mit Finanzanlagen verbundene Risiko. Kommen anschließend Zweifel an der Nachhaltigkeit der Entwicklung auf, kann ein Umschwung einsetzen, der eine „Flucht in Sicherheit" auslöst. Dabei sinkt die Risikobereitschaft, sodass Finanzanlagen mit hohem Risiko stark an Wert verlieren, was auch zu Liquiditätsengpässen führen kann.

Rückkopplungen zwischen Finanzsystem und Realwirtschaft

Die makroprudenzielle Analyse beschäftigt sich auch mit Rückkopplungen zwischen dem Finanzsystem und der Realwirtschaft. Denn Störungen im Finanzsystem können erheblichen gesamtwirtschaftlichen Schaden verursachen. Werden nicht genügend Kredite für die Finanzierung von Investitionen vergeben, kann dies die wirtschaftliche Entwicklung eines Landes empfindlich hemmen. Umgekehrt führt eine schrumpfende Wirtschaft häufig zu erhöhten Kreditausfällen bei Banken und zu Wertverlusten bei Finanzanlagen. Die Zustände im Finanzsystem und in der Wirtschaft können sich dabei sowohl im Aufschwung als auch im Abschwung wechselseitig verstärken. Im Aufschwung kann eine lockere Kreditvergabe zum Aufbau von Risiken führen, wenn zum Beispiel Käufe von Immobilien über höhere Kreditaufnahmen finanziert und Kreditvergabestandards gelockert werden. Wenn die größere Nachfrage zu höheren Immobilienpreisen führt, steigt der Wert der Immobilien als Kreditsicherheit, was wiederum den Zugang zu Krediten erleichtert. Im Abschwung, wenn die Preise für Vermögenswerte fallen, kann sich diese Spirale schnell drehen.

5.1.3 Die Bundesbank im Ausschuss für Finanzstabilität

Die Bundesbank bringt ihre Kenntnisse aus der makroprudenziellen und gesamtwirtschaftlichen Analyse sowie aus der Aufsicht über Finanzinstitute und Finanzinfrastrukturen in den Ausschuss für Finanzstabilität (AFS) ein. Der AFS ist das zentrale Gremium der makroprudenziellen Überwachung in Deutschland. Ihm gehören jeweils drei Vertreter des

Bundesministeriums der Finanzen, der BaFin und der Bundesbank sowie als beratendes, nicht stimmberechtigtes Mitglied ein Vertreter der Bundesanstalt für Finanzmarktstabilisierung (FMSA) an. Aufgrund der vorgesehenen Neuordnung der Aufgaben der FMSA wird die Zusammensetzung des AFS im Jahr 2018 angepasst. Durch die Beteiligung des Bundesfinanzministeriums verfügen in Krisensituationen alle zuständigen staatlichen Stellen über bestmögliche Informationen. Der AFS kommt mindestens viermal im Jahr zusammen.

Die Bundesbank im Ausschuss für Finanzstabilität (AFS)

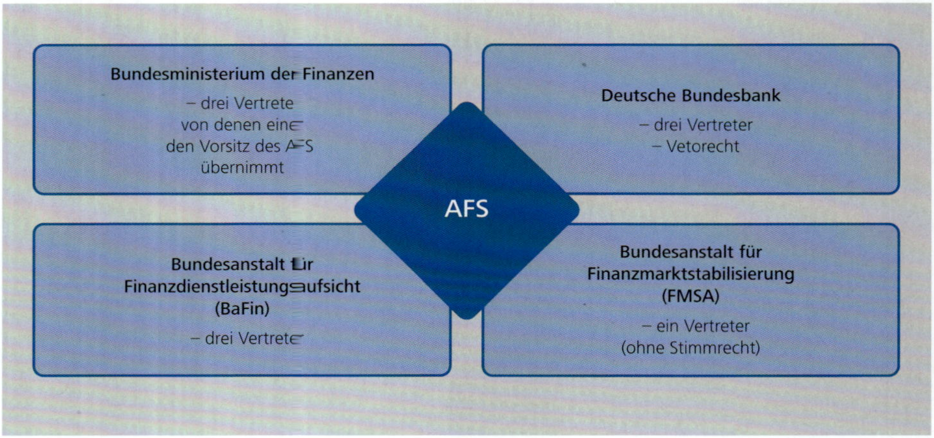

Die Bundesbank bereitet aus ihrer laufenden Arbeit heraus die Sitzungen des Ausschusses vor und stellt Analysen zur Verfügung, auf deren Grundlage Sachverhalte erörtert werden, die für die Finanzstabilität maßgeblich sind. Erkennt die Bundesbank aufgrund ihrer Analyse Gefahren für die Finanzstabilität, unterbreitet sie dem AFS Vorschläge für den Einsatz makroprudenzieller Instrumente zur Abwehr oder Abmilderung dieser Gefahren. Diese Vorschläge können als Warnung oder Empfehlung ausgesprochen werden. Außerdem bereitet die Bundesbank den jährlichen Bericht des AFS an den Deutschen Bundestag zur Lage und Entwicklung der Finanzstabilität in Deutschland vor. Der erste Bericht wurde dem Bundestag im Juni 2014 übergeben.

5.2 Die makroprudenziellen Instrumente von Bundesbank und AFS

Makroprudenzielle Instrumente unterteilen sich hinsichtlich ihrer rechtlichen Eingriffstiefe und Verbindlichkeit in weiche, mittlere und harte Instrumente. Ein weiches Instrument ist die Kommunikation über die Stabilität des Finanzsystems und entstehende Risiken. Makroprudenzielle Instrumente mit mittlerer Eingriffstiefe und Verbindlichkeit sind die Warnungen und Empfehlungen, die durch den AFS ausgesprochen werden können. Harte, das heißt verbindliche Instrumente wie zusätzliche Kapitalpuffer darf der AFS zwar empfehlen, sie bedürfen aber einer rechtlichen Grundlage. Die Anwendung harter Eingriffsinstrumente bleibt der BaFin vorbehalten, die der Rechts- und Fachaufsicht des Bundesministeriums der Finanzen untersteht.

5.2.1 Öffentliche Kommunikation

Die öffentliche Kommunikation ist für die Bundesbank ein wichtiges Instrument. Als weiches Instrument greift die öffentliche Kommunikation nicht direkt in die Geschäftstätigkeit von Marktteilnehmern ein, sondern beeinflusst deren Verhalten und Erwartungen. Sie wird deshalb eher früh eingesetzt, nachdem ein Risiko erkannt worden ist. Im AFS trägt die Bundesbank durch den jährlichen Bericht an den Deutschen Bundestag zur Lage und Entwicklung der Finanzstabilität in Deutschland maßgeblich zur öffentlichen Kommunikation bei.

Abgesehen davon veröffentlicht die Bundesbank die Analysen und Einschätzungen zur Finanzstabilität vor allem in ihrem eigenen Finanzstabilitätsbericht, aber auch in Forschungspapieren, Pressemitteilungen und Reden. Aufgrund ihrer Unabhängigkeit und Sachkenntnis in gesamtwirtschaftlichen sowie mikro- und makroprudenziellen Fragen wird von der Bundesbank heute mehr denn je erwartet, dass sie aufkommende Risiken rechtzeitig erkennt und wirkungsvolle Gegenmaßnahmen vorschlägt. In dem jährlich veröffentlichten Finanzstabilitätsbericht legt sie ihre Einschätzung der Widerstandskraft des deutschen Finanzsystems dar und analysiert die Risiken für die Finanzstabilität. Im Berichtsteil werden die wichtigsten Risiken aus dem internationalen und nationalen Konjunktur- und Finanzmarktumfeld aufgezeigt. Es folgt eine ausführliche Analyse der Lage im deutschen Kredit- und Versicherungsgewerbe sowie der Finanzmarktinfrastrukturen. An den Hauptteil des Finanzstabilitätsberichts schließen sich Sonderaufsätze an, in denen aktuelle Fragen der Finanzstabilität vertieft dargestellt werden. Konkrete Hinweise für Marktteilnehmer und Politik geben Anstöße, mögliche Risiken genauer zu betrachten und das Regelwerk für das Finanzsystem weiterzuentwickeln. Der Finanzstabilitätsbericht erscheint seit November 2005 als eigenständige Publikation.

5.2.2 Warnungen und Empfehlungen

Zeichnet sich eine Gefährdung der Finanzstabilität ab, genügt die öffentliche Kommunikation in der Regel nicht mehr. Erkennt die Bundesbank aufgrund ihrer Analyse eine deutliche Fehlentwicklung im deutschen Finanzsystem, schlägt sie im AFS vor, eine Warnung oder eine Empfehlung auszusprechen. Eine Warnung oder eine Empfehlung kann an alle öffentlichen Stellen im Inland gerichtet sein, zum Beispiel an die Bundesregierung oder an die BaFin. Während eine Warnung lediglich auf vorhandene Risiken für die Finanzstabilität hinweist, listet eine Empfehlung einzuleitende Maßnahmen auf. Der AFS kann Warnungen und Empfehlungen entweder öffentlich abgeben oder sie dem Empfänger nicht-öffentlich zukommen lassen. Angesichts der Bedeutung von Transparenz und Berechenbarkeit für die makroprudenzielle Politik ist davon auszugehen, dass Warnungen und Empfehlungen in der Regel öffentlich gemacht werden. Der Empfänger ist verpflichtet, dem AFS in angemessener Frist aufzuzeigen, wie er die Empfehlung umsetzen wird oder warum er diese nicht umsetzen möchte („comply-or-explain"-Verfahren). Im Juni 2015 empfahl der AFS der Bundesregierung, eine Rechtsgrundlage für neue makroprudenzielle Instrumente zu schaffen, um die Finanzierung von Wohnimmobilien stärker regulieren zu können.

Die Bundesbank überwacht und bewertet die Umsetzung von Empfehlungen und leitet ihre Einschätzung an den AFS weiter. Darüber hinaus berät sie die deutschen Empfänger von Warnungen und Empfehlungen des Europäischen Ausschusses für Systemrisiken (ESRB). Alle Aufgaben, die die Bundesbank im Rahmen ihrer Mitgliedschaft im AFS übernimmt, übt sie unter Wahrung ihrer Unabhängigkeit aus. Sie kann nicht für Einschätzungen und Maßnahmen vereinnahmt werden, die sie nicht teilt, weil der AFS Entscheidungen über Warnungen und Empfehlungen nicht gegen die Stimmen der anwesenden Vertreter der Bundesbank treffen kann.

Makroprudenzielle Eingriffsinstrumente

Empfehlungen können den Einsatz verbindlicher makroprudenzieller Instrumente vorsehen, die direkt in die Geschäftstätigkeit der Finanzmarktteilnehmer eingreifen. Diese bedürfen einer rechtlichen Grundlage. Die Verantwortung für die Umsetzung der vom AFS empfohlenen Maßnahmen liegt bei der inländischen öffentlichen Stelle, die Adressat der Empfehlung ist. Auf Grundlage der europäischen und deutschen Gesetze können verbindliche Instrumente besonders im Bankensektor eingesetzt werden. Ihr Einsatz ist in der Europäischen Union durch die Kapitaladäquanzrichtlinie (Capital Requirements Directive IV, CRD IV) und durch die Kapitaladäquanzverordnung (Capital Requirements Regulation, CRR) geregelt. Beide Vorgaben bauen auf dem Regelwerk Basel III des bei der Bank für Internationalen Zahlungsausgleich (BIZ) angesiedelten Baseler Ausschusses für Bankenaufsicht auf (→ Kapitel Bankenaufsicht). Damit gelten in der Europäischen Union weitgehend einheitliche regulatorische Standards.

Die meisten dieser Instrumente zielen darauf, das Eigenkapital der Banken zu stärken. Zusätzliches Eigenkapital erhöht die Widerstandsfähigkeit der Finanzinstitute und wirkt gegen systemische Risiken. Zu den makroprudenziellen Instrumenten zählt zum Beispiel der Systemrisikopuffer, der besonders das Risiko verringern soll, dass sich finanzielle

Schwierigkeiten einer Bank auf andere Banken übertragen. Mit dem antizyklischen Kapitalpuffer hingegen kann die Aufsicht den Banken im Aufschwung unter bestimmten Bedingungen höhere Kapitalanforderungen auferlegen und somit ihre Widerstandsfähigkeit für den Fall eines sich anschließenden Abschwungs erhöhen. In einem Abschwung können die Banken die aufgebauten Puffer wieder abbauen und damit mögliche Verluste decken sodass Unternehmen und Verbraucher trotz des Abschwungs weiterhin mit Krediten versorgt werden können. In Deutschland wurde der antizyklische Kapitalpuffer zum 1. Januar 2016 eingeführt. Da keine übermäßige Kreditvergabe zu erkennen war, legte die Bundesanstalt für Finanzdienstleistungsaufsicht die inländische Pufferquote auf 0 Prozent fest. Dabei stützte sie sich auf Analysen und Daten der Bundesbank.

5.3 Die makroprudenzielle Überwachung auf europäischer Ebene

Zusätzlich zu ihrer zentralen Rolle in der makroprudenziellen Überwachung in Deutschland ist die Bundesbank in das entsprechende europäische Gefüge eingebunden. Als integraler Bestandteil des Europäischen Systems der Zentralbanken (ESZB) hat die Bundesbank auch auf europäischer Ebene den ausdrücklichen Auftrag, zur Stabilität des Finanzsystems beizutragen. Mitverantwortung erwächst der Bundesbank zudem aus ihrer Beteiligung an der europäischen Bankenaufsicht sowie aus dem Betrieb und der Überwachung von Zahlungsverkehrssystemen. Auf der Ebene der Europäischen Union wirkt die Deutsche Bundesbank im Europäischen Ausschuss für Systemrisiken (European Systemic Risk Board, ESRB) mit.

5.3.1 Die Rolle der Bundesbank im Europäischen System der Zentralbanken

Innerhalb des Europäischen Systems der Zentralbanken wirkt die Bundesbank unter anderem über den Ausschuss für Finanzstabilität (Financial Stability Committee, FSC) und das Makroprudenzielle Forum (Macroprudential Forum, MPF) an der Wahrung der Finanzstabilität mit. Das FSC hat im Zuge des Einheitlichen Bankenaufsichtsmechanismus SSM seinen Mitgliederkreis erweitert und ergänzende Aufgaben erhalten. Die Zuständigkeit für die makroprudenzielle Politik in der Europäischen Union liegt grundsätzlich bei den einzelnen Mitgliedstaaten. Allerdings kann die Europäische Zentralbank (EZB) bestimmte makroprudenzielle Instrumente für Banken im Geltungsbereich des SSM verschärfen. Dies betrifft zum Beispiel die Quote für den antizyklischen Kapitalpuffer oder die zusätzlichen Anforderungen für anderweitig systemrelevante Institute. Das FSC bereitet die makroprudenziellen Beratungen und Entscheidungen des EZB-Rats vor, analysiert weitere finanzstabilitätsrelevante Fragen und trägt zum halbjährlichen Finanzstabilitätsbericht der EZB bei. Zusätzlich kommen die Mitglieder des EZB-Rats und des Aufsichtsgremiums (Supervisory Board) mindestens vierteljährlich im MPF zusammen. Die Diskussionen in diesem Gremium dienen vor allem der Verzahnung von mikro- und makroprudenziellen Erkenntnissen auf höchster Ebene.

Das Europäische Aufsichtsnetzwerk

In der Europäischen Union vereint seit dem Jahr 2011 das Europäische System der Finanzaufsicht (European System of Financial Supervision, ESFS) die mikroprudenzielle Aufsicht und die makroprudenzielle Überwachung miteinander. Im November 2014 kam der Einheitliche Aufsichtsmechanismus SSM hinzu, der sich aus der EZB und den zuständigen nationalen Behörden zusammensetzt (→ Kapitel Bankenaufsicht). Alle Beteiligten tauschen fortlaufend Informationen und Erkenntnisse aus, um systemische Risiken zu begrenzen.

Die Aufgaben der mikroprudenziellen Aufsicht auf nationaler und europäischer Ebene übernehmen die nationalen Aufsichtsbehörden der EU-Mitgliedstaaten und der SSM. Die drei EU-Aufsichtsbehörden (European Supervisory Authorities, ESAs) und deren Gemeinsamer Ausschuss (Joint Committee) sind unabhängige europäische Institutionen, deren Aufgabe es ist, eine einheitliche Beaufsichtigung und Regulierung im europäischen Finanzsystem zu gewährleisten. Die Europäische Bankenaufsichtsbehörde (European Banking Authority, EBA) mit Sitz in London ist verantwortlich für die Banken, die Europäische Wertpapier- und Marktaufsichtsbehörde (European Securities and Markets Authority, ESMA) mit Sitz in Paris für die Finanz- und Wertpapiermärkte und die in Frankfurt ansässige Europäische Aufsichtsbehörde für das Versicherungswesen und die betriebliche Altersvorsorge (European Insurance and Occupational Pensions Authority, EIOPA) für das Versicherungswesen und die betriebliche Altersvorsorge.

Für die makroprudenzielle Überwachung des gesamten Finanzsystems der Europäischen Union ist der Europäische Ausschuss für Systemrisiken (European Systemic Risk Board, ESRB) zuständig. Die EZB übernimmt für die Banken der am SSM teilnehmenden Staaten mikro- und makroprudenzielle Aufsichtsaufgaben. Sie arbeitet eng mit den anderen am ESFS beteiligten Behörden zusammen.

Die Aufsichtsstruktur in Europa

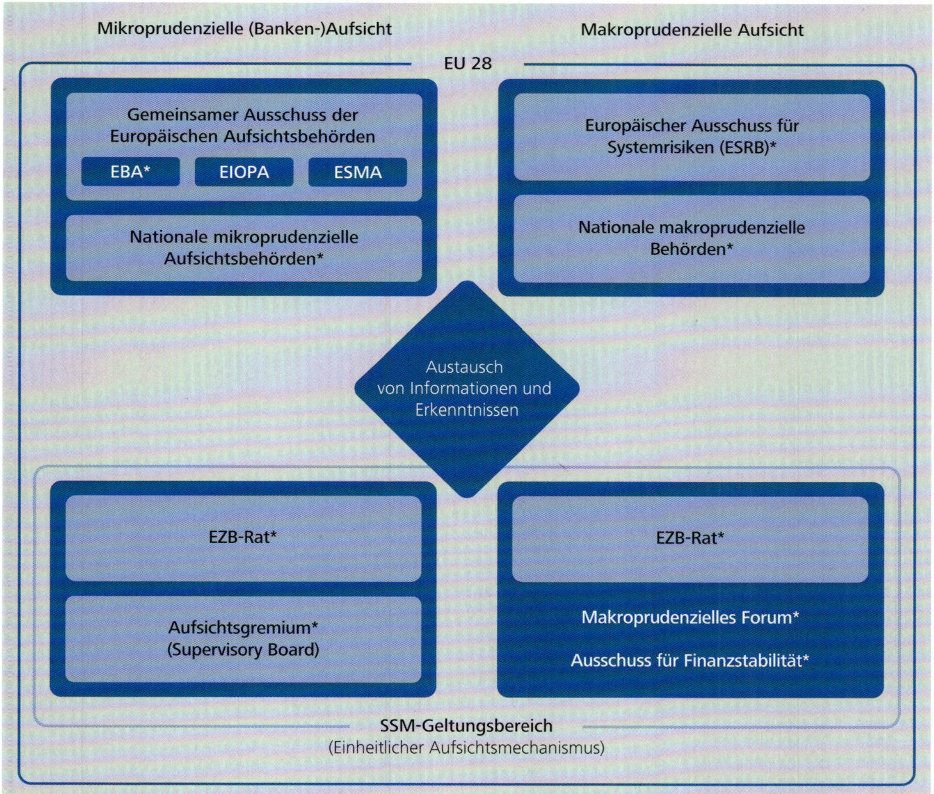

* Bundesbank ist Mitglied bzw. beteiligt

5.3.2 Die Bundesbank im Europäischen Ausschuss für Systemrisiken

Auf der Ebene der Europäischen Union wirkt die Deutsche Bundesbank im ESRB mit. Der Ausschuss bündelt die Expertise von Zentralbanken und Aufsichtsbehörden mit dem Ziel, systemische Risiken aufzuzeigen und zu bewerten. Damit ist er in Europa das wichtigste Gremium der makroprudenziellen Überwachung. Im ESRB sind alle nationalen

Zentralbanken, die EZB sowie alle nationalen und europäischen Behörden vertreten, die die Finanzstabilität überwachen. Diese Zusammensetzung gewährleistet den Austausch von Erkenntnissen zwischen Zentralbanken und Aufsichtsbehörden.

Kooperationsgremium

Der ESRB ist ein unabhängiges Gremium ohne eigene Rechtspersönlichkeit. Es konzentriert sich vor allem auf die mittel- und längerfristige Analyse von Systemrisiken und auf die Krisenprävention. Nicht zuletzt weil im ESRB die nationalen Zentralbanken die Führungsrolle einnehmen, werden in der Risikoanalyse auch regionale Besonderheiten und Unterschiede in der EU berücksichtigt. Der ESRB besitzt keine direkten Eingriffsrechte, seine Instrumente sind – analog zum AFS in Deutschland – Warnungen und Empfehlungen. Erkennt der ESRB ernsthafte Risiken für die Finanzstabilität, spricht er Warnungen oder Empfehlungen gegenüber der Europäischen Union insgesamt, den EU-Mitgliedstaaten, der Europäischen Kommission oder den europäischen beziehungsweise nationalen Aufsichtsbehörden aus. Solche Warnungen und Empfehlungen können entweder vertraulich oder öffentlich kommuniziert werden. Empfehlungen sind mit einer Handlungsanweisung sowie einer Umsetzungsfrist verbunden. Sie sind zwar nicht rechtsverbindlich, die Ablehnung von Maßnahmen muss aber hinreichend begründet werden („comply-or-explain"-Verfahren). Sollte der ESRB feststellen, dass die Empfehlung nicht befolgt wurde oder die Adressaten keine angemessene Begründung für ihr Nichthandeln gegeben haben, setzt er den Adressaten, den Rat der Europäischen Union und gegebenenfalls die betreffende europäische Aufsichtsbehörde unter Beachtung strikter Vertraulichkeitsregeln davon in Kenntnis. Werden die Empfehlungen angenommen, soll der ESRB deren Umsetzung überwachen.

Der ESRB sprach bislang unter anderem Empfehlungen zu Fremdwährungskrediten, zur Überwachung der US-Dollar-Refinanzierung und zu nationalen makroprudenziellen Mandaten aus. Deutschland setzte mit dem Finanzstabilitätsgesetz die Empfehlung zum makroprudenziellen Mandat der nationalen Behörden um und bestimmte den AFS zum Träger der makroprudenziellen Politik.

Der ESRB kontrolliert und koordiniert den Einsatz makroprudenzieller Instrumente in den einzelnen Staaten. Für Deutschland informiert der AFS das Gremium über seine Warnungen und Empfehlungen. Falls wesentliche grenzüberschreitende Auswirkungen zu erwarten sind, informiert der AFS den ESRB, bevor er die Warnung oder Empfehlung abgibt.

Der Europäische Ausschuss für Systemrisiken
(European Systemic Risk Board, ESRB)

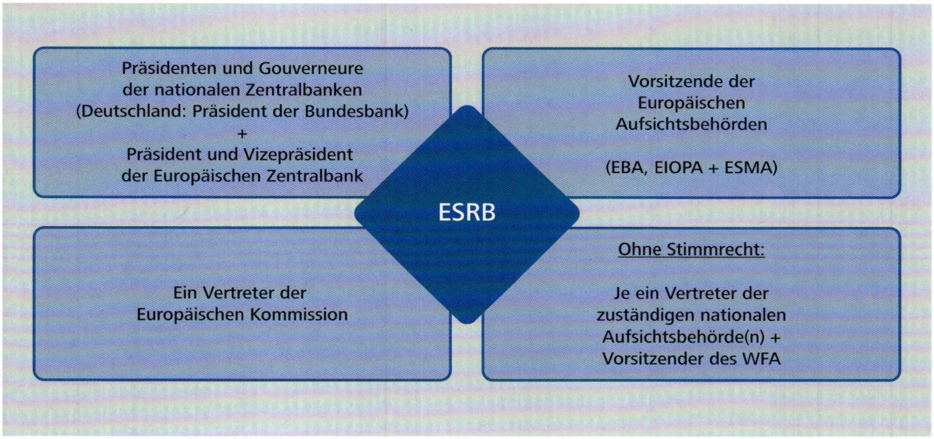

Beteiligung in Verwaltungsrat, Ausschüssen und Arbeitsgruppen

Die Bundesbank ist durch ihren Präsidenten im Verwaltungsrat des ESRB, dem zentralen Beschlussorgan, mit Sitz und Stimme vertreten. Im Verwaltungsrat sitzen unter anderem die Präsidenten der nationalen Zentralbanken, der Präsident und der Vizepräsident der EZB, die Leiter aller Regulierungs- und Aufsichtsbehörden und der Vorsitzende des Wirtschafts- und Finanzausschusses (WFA). Vorsitzender des Verwaltungsrats ist derzeit der EZB-Präsident. Der Verwaltungsrat beschließt grundsätzlich mit einfacher Mehrheit der anwesenden stimmberechtigten Mitglieder. Ende des Jahres 2015 bestand er aus 69 Mitgliedern, von denen 39 stimmberechtigt waren. Für Warnungen und Empfehlungen ist eine Zweidrittelmehrheit erforderlich. Der ESRB ist unabhängig, seine Mitglieder sind unparteiisch und handeln einzig und allein im Interesse der Europäischen Union als

Ganzes. Sie dürfen keine Weisungen von Mitgliedstaaten, anderen Unionsorganen oder öffentlichen und privaten Einrichtungen einholen oder entgegennehmen. Gleichzeitig dürfen diese auch keinen Einfluss auf die Mitglieder des ESRB ausüben. Konkrete Ergebnisse aus Analysen und internen Diskussionen im ESRB sind vertraulich.

Mitarbeiter der Bundesbank sind darüber hinaus in den Ausschüssen und Arbeitsgruppen des ESRB vertreten. Dadurch trägt die Bundesbank zur Wahrnehmung der Aufgaben des ESRB bei und wirkt inhaltlich an seinen Positionen mit. Der Beratende Fachausschuss (Advisory Technical Committee, ATC) und der Beratende Wissenschaftliche Ausschuss (Advisory Scientific Committee, ASC) unterstützen den Verwaltungsrat durch Analysen. Die Mitglieder des ATC sind typischerweise die Leiter der Bereiche Finanzstabilität oder Finanzaufsicht in den Zentralbanken oder den Aufsichtsbehörden. Der Verwaltungsrat kann Arbeitsgruppen einsetzen, die ausgewählte Themen bearbeiten. Die Arbeitsgruppen bereiten gegebenenfalls Warnungen oder Empfehlungen vor. Das ASC setzt sich aus dem Vorsitzenden des ATC und weiteren vom Verwaltungsrat gewählten unabhängigen Fachleuten zusammen, die umfangreiches Fach- und Sachwissen in den Bereichen Bankwesen, Wertpapierwesen, Versicherungswesen und betriebliche Altersversorgung haben und den Verwaltungsrat vor allem methodisch beraten.

5.3.3 Die Mitarbeit in weiteren europäischen Gremien

Im Rahmen der Gremien zur politischen Zusammenarbeit in der Europäischen Union, an denen Zentralbanken beteiligt sind, ist die Bundesbank unter anderem im Wirtschafts- und Finanzausschuss (WFA; Economic and Financial Committee, EFC) mit Themen der Finanzstabilität befasst. Der Ausschuss bereitet die Tagungen des ECOFIN-Rats vor, dem EU-Rat in der Zusammensetzung der Wirtschafts- und Finanzminister der Mitgliedstaaten. Der WFA ist eine Schnittstelle zwischen den EU-Mitgliedstaaten, der Europäischen Kommission und der EZB und nimmt damit Einfluss auf die wirtschafts- und finanzpolitische Zusammenarbeit in der Europäischen Union. Jeder Mitgliedstaat, die Europäische Kommission und die EZB ernennen jeweils höchstens zwei Mitglieder. Aus

Deutschland nehmen jeweils ein ranghoher Vertreter des Finanzministeriums und der Bundesbank teil; die Bundesbank wird durch das zuständige Vorstandsmitglied vertreten. Über Fragen der Finanzstabilität wird auch in Vorbereitung des zweimal jährlich stattfindenden informellen ECOFIN-Rats beraten, an dem die Präsidenten der nationalen Zentralbanken teilnehmen.

Foto: Paolo Giani/Shutterstock

Kapitel 6

Die Bankenaufsicht

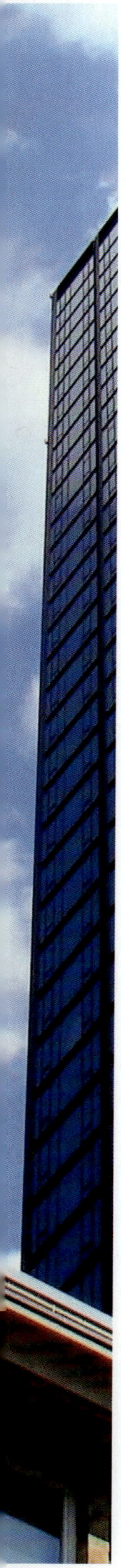

Die Bankenaufsicht
Die Risiken im Bankwesen begrenzen

Eine gut funktionierende Aufsicht über die Banken ist eine grundlegende Voraussetzung für ein stabiles Finanzsystem. Nur ein stabiles Finanzsystem mit solventen Banken kann finanzielle Mittel optimal zwischen Anbietern und Nachfragern vermitteln. Die Aufsicht hat die Aufgabe, die Geschäftstätigkeit von Finanzinstituten zu überwachen, Missständen im Kredit- und Finanzdienstleistungswesen entgegenzuwirken und das Vertrauen von Anlegern und Kunden zu stärken. Mit den Instrumenten der Regulierung und der Aufsicht („prudenziell") soll die Stabilität der einzelnen Bank („mikro") sowie des gesamten Bankwesens erreicht werden. Die Bankenaufsicht greift dabei nicht direkt in einzelne Geschäfte der Banken ein, sondern legt Rahmenvorschriften fest.

Einheitliche Aufsicht in Europa

Seit November 2014 werden die Banken des Euro-Raums von der Europäischen Zentralbank (EZB) und den nationalen Aufsichtsbehörden gemeinsam nach einheitlichen Regeln beaufsichtigt. Die gesetzliche Grundlage bildet die EU-Verordnung zum Single Supervisory Mechanism (SSM), dem Einheitlichen Aufsichtsmechanismus. Darüber hinaus wurden ein einheitlicher Mechanismus zur Restrukturierung und Abwicklung von Banken (Single Resolution Mechanism, SRM) sowie der Rahmen für harmonisierte nationale Einlagensicherungen geschaffen. Im Geltungsbereich des SSM ist die EZB grundsätzlich für die Aufsicht über alle Banken verantwortlich. Sie nimmt aber nicht alle Aufsichtstätigkeiten unmittelbar selbst wahr. In Zusammenarbeit mit den nationalen Aufsichtsbehörden beaufsichtigt die EZB die bedeutenden, also im Wesentlichen die systemisch relevanten, Banken direkt. Für die weniger bedeutenden Institute sind weiterhin die nationalen Aufsichtsbehörden zuständig.

Geteilte Aufsichtszuständigkeit in Deutschland

In Deutschland ist die Bankenaufsicht gemeinsame Aufgabe der Bundesanstalt für Finanzdienstleistungsaufsicht (BaFin) und der Deutschen Bundesbank. Der Bundesbank kommt der Status einer Zentralbank mit Aufsichtsaufgaben zu, die BaFin ist die nationale Aufsichtsbehörde. Die BaFin untersteht der Rechts- und Fachaufsicht des Bundesministeriums der Finanzen. In den meisten anderen Ländern liegt die Aufsicht allein bei den jeweiligen nationalen Zentralbanken.

Rechtliche Grundlage

Seit es in Deutschland eine allgemeine staatliche Bankenaufsicht gibt, ist die Zentralbank stets maßgeblich an der Aufsicht beteiligt. Die rechtliche Grundlage für die Beaufsichtigung von Bankgeschäften und Finanzdienstleistungen ist das Gesetz über das Kreditwesen (KWG) sowie für die Beaufsichtigung der Zahlungsinstitute und der E-Geld-Institute das Zahlungsdiensteaufsichtsgesetz (ZAG). Durch § 7 KWG und § 3 ZAG, der auf § 7 KWG verweist, ist die Bundesbank in die Bankenaufsicht eingebunden. Die gesetzlich vorgeschriebene Aufgabenverteilung legen Bundesbank und BaFin in der auf § 7 Abs. 2 S. 2 KWG beruhenden Aufsichtsrichtlinie (Richtlinie zur Durchführung und Qualitätssicherung der laufenden Überwachung der Kredit- und Finanzdienstleistungsinstitute durch die Deutsche Bundesbank) im Einzelnen fest.

Die Bundesbank wirkt nicht nur aus historischen Gründen an der Bankenaufsicht mit, sondern auch aufgrund ihrer geldpolitischen Aufgabe als integralem Bestandteil des Eurosystems. Durch die Beteiligung an der Aufsicht über einzelne Banken gewinnt die Bundesbank wichtige Kenntnisse über deren Solvenz und Liquidität. Diese Informationen helfen ihr bei der Überwachung des gesamten Finanzsystems. Ist das Finanzsystem stabil, können geldpolitische Maßnahmen ihre Wirkung im Hinblick auf das geldpolitische Ziel der Geldwertstabilität entfalten.

§ 7 Gesetz über das Kreditwesen

(1) Die Bundesanstalt (für Finanzdienstleistungsaufsicht) und die Deutsche Bundesbank arbeiten nach Maßgabe dieses Gesetzes zusammen. Unbeschadet weiterer gesetzlicher Maßgaben umfasst die Zusammenarbeit die laufende Überwachung der Institute durch die Deutsche Bundesbank. [...] Die laufende Überwachung durch die Deutsche Bundesbank erfolgt in der Regel durch ihre Hauptverwaltungen.

(1a) Innerhalb des Einheitlichen Aufsichtsmechanismus [...] ist Absatz 1 auch dann anzuwenden, wenn die Bundesanstalt die Europäische Zentralbank bei ihren Aufgaben [...] unterstützt.

Laufende Überwachung
Der gesetzlich vorgeschriebenen Aufgabenverteilung folgend, übt die Bundesbank die laufende Überwachung der Banken aus, üblicherweise in den Hauptverwaltungen. Dazu bewerten die Bankaufseherinnen und Bankaufseher das Geschäft der rund 2 000 Kredit- und 1 500 Finanzdienstleistungsinstitute in Deutschland im Hinblick auf Solvenz, Liquidität und Risikotragfähigkeit. Im Einheitlichen Aufsichtsmechanismus überwacht die Bundesbank gemeinsam mit der BaFin die weniger bedeutenden deutschen Institute direkt; bei den bedeutenden deutschen Instituten geschieht dies über die Mitarbeit in gemeinsamen Aufsichtsteams, in denen die EZB zusammen mit den nationalen Aufsichtsbehörden vertreten ist. Aufgrund ihrer Einblicke durch die laufende Überwachung ist die Bundesbank darüber hinaus im Fall einer Bankschieflage in das Krisenmanagement eingebunden.

6.1 Die Europäische Bankenunion

Das Konzept der Europäischen Bankenunion umfasst die gemeinsame, grenzüberschreitende Aufsicht, einen gemeinsamen Rahmen für die Abwicklung von Banken sowie eine vertiefte Harmonisierung der nationalen Einlagensicherungen beziehungsweise gegebenenfalls zu einem späteren Zeitpunkt eine gemeinsame Einlagensicherung. Die gemeinsame Aufsicht sorgt für solvente Banken und gleiche Wettbewerbsbedingungen. Das gemeinsame Abwicklungsrecht ermöglicht einen geordneten Marktaustritt auch von großen Banken und beteiligt Eigentümer im Ernstfall an Restrukturierungs- oder Abwicklungskosten.

In der jüngsten Finanzkrise war deutlich geworden, dass eine weitgehend auf nationaler Ebene angesiedelte Bankenaufsicht der starken Vernetzung der europäischen Finanzmärkte nicht mehr gerecht wurde. Banken sind zunehmend grenzüberschreitend tätig und streuen die Risiken über Grenzen hinweg. Die Aufsichtsbehörden in den einzelnen

Die Europäische Bankenunion

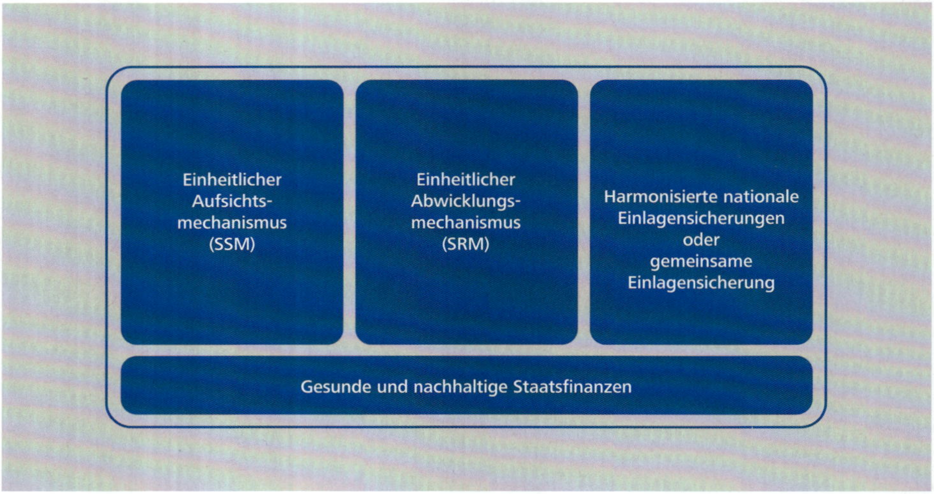

Ländern hingegen beaufsichtigten die Banken unterschiedlich und kooperierten dabei nicht immer optimal miteinander. Da zudem die nationalen Insolvenzordnungen nicht geeignet waren, Banken in Schieflage schonend abzuwickeln, stützten viele Staaten angeschlagene Banken mit erheblichen Summen. Diese öffentlichen Finanzhilfen führten teils zu einer extremen Belastung der Steuerzahler und trieben die Staatsverschuldung in die Höhe. Da in den betroffenen Staaten viele Banken überdurchschnittlich viele heimische Staatsanleihen im Bestand hatten, wirkte sich die Verknüpfung von Bank- und Länderrisiken besonders negativ aus. Aufgrund des hohen Schuldenstands konnten sich die betroffenen Staaten nur zu höheren Kosten finanzieren, was ihre Bonität verschlechterte. Dies wiederum belastete die Banken zusätzlich. Da immer weitere Finanzhilfen erwartet wurden, schwand das Vertrauen in die Widerstandsfähigkeit der Staaten weiter. Die Finanzkrise aus dem Jahr 2007 weitete sich zur Staatsschuldenkrise aus.

Angesichts dieser zutage getretenen Schwachstellen beschlossen die EU-Staats- und Regierungschefs im Jahr 2012, die Europäische Wirtschafts- und Währungsunion durch eine Bankenunion zu ergänzen. Die Europäische Bankenunion soll helfen, solche negativen Wechselwirkungen zu durchbrechen: Banken sollen auf hohem Niveau gleich beaufsichtigt werden. Risiken, die das Bankensystem bedrohen oder von ihm ausgehen, sollen durch länderübergreifende Informationen und Quervergleiche frühzeitig erkannt und begrenzt werden. Zugleich entfällt der Anreiz, aus nationalen Erwägungen Banken zu schonen und damit gegebenenfalls anderen Mitgliedstaaten Risiken aufzubürden. In der Bankenunion sollen außerdem die Kosten einer Bankenabwicklung besser verteilt werden, zugleich sollen die Einleger einem gewissen Schutz unterliegen.

6.1.1 Die Zusammenarbeit im Einheitlichen Aufsichtsmechanismus

Im Einheitlichen Aufsichtsmechanismus SSM werden die Banken des Euro-Raums seit dem 4. November 2014 unter dem Dach der EZB beaufsichtigt. EU-Mitgliedstaaten, deren Währung nicht der Euro ist, können sich freiwillig anschließen. Während in Europa schon seit Längerem gleiche Vorschriften für die Geschäftstätigkeit der Banken gelten, ist nun auch die Aufsichtspraxis vereinheitlicht, also die Anwendung und Überwachung der Vorschriften.

Beaufsichtigt werden alle Banken, die das Kredit- und Einlagengeschäft betreiben. Die EU-Verordnung zur Übertragung besonderer Aufgaben im Zusammenhang mit der Aufsicht über Kreditinstitute auf die EZB (SSM-Verordnung) regelt die Zuständigkeiten und Aufgabenverteilung zwischen der EZB und den nationalen Aufsichtsbehörden. Danach liegt die aufsichtliche Gesamtverantwortung für alle Banken im Geltungsgebiet der SSM-Verordnung bei der EZB. Sie nimmt aber nicht alle Aufsichtstätigkeiten selbst wahr, sondern sorgt zusammen mit den nationalen Aufsichtsbehörden für eine einheitliche Bankenaufsicht. Diese gemeinsame Aufsicht vertieft die Einsicht in das grenzüberschreitende Geschäft der Banken. Die EZB ist für die Beaufsichtigung der als bedeutend eingestuften Institute direkt zuständig; die nationalen Aufsichtsbehörden sind eng eingebunden. Für die weniger bedeutenden Institute liegt die Entscheidungsbefugnis weitgehend bei den nationalen Aufsichtsbehörden. In Deutschland ist die Bundesbank als Zentralbank mit Aufsichtsaufgaben in die Aufsicht sowohl der bedeutenden als auch der weniger bedeutenden Institute eingebunden.

Die Bundesbank im Einheitlichen Aufsichtsmechanismus
(Single Supervisory Mechanism, SSM)

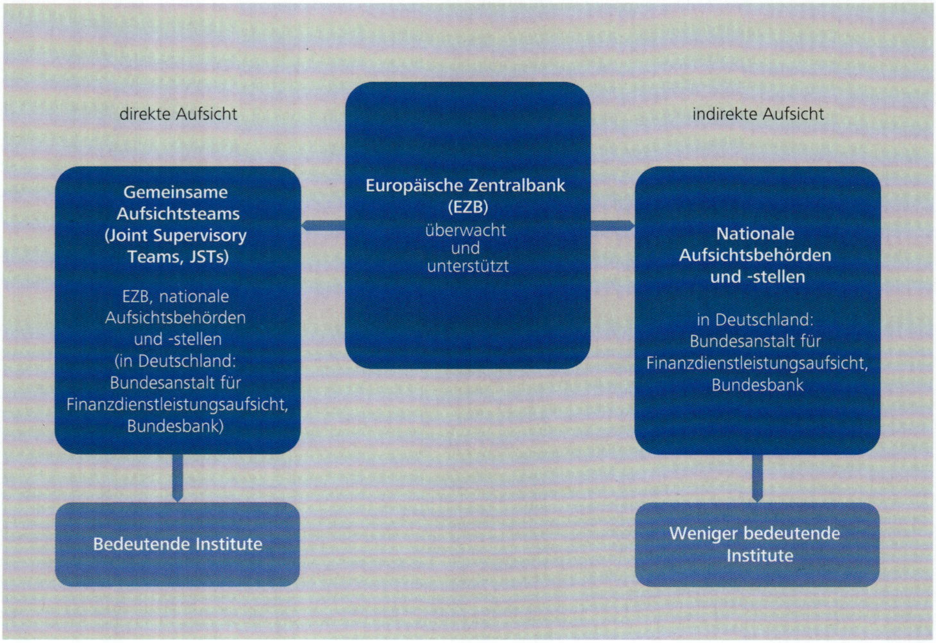

Im Aufsichtsgremium

Das zentrale Leitungsgremium des Einheitlichen Aufsichtsmechanismus ist das Aufsichtsgremium (Supervisory Board), das die an die EZB übertragenen Aufsichtsaufgaben plant und ausführt. Die eigentliche Entscheidung über mögliche aufsichtliche Maßnahmen trifft der EZB-Rat. Das Aufsichtsgremium darf nicht anstelle des EZB-Rats mit Entscheidungskompetenz ausgestattet werden, weil im europäischen Primärrecht der EZB-Rat als oberstes Entscheidungsgremium vorgesehen ist. Mitglieder des Aufsichtsgremiums sind neben dem Vorsitzenden, dem Vizevorsitzenden und vier Vertretern der EZB je ein Vertreter der nationalen Aufsichtsbehörden. Da in Deutschland die BaFin und die Bundesbank für die Aufsicht zuständig sind, nehmen beide an den Sitzungen des Aufsichtsgremiums teil. Für die Abstimmung gelten die Vertreter der Aufsichtsbehörden eines Landes als einziges Mitglied. Für Deutschland hat die BaFin das Stimmrecht; Bundesbank und BaFin stimmen sich zur Findung einer gemeinsamen Position eng miteinander ab. Das Aufsichtsgremium prüft unter anderem die Beschlussentwürfe der gemeinsamen Aufsichtsteams und stimmt über die endgültigen Vorschläge ab, die dann dem EZB-Rat zur Annahme vorgelegt werden. Das Aufsichtsgremium kann dem EZB-Rat auch eigene Vorschläge oder Vorschläge einer nationalen Aufsichtsbehörde zuleiten. In der Regel werden bankaufsichtliche Entscheidungen im sogenannten Verfahren der impliziten Zustimmung (Non-Objection-Verfahren) getroffen. In diesem Fall gilt der Entwurf als angenommen, wenn der EZB-Rat keine Einwände erhebt. Im Fall von Einwänden durch den EZB-Rat wird eine Schlichtungsstelle aus Teilnehmern der Mitgliedstaaten angerufen. Wegen des Letztentscheidungsrechts des EZB-Rats kann die Schlichtungsstelle diesen jedoch nicht binden.

Die SSM-Verordnung sieht ausdrücklich vor, dass die beiden Politikbereiche Geldpolitik und Bankenaufsicht getrennt voneinander wahrgenommen werden. Durch den komplexen Entscheidungsweg sollen Zielkonflikte und Interessenkollisionen zwischen Bankenaufsicht einerseits und Geldpolitik andererseits möglichst vermieden werden. Ein Interessenkonflikt könnte sich für die EZB zum Beispiel ergeben, wenn eine von ihr beaufsichtigte Bank nicht mehr tragfähig wäre. Um etwaigen Auswirkungen auf die Finanzstabilität vorzubeugen, könnte sie versuchen, das Institut mithilfe monetärer Liquiditätsinstrumente zu stützen, selbst wenn geldpolitische Erwägungen dagegensprächen. Als Teil des Sekundärrechts kann die SSM-Verordnung die Letztverantwortung des EZB-Rats für beide Politikbereiche allerdings nicht aufheben. Die Gremien und Entscheidungsstrukturen im Einheitlichen Aufsichtsmechanismus können somit nicht als Ideallösung angesehen werden. Diese könnte nur durch eine entsprechende Änderung des Primärrechts erreicht werden.

6.1.2 Der gemeinsame Abwicklungsmechanismus

Der gemeinsame Abwicklungsmechanismus SRM trat Anfang 2016 in Kraft. Die EU-rechtlichen Grundlagen für die Sanierung und Abwicklung von Banken bilden die EU-Verordnung zur Errichtung eines einheitlichen Abwicklungsmechanismus (Single Resolution Mechanism, SRM) sowie die EU-Richtlinie für die Sanierung und Abwicklung von Kreditinstituten und Wertpapierfirmen (Bank Recovery and Resolution Directive, BRRD). Die SRM-Verordnung bildet einen wesentlichen Baustein der Bankenunion. Sie ergänzt das grenzüberschreitende Aufsichtsregime SSM und ermöglicht auf derselben Ebene eine grenzüberschreitende geordnete Abwicklung von Banken. Inhaltlich aufbauend auf der Abwicklungsrichtlinie BRRD regelt die SRM-Verordnung das institutionelle Gefüge zur Abwicklung einer in Schieflage geratenen Bank. Die Verordnung gilt für alle Euro-Staaten sowie für die EU-Mitgliedstaaten, die sich für eine Teilnahme an der gemeinsamen europäischen Bankenaufsicht entscheiden.

Die zwei Hauptelemente des Abwicklungsregimes sind der Einheitliche Abwicklungsausschuss (Single Resolution Board, SRB) als Agentur mit eigener Rechtspersönlichkeit sowie der Einheitliche Abwicklungsfonds (Single Resolution Fund, SRF), der bis zum Jahr 2023 durch Bankenabgaben mit ungefähr 55 Milliarden Euro gefüllt werden soll. Unter den Abwicklungsmechanismus SRM fallen alle Banken im Euro-Raum; das SRB hingegen ist im Wesentlichen nur für die Abwicklungspläne und Abwicklung jener Banken zuständig, die auch direkt durch die EZB beaufsichtigt werden beziehungsweise grenzüberschreitend tätig sind. Die übrigen Institute liegen in der Zuständigkeit der nationalen Abwicklungsbehörden.

Die Abwicklungsrichtlinie BRRD harmonisiert in allen EU-Mitgliedstaaten unter anderem die Instrumente zur Sanierung und Abwicklung von Kreditinstituten und Wertpapierfirmen. Als zentrales Element sieht die Richtlinie vor, Eigentümer und Gläubiger an den Bankverlusten zu beteiligen. Schieflagen von Banken sollen behoben werden, ohne dass Steuergelder eingesetzt werden. Erst haften die Aktionäre, dann die nachrangigen Gläubiger und – sollte das Kapital nicht ausreichen – danach auch die nicht nachrangigen Gläubiger. Einlagen bis 100.000 Euro sind dabei durch die gesetzliche nationale Einlagensicherung geschützt und von diesem sogenannten Bail-In ausgenommen. Nachdem mindestens 8 Prozent der Gesamtverbindlichkeiten an den Bankverlusten beteiligt wurden, können Mittel aus dem gemeinsamen Abwicklungsfonds eingesetzt werden. Während des Aufbaus kann dieser aus Mitteln schon bestehender nationaler Fonds gespeist werden, in Deutschland zum Beispiel aus dem Restrukturierungsfonds. Bei der Haftungsabfolge gilt der zentrale marktwirtschaftliche Grundsatz des Gleichlaufs von Haftung und Kontrolle. Demnach sollten die Eigentümer einer Bank, die gewisse Risiken übernehmen und dafür von den Erträgen profitieren, auch als Erste an den Kosten eines Bankausfalls beteiligt werden.

6.2 Die Aufgaben der Bundesbank in der Bankenaufsicht

Im Rahmen der laufenden Überwachung überprüft die Bundesbank, ob Banken in Deutschland die gesetzlichen Vorgaben einhalten. Dabei achtet sie besonders darauf, dass die Banken die Anforderungen an die Solvenz und Liquidität erfüllen. Außerdem müssen Banken sicherstellen, dass sie das eingegangene Risiko angemessen steuern. Für diese Aufgaben überwacht die Bundesbank in der sogenannten laufenden Aufsicht fortwährend die Geschäfts-, Vermögens- und Liquiditätslage der Banken. Dazu steht die Bundesbank in Kontakt mit den Instituten und wertet Informationen der Banken aus. In bankgeschäftlichen Prüfungen werden vor Ort das Risikomanagement und die Messverfahren für die Eigenkapital- und Liquiditätsausstattung bewertet. Die Bundesbank beachtet dabei das gemeinsame Rahmenwerk und die Methoden des Einheitlichen Aufsichtsmechanismus, die in einem aufsichtsinternen Aufsichtshandbuch (Supervisory Manual) zusammengefasst sind. Damit trägt sie zu einer gemeinsamen Aufsichtspraxis in Europa bei.

6.2.1 Die Aufsicht über bedeutende Institute

Bei der Aufsicht über die bedeutenden Institute ist die Bundesbank in gemeinsame Aufsichtsteams (Joint Supervisory Teams, JST) eingebunden. Ein solches Aufsichtsteam wurde für jedes bedeutende Institut eingerichtet und jeweils mit Mitarbeitern der EZB und der nationalen Aufsichtsbehörden, in Deutschland also der BaFin und der Bundesbank, besetzt. Die grenzüberschreitend tätigen Bankengruppen werden konsolidiert beaufsichtigt. Das heißt, die gemeinsamen Aufsichtsteams bestehen aus EZB-Mitarbeitern und aus Mitarbeitern der nationalen Aufsichtsbehörden, die für die Aufsicht über die Muttergesellschaft und die jeweiligen Tochtergesellschaften zuständig sind. Mitarbeiter der Bundesbank und der BaFin sind an 33 Teams beteiligt: an den 21 Teams für die bedeutenden deutschen Institute und an 12 Teams für deutsche Tochtergesellschaften bedeutender ausländischer Institute. Die Leitung der Aufsichtsteams übernimmt jeweils ein Koordinator, den die EZB stellt. Die Bundesbank bestimmt, ebenso wie die BaFin und weitere im

Die Bundesbank in gemeinsamen Aufsichtsteams
(Joint Supervisory Teams, JST)
für jede systemisch bedeutende Bank

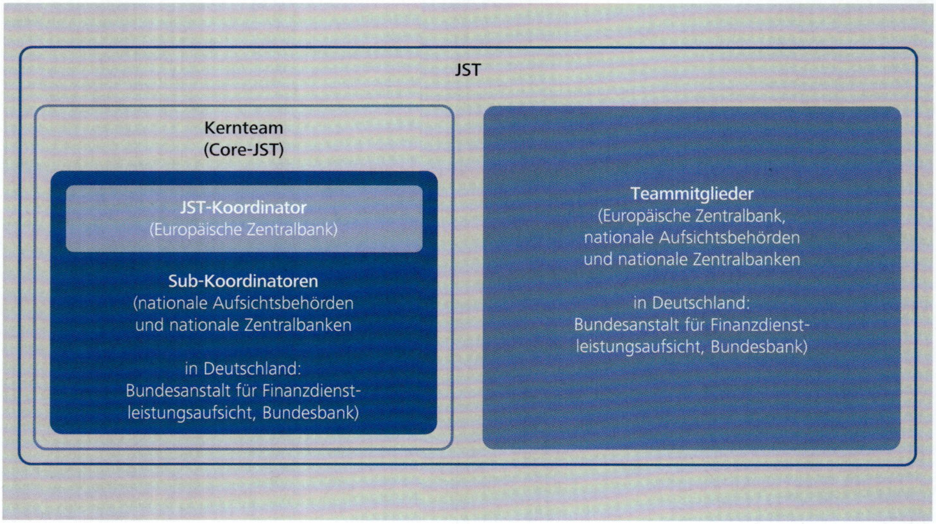

jeweiligen Team vertretene nationale Aufsichtsbehörden, einen Sub-Koordinator. Diese Person ist das Bindeglied zur Bundesbank. Ein Kernteam (Core-JST) aus Koordinator und Sub-Koordinatoren organisiert die Aufgabenverteilung, entwirft und überprüft die Aufsichtsplanung und überwacht deren Umsetzung. Die Zusammensetzung der gemeinsamen Teams hängt laut SSM-Verordnung von der Bedeutung, der Komplexität, dem Geschäftsmodell und dem Risikoprofil des beaufsichtigten Instituts ab und spiegelt den Anteil seiner Geschäftstätigkeit in den einzelnen SSM-Mitgliedsländern wider.

Als bedeutend eingestufte Institute

Die SSM-Verordnung gibt für die Einstufung von Instituten als „bedeutend" quantitative und qualitative Kriterien vor. Die Bedeutung eines Kreditinstituts wird anhand der Größe, der wirtschaftlichen Bedeutung und der grenzüberschreitenden Tätigkeiten bestimmt. Dies sind Institute mit einer Bilanzsumme von mehr als 30 Milliarden Euro beziehungsweise mehr als 20 Prozent des nationalen Bruttoinlandsprodukts oder Institute, die aus Sicht der nationalen Aufsichtsbehörde und nach Bestätigung durch die EZB als bedeutend für die betreffende Volkswirtschaft eingestuft werden oder die Tochterbanken in mehr als einem teilnehmenden Mitgliedstaat errichtet haben und deren grenzüberschreitende Tätigkeiten einen wesentlichen Teil ihres gesamten Geschäfts darstellen. Darüber hinaus gelten die drei größten Institute in jedem Mitgliedstaat als bedeutend.

Durch diese Konzentration auf die bedeutendsten Institute und Institutsgruppen unterliegen mehr als vier Fünftel der gesamten Bankbilanzsumme der SSM-Länder der direkten Aufsicht durch die EZB. Unter die direkte Aufsicht fallen auch solche Institute, für die eine direkte öffentliche finanzielle Unterstützung durch die Europäische Finanzstabilitätsfazilität oder den Europäischen Stabilitätsmechanismus beantragt oder entgegengenommen wurde. Schließlich kann die EZB ein Institut nach vorheriger

Beratung mit der nationalen Aufsichtsbehörde von sich aus als bedeutend einstufen, wenn dies zur Sicherstellung einheitlicher hoher Aufsichtsstandards notwendig ist. Zum Zeitpunkt der Übernahme der Aufsicht durch den SSM im November 2014 waren 120 Institute und Institutsgruppen als bedeutend eingestuft, davon 21 in Deutschland.

6.2.2 Die Aufsicht über weniger bedeutende Institute

Die weniger bedeutenden Institute werden durch die nationalen Aufsichtsbehörden beaufsichtigt, in Deutschland also durch die Bundesbank und die BaFin. Die beiden Institutionen planen die Aufsichtstätigkeiten gemeinsam, der Bundesbank obliegt dann die laufende Überwachung. Von wenigen Ausnahmen abgesehen entscheiden im Einheitlichen Aufsichtsmechanismus die nationalen Aufsichtsbehörden über hoheitliche bankaufsichtliche Maßnahmen, in Deutschland die BaFin. Die EZB hat im Wesentlichen eine Überwachungs- und Koordinierungsfunktion inne. Sie kann gegenüber nationalen Aufsichtsbehörden Verordnungen, Leitlinien oder allgemeine Weisungen in Bezug auf die Durchführung der Aufsicht erlassen. Hält sich eine nationale Aufsichtsbehörde nicht an die Vorgaben des Einheitlichen Aufsichtsmechanismus, kann die EZB nach einer Entscheidung des EZB-Rats die Aufsicht über ein oder mehrere weniger bedeutende Institute direkt an sich ziehen.

Für die laufende Überwachung der weniger bedeutenden Institute in Deutschland sind die Mitarbeiter in den Hauptverwaltungen der Bundesbank zuständig. Der Sitz einer Bank bestimmt, welche Hauptverwaltung zuständig ist. Bei ihr liegt die Gesamtverantwortung für die laufende Überwachung. Im Fall von Konzernen mit Geschäftsteilen in unterschiedlichen Regionen arbeiten die zuständigen Hauptverwaltungen eng zusammen. Auch die Zentrale der Bundesbank und die Hauptverwaltungen tauschen regelmäßig Informationen aus. Auf Grundlage der gesamten verfügbaren Informationen bewertet die Bundesbank die einzelne Bank. Anhand dieser Bewertung und der mitgelieferten Daten beurteilt die BaFin dann als zuständige Aufsichtsbehörde eventuelle Handlungsnotwendigkeiten. Da die Befugnis zum Erlass aufsichtlicher Rechtsakte bei ihr liegt, entscheidet sie über aufsichtliche Maßnahmen.

6.2.3 Die laufende Aufsicht und Risikoanalyse

In der laufenden Aufsicht werden Unterlagen wie Prüfungsberichte zum Jahresabschluss, regelmäßige aufsichtlich geforderte Meldungen oder interne Risikoberichte der Banken ausgewertet. Hinzu kommt die Betreuung von Umfragen der Bankenaufsichtsbehörden zum Beispiel zu den Auswirkungen extremer Marktentwicklungen (Stresstests). Darüber hinaus führen die Bankenaufseher regelmäßig oder anlassbezogen Gespräche mit der Geschäftsleitung einer Bank. Auf Grundlage dieser Informationen analysiert die Aufsicht die gesamte Risikolage der Bank, die in einem Risikoprofil veranschaulicht wird.

Informationsauswertung

Jede Bank muss regelmäßig über ihr Eigenkapital und ihre Liquidität informieren. Die Bankenaufsicht prüft, ob das Eigenkapital gemäß §10 KWG (unter Verweis auf Teil 3 der EU-Kapitaladäquanzverordnung CRR) angemessen und die Zahlungsfähigkeit gemäß §11 KWG (Teil 6 CRR) jederzeit gewährleistet ist. Ein angemessenes Eigenkapital und eine jederzeit ausreichende Liquidität sind die Grundlagen jeder bankgeschäftlichen Tätigkeit. In welcher Höhe eine Bank Eigenmittel und Liquidität vorhalten muss, hängt von den Risiken ihrer Geschäfte ab.

Als Grundlage für die Informationsauswertung dient vor allem das aufsichtliche Meldewesen. Um beispielsweise das Zahlenwerk einer Bank fortlaufend und in kurzen Zeitabständen zu analysieren, werten die Bankenaufseher regelmäßig deren aufsichtlich geforderten Monatsausweis aus. Daraus gehen die wichtigsten Bilanz- und Risikopositionen sowie ihre Veränderungen hervor. Um außerdem das laufende Kreditgeschäft beobachten zu können, müssen die Banken vierteljährlich den Bestand der gewährten Groß-, Organ- und Millionenkredite melden. Die Banken müssen zudem der Aufsicht unverzüglich mitteilen, wenn sie zum Beispiel ihre Organisation grundlegend ändern oder in neuen Geschäftsfeldern tätig werden.

Eine wichtige Informationsquelle ist auch der Jahresabschluss einer Bank und der dazugehörige Prüfungsbericht eines externen Jahresabschlussprüfers. Die Unterlagen zum Jahresabschluss gewähren Einblick in die Struktur der beaufsichtigten Institute und die Größenordnung der einzelnen Geschäftsarten. Banken müssen ihren Jahresabschluss sowie einen Lagebericht unverzüglich einreichen. Die Aufsicht kann sich zudem durch Sonderprüfungen vor Ort einen vertieften Einblick in die wirtschaftliche Lage einer Bank verschaffen.

Weitere wesentliche Informationen erhält die laufende Aufsicht aus Aufsichtsgesprächen, die routinemäßig oder aus konkretem Anlass geführt werden. Die Bankenaufseher führen die routinemäßigen Gespräche mit der Geschäftsleitung einer Bank in der Regel einmal jährlich nach Auswertung der Prüfungsberichte zum Jahresabschluss. Dabei werden die Ergebnisse der Jahresabschlussprüfung, die wirtschaftliche Entwicklung, die Risikolage und das Risikomanagement besprochen. Gespräche aus konkretem Anlass werden geführt, wenn die Geschäftstätigkeit einer Bank eine weiter gehende Aufklärung oder eine grundsätzliche bankaufsichtliche Einschätzung erfordert. Vor allem größere Banken mit komplexen Geschäftstätigkeiten werden im Jahresverlauf häufiger um ein Gespräch gebeten. In Deutschland führen Bundesbank und BaFin diese Gespräche in der Regel gemeinsam. Die dabei gewonnenen aktuellen Informationen erleichtern es der Aufsicht, die Gesamtverhältnisse und Perspektiven der Institute zu beurteilen. Zugleich können Fehlentwicklungen oder auch unterschiedliche Einschätzungen von Aufsicht und Bank frühzeitig angesprochen werden.

Erstellung eines Risikoprofils

Die Informationen aus der laufenden Aufsicht werden in der Risikoanalyse aufbereitet. Die Bankenaufseher listen aktuelle und mögliche Risiken für die Bank im bankaufsichtlichen Risikoprofil auf. Ein Risikoprofil fasst alle wesentlichen Erkenntnisse über die jeweilige Bank zusammen und wird bei Bedarf aktualisiert. Die Risikoprofile enthalten Urteile über das interne Verfahren zur Sicherstellung der Risikotragfähigkeit (Internal Capital Adequacy Assessment Process, ICAAP), die Kapitalausstattung, die Ertragslage, die Geschäftsorganisation (Internal Governance) sowie über das Kreditrisiko, Beteiligungsrisiko, Marktpreisrisiko, operationelle Risiko, Zinsänderungsrisiko oder Liquiditätsrisiko. Die Betrachtung schließt mögliche Entwicklungen in der Zukunft ein. Auf Grundlage des Risikoprofils entscheidet die zuständige Aufsichtsbehörde – EZB oder BaFin – darüber, ob die Bank intensiver beaufsichtigt werden muss.

6.2.4 Die bankgeschäftlichen Prüfungen

Überprüfung von Risikosteuerung und Eigenkapitalausstattung

Ergibt sich nach Auswertung der Unterlagen durch die laufende Aufsicht ein zusätzlicher Informationsbedarf, können die EZB oder die BaFin eine bankgeschäftliche Prüfung anordnen. Bei einer solchen Prüfung arbeiten die Aufsichtsmitarbeiter in den Geschäftsräumen vor Ort, um die benötigten Einzelheiten zu erfahren. Sowohl die Prüfungen bei bedeutenden Instituten im Einheitlichen Aufsichtsmechanismus als auch bei den weniger bedeutenden deutschen Kreditinstituten führen im Wesentlichen die Mitarbeiter der Hauptverwaltungen der Bundesbank durch.

Geprüft wird zum Beispiel, ob die Bank ihre Risikotragfähigkeit sicherstellt und ihr Risiko angemessen steuert. Dazu ist sie nach den Mindestanforderungen an das Risikomanagement (MaRisk) verpflichtet. Sie muss die wesentlichen Risiken ihrer Geschäftstätigkeit mit geeigneten Verfahren messen und steuern. Damit soll sichergestellt werden, dass jede Bank eine ausreichende Kapitalausstattung ermittelt. Möchte eine Bank die Höhe des vorzuhaltenden Eigenkapitals anhand interner Risikoschätzmodelle bestimmen, erfolgt deren Abnahme im Regelfall ebenfalls auf Grundlage einer Vor-Ort-Prüfung.

Die Prüfungsergebnisse werden in einem Bericht zusammengefasst und an die laufende Aufsicht, die BaFin und gegebenenfalls die EZB weitergeleitet. Wenn nötig, entscheidet die zuständige Aufsichtsbehörde anschließend über aufsichtliche Maßnahmen. Die laufende Aufsicht überwacht, ob die betroffene Bank festgestellte Mängel behebt.

6.2.5 Aufgaben bei der Sanierung und Abwicklung von Banken

Die Deutsche Bundesbank ist durch ihre Aufgaben in der Bankenaufsicht in die vorsorgliche Sanierungsplanung von Banken eingebunden. In Sanierungsverfahren arbeitet sie mit der BaFin beziehungsweise der EZB zusammen. Darüber hinaus unterstützt die Bundesbank im Fall einer Bankenabwicklung die zuständige Abwicklungsbehörde. In Deutschland ist die BRRD-Richtlinie durch das Gesetz zur Sanierung und Abwicklung von Instituten und Finanzgruppen (Sanierungs- und Abwicklungsgesetz, SAG) umgesetzt worden. Auf nationaler Ebene ist bis zur Neuordnung ihrer Aufgaben im Jahr 2018 die Bundesanstalt für Finanzmarktstabilisierung (FMSA) für die Abwicklung von Banken zuständig, danach die BaFin.

Prüfung von Sanierungsplänen

Grundsätzlich muss jede Bank in Deutschland einen Sanierungsplan erstellen. Dadurch setzen sich die Kreditinstitute frühzeitig damit auseinander, welche geschäftspolitischen oder organisatorischen Maßnahmen getroffen werden müssen, um eine mögliche Krise schnell, effektiv und aus eigener Kraft zu bewältigen. Die Bundesbank prüft zusammen mit der BaFin die Sanierungspläne. Für die direkt unter EZB-Aufsicht stehenden Institute prüft die EZB als zuständige Aufsichtsbehörde diese Pläne. Werden Mängel festgestellt, müssen Banken ihre Pläne entsprechend ändern.

Unterstützung im Fall einer Bankenabwicklung

Die zuständige Abwicklungsbehörde – der SRB oder die FMSA (von 2018 an die BaFin) – erarbeitet Abwicklungspläne für die in ihren Zuständigkeitsbereich fallenden Banken. Die unter Einbindung der jeweiligen Bank erstellten Abwicklungspläne sollen sicherstellen, dass eine Bank im Fall des Zusammenbruchs geordnet abgewickelt werden kann und Abwicklungshindernisse vorher beseitigt werden. Steht die Abwicklung einer Bank in Deutschland tatsächlich bevor, unterstützen die zuständigen Aufsichtsbehörden – die EZB beziehungsweise die BaFin und die Bundesbank – die Abwicklungsbehörde bei der Umsetzung der beschlossenen Maßnahmen.

6.3 Die Regulierung und Harmonisierung der Bankenaufsicht

Angesichts des ständigen Wandels von vertraglichen Vereinbarungen, Informationstechnologien und Produkten im Finanzsystem ändern sich immer wieder auch die Anforderungen an die Bankenaufsicht und das geltende Regelwerk. Eine wichtige Aufgabe der Bundesbank ist es, Fehlentwicklungen rechtzeitig zu erkennen und sie mit entsprechenden Maßnahmen zu bekämpfen. Deshalb arbeitet sie international daran mit, bankaufsichtliche Vorschriften weiterzuentwickeln und zu vereinheitlichen. Die Bundesbank bringt ihre Expertise in die Erarbeitung international abgestimmter Regelwerke des Baseler Ausschusses für Bankenaufsicht ein und beteiligt sich an der Umsetzung der beschlossenen Regeln sowohl in EU-Recht als auch in nationales Recht.

6.3.1 Die internationale Standardsetzung

Im Baseler Ausschuss für Bankenaufsicht

Die Regulierung und die Standards für die Aufsicht sind mittlerweile weitgehend international harmonisiert. Die auf internationaler Ebene maßgebliche Institution für abgestimmte Regeln zur Bankenaufsicht ist der Baseler Ausschuss für Bankenaufsicht. Er ist bei der Bank für Internationalen Zahlungsausgleich (BIZ) in Basel angesiedelt, wo sich die ranghohen Vertreter von Zentralbanken und Aufsichtsbehörden aus derzeit 27 Mitgliedstaaten vierteljährlich treffen. Für die Bundesbank nimmt das für die Bankenaufsicht zuständige Vorstandsmitglied an den Sitzungen teil. Der Baseler Ausschuss erarbeitet Mindestvorgaben und Leitlinien, welche die einzelnen Länder in der Regel in ihr Aufsichtsrecht umsetzen. Da er keine eigenständige internationale Organisation ist und nur über ein Sekretariat verfügt, erbringen nationale Aufsichtsbehörden wie zum Beispiel die Bundesbank in einzelnen Arbeitsgruppen die Hauptarbeit.

Die Regelwerke Basel I bis Basel III

Die wichtigsten Regelwerke des Baseler Ausschusses sind unter den Bezeichnungen Baseler Akkord beziehungsweise Basel I, Basel II und Basel III bekannt. Die Bundesbank entwickelte alle Regelwerke maßgeblich mit. Seit Basel I muss eine Bank ständig für mindestens 8 Prozent ihrer gewichteten Risikoaktiva Eigenkapital vorhalten, um Risiken oder Verluste aus ihrer Geschäftstätigkeit abdecken zu können. Das im Jahr 2007 in Kraft getretene Basel-II-Regelwerk stellt die globale Regulierung auf drei Säulen. Den Bestimmungen der Säule 1 zufolge muss eine Bank ihre Mindestausstattung an Eigenkapital stärker als zuvor an den Risiken ihres Geschäfts ausrichten. Je höher zum Beispiel die Wahrscheinlichkeit ist, dass Kredite einer Bank ausfallen, desto mehr Eigenkapital muss sie als Puffer vorhalten. Die Regelungen der Säule 2 verpflichten die Banken, die wesentlichen Risiken ihrer Geschäftstätigkeit durch interne Verfahren zu messen und zu steuern. Gleichzeitig ist die Aufsicht verpflichtet, das Risikomanagement der Banken zu beurteilen. Darüber hinaus müssen Banken aufgrund der Vorgaben durch die Säule 3 wichtige Informationen über Kapital, Risiken und Risikosteuerung der Öffentlichkeit zugänglich machen.

Als Reaktion auf die Finanzkrise hat der Baseler Ausschuss für Bankenaufsicht seit dem Jahr 2008 viele Regelungen verschärft und neue aufgestellt. Nach den im Jahr 2009 verabschiedeten, auch als Basel 2.5 bezeichneten Regeln müssen bestimmte Wertpapiere wie Verbriefungen mit mehr Eigenkapital unterlegt werden als vor der Krise. Ende 2010 veröffentlichte der Ausschuss den Kern der Regulierungsreformen unter dem Begriff Basel III. Das seit dem Jahr 2013 schrittweise in Kraft tretende Regelwerk schreibt den Banken vor, mehr und qualitativ besseres Eigenkapital vorzuhalten, um mögliche Verluste besser aufzufangen. Zudem sollen neue Liquiditätsregeln sicherstellen, dass Banken genügend liquide Vermögenswerte vorhalten, um auch in Stresssituationen ihren Zahlungsverpflichtungen nachkommen zu können. Damit erfüllte der Baseler Ausschuss den Auftrag der Staats- und Regierungschefs der G 20, als Lehre aus der Finanz- und Wirtschaftskrise die Kapitalausstattung und Liquiditätsvorsorge der Finanzinstitute zu verbessern. Mit den Maßnahmen sollen – übereinstimmend mit dem Auftrag an die Bankenaufsicht in Deutschland – nicht nur Risiken von Einzelinstituten, sondern auch allgemeine Risiken im Bankensystem begrenzt werden.

Die Umsetzung in EU-Recht

Auf europäischer Ebene ist das Basel-III-Regelwerk durch das sogenannte CRD-IV-Paket umgesetzt. Dieses besteht aus der EU-Kapitaladäquanzverordnung CRR (Capital Requirements Regulation) und der EU-Richtlinie CRD IV (Capital Requirements Directive IV). Die Bundesbank war an der Übertragung der Baseler Regeln in europäisches Recht beteiligt. Unter der Federführung des Bundesfinanzministeriums gestaltete sie zusammen mit der BaFin den Inhalt von EU-Verordnung und EU-Richtlinie mit. Die meisten neuen Vorgaben für Eigenkapital und Liquidität finden sich in der Verordnung, die in allen EU-Mitgliedsländern unmittelbar gilt. Die Regelungen der Richtlinie muss jedes Mitgliedsland in nationales Recht umsetzen; dabei können Besonderheiten des Rechts- und Verwaltungssystems oder des Bankensystems berücksichtigt werden. Zum Inhalt der Richtlinie gehören unter anderem die Zulassung und Beaufsichtigung von Banken, die Bestimmungen zu zusätzlichen Kapitalpuffern, die Beaufsichtigung von Vergütungssystemen, die Überwachung und Bewertung des Risikomanagements sowie aufsichtliche Sanktionen. In Deutschland wurden die Verordnung und die Richtlinie vor allem im Gesetz über das Kreditwesen umgesetzt.

Das Basel-III-Regelwerk

Die Vorschriften für das Eigenkapital

Das Basel-III-Regelwerk stellt höhere Anforderungen an die Qualität des Eigenkapitals. Im Fokus der Aufsicht steht das „harte Kernkapital", das aus eingezahlten Eigenkapitalinstrumenten und den offenen Rücklagen einer Bank besteht. Beide Bestandteile müssen einer Bank uneingeschränkt und unmittelbar zur Verfügung stehen, um Risiken oder Verluste decken zu können. Neben dem harten Kernkapital sind nur noch das zusätzliche Kernkapital und das Ergänzungskapital als weitere aufsichtliche Eigenkapitalklassen anerkannt. Das zusätzliche Kernkapital soll wie das harte Kernkapital Verluste decken können, damit die Bank ihren Geschäftsbetrieb fortführen kann. Die Bedeutung des Ergänzungskapitals ist auf die Funktion des Gläubigerschutzes im Insolvenzfall begrenzt.

Eigenkapitalquoten

Die neuen Eigenkapitalanforderungen führen darüber hinaus zu einer deutlichen Erhöhung des Eigenkapitals. Grundsätzlich müssen Banken ihre risikogewichteten Aktiva mittels bestimmter Regeln für Kredit-, Markt- und operationelle Risiken ermitteln und für diese ein Mindesteigenkapital vorhalten. Das Basel-III-Regelwerk schreibt den Banken vor, nach Ablauf einer Übergangsphase von 2019 an im Regelfall ihre risikogewichteten Aktiva mit 10,5 Prozent Eigenkapital zu unterlegen – zusätzlich zu den bisher geltenden Mindestgesamtkapitalanforderungen von insgesamt 8 Prozent wird nunmehr ein Kapitalerhaltungspuffer verlangt. Von den drei vorgegebenen Eigenkapitalklassen müssen die Banken dann mindestens 4,5 Prozent der risikogewichteten Aktiva an hartem Kernkapital halten. Die Kernkapitalquote muss mindestens 6 Prozent betragen, und das Ergänzungskapital darf einen Anteil von 2 Prozent der risikogewichteten Aktiva abdecken. Der Kapitalerhaltungspuffer von 2,5 Prozent der risikogewichteten Aktiva ist in hartem Kernkapital zu halten.

Die Eigenkapitalanforderungen nach dem Baseler Rahmenwerk

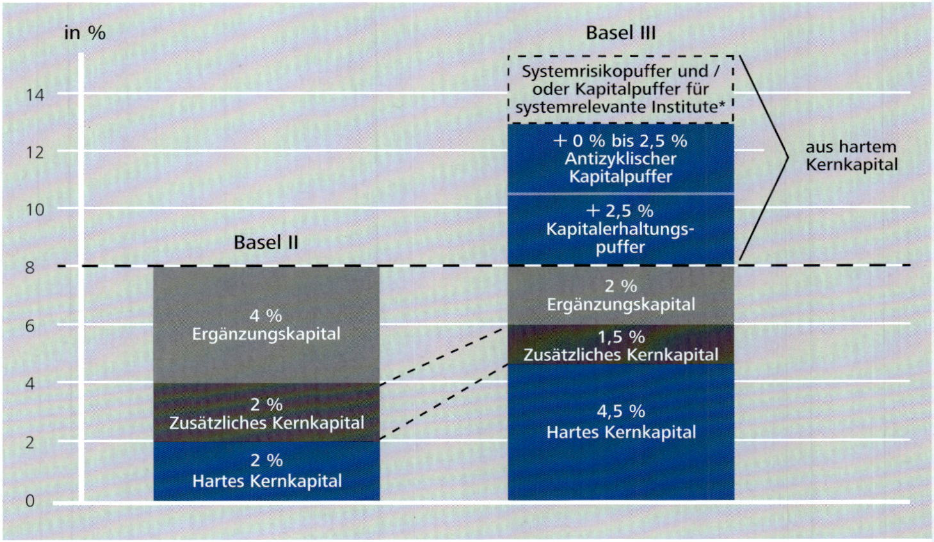

* Die Kapitalpuffer für systemrelevante Institute sowie der Systemrisikopuffer dienen zur Abdeckung systemischer Risiken. Unterliegt ein Institut mehreren dieser Puffer, gilt nur der höchste. Gilt der Systemrisikopuffer jedoch nur für Risikopositionen in dem Mitgliedstaat, der den Puffer festlegt, ist er zusätzlich zu einem gegebenenfalls anwendbaren Kapitalpuffer für systemrelevante Institute einzuhalten.

Kapitalpuffer

Kapitalpuffer sind flexibler einsetzbar als Mindestquoten, da sie in kritischen Zeiten vorübergehend abgeschmolzen werden dürfen. Damit Institute diese Puffer nur im Bedarfsfall in Anspruch nehmen, wird zugleich ihre Gewinnausschüttung beschränkt. Sämtliche Kapitalpuffer sind in Form von hartem Kernkapital zu bilden. Während der Kapitalerhaltungspuffer für alle Institute fest 2,5 Prozent beträgt, können weitere Puffer hinzukommen. So hat zum Beispiel jedes Institut eine antizyklische Kapitalpufferquote anzuwenden, welche institutsspezifisch entsprechend der Kreditvergabe des Instituts in verschiedenen Ländern mit unterschiedlichen Pufferquoten berechnet wird.

Die Pufferanforderung wird auf bestimmte Kreditrisikopositionen erhoben, bei denen ein exzessives Kreditwachstum („Blasenbildung") abgewendet werden soll. Mit dem antizyklischen Kapitalpuffer soll so zusätzliches Kapital gebildet werden, wenn ein exzessives Kreditwachstum zur Entstehung eines systemischen Risikos beitragen kann. Im Abschwung soll dieser Puffer wieder abgebaut werden, um weiterhin ein ausreichendes Kreditangebot für Unternehmen und private Haushalte sicherzustellen zu können.

Für besonders große oder international stark verflochtene Institute wird ein weiterer Eigenkapitalzuschlag erhoben. Global systemrelevante Institute (G-SRI) haben seit 2016 einen zusätzlichen Kapitalpuffer auf konsolidierter Ebene vorzuhalten. Dieser beträgt in Abhängigkeit von der Systemrelevanz 1 bis 3,5 Prozent. Für anderweitig systemrelevante Institute (A-SRI) können die nationalen Aufsichtsbehörden ebenfalls einen zusätzlichen Kapitalpuffer verlangen. Dieser darf höchstens 2 Prozent betragen.

Über den Systemrisikopuffer werden systemische Risiken in der Eigenkapitalregulierung berücksichtigt. Damit wird die Aufsicht über die einzelnen Banken um Elemente der Aufsicht über das gesamte Finanzsystem, der makroprudenziellen Aufsicht, ergänzt. Der Kapitalpuffer für systemische Risiken beträgt mindestens 1 Prozent und ist flexibel einsetzbar.

Die Vorschriften für die Liquidität

Mindestvorgaben an die Liquidität stärken die jederzeitige Zahlungsfähigkeit der Banken. Nur wenn sie genügend liquide Aktiva vorhalten – also Vermögenswerte, die schnell und nur mit geringen Werteinbußen zu Sichteinlagen beziehungsweise Bargeld werden können –, können sie ihren Zahlungsverpflichtungen auch in Stresssituationen nachkommen. Wie die Finanzkrise gezeigt hat, ist dies besonders in einem Umfeld wichtig, in dem sich Banken aus mangelndem Vertrauen gegenseitig kein Geld mehr leihen. Verfügt eine Bank in einer solchen Situation nicht über genügend Liquidität, um Gläubiger, die unerwartet ihre Forderungen abziehen wollen, auszuzahlen, droht ihr die Zahlungsunfähigkeit. Den internationalen Basel-III-Vereinbarungen folgend, wurde die Regulierung der Liquiditätsrisiken auf EU-Ebene grundlegend neu gestaltet. Mit der Verordnung CRR wurden Mindest- und Beobachtungskennziffern eingeführt. Kernelement ist die Liquiditätsdeckungskennziffer (Liquidity Coverage Ratio, LCR): Die Institute müssen jederzeit einen ausreichenden Bestand an hochliquiden Aktiva vorhalten, um in einem vorgegebenen Stressszenario 30 Tage lang Zahlungsmittelabflüsse aus eigener Kraft zu bewältigen. Der Liquiditätspuffer stellt sicher, dass den Instituten in einer akuten Liquiditätskrise genügend Zeit zur Verfügung steht, um kurzfristig darauf reagieren zu können. Die LCR gilt in der EU seit Oktober 2015 als verbindlicher Mindeststandard.

Ziel der Stabilen Finanzierungskennziffer (Net Stable Funding Ratio, NSFR) ist ein ausgewogenes Verhältnis zwischen den Laufzeiten der Verbindlichkeiten und der Forderungen einer Bank. Die NSFR gibt vor, dass die Summe der nach dauerhafter Verfügbarkeit gewichteten Passiva der Summe der nach langfristigem Finanzierungsbedarf gewichteten Aktiva mindestens entsprechen muss. Vom 1. Januar 2018 an sollen Banken diesen neuen Standard anwenden.

Da die Liquidität von Banken nicht allein mit zwei Kennziffern erfasst werden kann, stehen den Aufsichtsbehörden weitere Beobachtungskennziffern zur Verfügung. Dazu gehört vor allem eine ausführliche Fristenablaufbilanz, die anzeigt, ob die Laufzeiten der Anlagen im Großen und Ganzen den Laufzeiten der Verbindlichkeiten entsprechen.

Verschuldungsquote

Ein weiterer wesentlicher Bestandteil des Basel-III-Regelwerks, der ebenfalls in der CRR umgesetzt wurde, ist die Einführung einer Verschuldungsquote (Leverage Ratio, LR). Damit soll der Verschuldungsgrad einer Bank begrenzt werden.

Die Leverage Ratio ergänzt die komplexeren, risikogewichteten Eigenkapitalberechnungen. Während die risikogewichteten Kapitalberechnungen dazu dienen, dass Institute risikogerecht vorsorgen, beschränkt die Leverage Ratio die übermäßige Verschuldung. Sie setzt schlicht das Kernkapital einer Bank in Beziehung zu ihren Aktiva und ihren gewichteten außerbilanziellen Geschäften. Die bilanziellen Positionen werden nach dem für das jeweilige Institut maßgeblichen Rechnungslegungsstandard erfasst; die internationale Vergleichbarkeit der Leverage Ratio stellen entsprechende Sonderregelungen sicher.

Auf eine verbindliche Mindestanforderung wird zunächst verzichtet. Seit 2015 sind aber alle Institute zu einer Veröffentlichung der Leverage Ratio und ihrer Komponenten verpflichtet. Die Wirkungsweise dieser neuen Kennziffer soll bis Anfang 2017 näher analysiert werden, bevor darüber entschieden wird, ob und in welcher Höhe ein verbindlicher Mindestwert auf europäischer Ebene festgesetzt wird.

6.3.2 Die Harmonisierung auf europäischer Ebene

Einheitliches europäisches Regelwerk

Für alle in der EU tätigen Banken gilt ein grenzüberschreitend einheitliches Regelwerk (Single Rulebook). Die Grundlage dafür wurde mit dem sogenannten CRD-IV-Paket geschaffen, mit dem das Basel-III-Regelwerk in EU-Recht umgesetzt wurde. Diese Gesetze führen nicht alle Aspekte der Aufsicht im Einzelnen auf, sondern enthalten Aufträge an die Europäische Bankenaufsichtsbehörde (European Banking Authority, EBA), tiefer ausgearbeitete Standards aufzustellen. Die Bundesbank beteiligt sich zusammen mit der BaFin an der Entwicklung dieser Standards. Bei Regulierungsstandards (im Gegensatz zu Durchführungsstandards) können das Europäische Parlament beziehungsweise der Europäische Rat Einwand erheben. Geschieht dies nicht, werden sie durch Verordnung oder Beschluss der Europäischen Kommission angenommen. Nach Veröffentlichung im Europäischen Amtsblatt gelten die Standards in den Mitgliedstaaten unmittelbar.

Die Zusammenarbeit mit der Europäischen Bankenaufsichtsbehörde

Auf europäischer Ebene wirkt die Bundesbank in der Europäischen Bankenaufsichtsbehörde (EBA) daran mit, das Aufsichtsrecht in der EU weiter zu harmonisieren und die Zusammenarbeit in der Bankenaufsicht zu verbessern. Dazu gehört auch, dass die Bundesbank die EBA bei der Ausrichtung von Stresstests für Banken unterstützt. Die EBA wurde 2011 als Nachfolgerin des Ausschusses der europäischen Bankenaufsichtsbehörden (Committee of European Banking Supervisors, CEBS) gegründet und ist Teil des Europäischen Systems der Finanzaufsicht (European System of Financial Supervision, ESFS) (→ siehe Kapitel Finanzstabilität). Als Behörde mit eigener Rechtspersönlichkeit hat sie den Auftrag, die Bankenaufsicht in der Bankenunion zu harmonisieren, zum Beispiel durch die Ausarbeitung von technischen Standards und Leitlinien. Oberstes Entscheidungsorgan ist der Rat der Aufseher (Board of Supervisors). Aufgrund ihrer Zuständigkeit für die laufende Überwachung ist die Bundesbank zusammen mit der BaFin für Deutschland in diesem Gremium vertreten. Für die Bundesbank nimmt das zuständige Mitglied der Leitungsebene unterhalb des Vorstands (der Zentralbereichsleiter Banken und Finanzaufsicht) an den entsprechenden Beratungen teil; das Stimmrecht liegt bei der BaFin.

Die einheitliche Ausübung der Aufsicht

Technische Standards und Leitlinien der EBA zielen unter anderem darauf ab, dass die nationalen Aufsichtsbehörden die laufende Überwachung auf die gleiche Weise ausüben. Besondere Bedeutung haben die Leitlinien für den aufsichtlichen Überprüfungs- und Überwachungsprozess. Aufgrund des Empfehlungscharakters sollen sich die EZB und die nationalen Aufsichtsbehörden in der Bankenunion an diese Leitlinien halten, was die einheitliche Ausübung der Aufsicht erheblich stärkt.

Die Aufsichtskollegien

Um die Zusammenarbeit in der Bankenaufsicht zu verbessern, wurden im Jahr 2007 Aufsichtskollegien (Supervisory Colleges) für grenzüberschreitend tätige Banken eingerichtet. Die Aufsichtskollegien kommen zusammen, um zu einer Risikoeinschätzung der gesamten Bankengruppe zu gelangen. Die zuständigen Aufseher entscheiden gemeinsam, ob die bankindividuelle Eigenkapitalausstattung angemessen ist, und vereinbaren auch aufsichtliche Maßnahmen gemeinsam. Den Vorsitz im Aufsichtskollegium führt der Konsolidierte Aufseher, in dessen Land die Konzernmuttergesellschaft ihren Sitz hat. Deutschland ist in rund 40 von insgesamt rund 75 EU-Aufsichtskollegien vertreten, davon in fünf Kollegien federführend. Bei den bedeutenden Instituten haben die gemeinsamen Aufsichtsteams die Aufsichtskollegien im SSM ersetzt. Allerdings gibt es auch weiterhin Aufsichtskollegien, wenn das betreffende Institut eine Tochtergesellschaft oder eine bedeutende Zweigstelle außerhalb des Geltungsbereichs des SSM hat.

6.3.3 Die Übertragung der Vorschriften in deutsches Recht

Neue internationale Standards und europäische Vorschriften zur Bankenaufsicht erfordern regelmäßig eine Anpassung und Überarbeitung der entsprechenden nationalen Gesetze und Verordnungen. Dies betrifft in Deutschland unter anderem das Gesetz über das Kreditwesen sowie die Verordnungen zu Solvabilität und zu Groß- und Millionenkrediten. Das jüngste Beispiel war die Umsetzung des CRD-IV-Pakets, das umfangreiche Änderungen im deutschen Recht nach sich zog. Bevor die Bundesregierung eine Gesetzesvorlage in den Deutschen Bundestag einbringt, erfolgt die Erarbeitung und die Ausformulierung der Gesetze und der Verordnungen im Bundesfinanzministerium. Damit die Erfahrungen aus der Bankenaufsicht in die Gesetze einfließen, sind die Fachleute der Bundesbank und der BaFin hierbei stets eng eingebunden und prägen so die Inhalte der Regelungen.

Foto: Deutsche Bundesbank

Kapitel 7

Das Bargeld

Das Bargeld
Das Vertrauen in den Euro erhalten

In Deutschland ist es Aufgabe der Deutschen Bundesbank, jederzeit ausreichend Euro-Bargeld in hoher Qualität bereitzustellen. Zum Bargeld gehören Banknoten und Münzen. Die Bundesbank gewährleistet die Verteilung an Banken und Handel, sodass die deutsche Wirtschaft immer mit ausreichend Euro-Bargeld versorgt ist. Darüber hinaus prüft sie das umlaufende Euro-Bargeld und ersetzt beschädigte Münzen und Banknoten, um eine gute Qualität des Bargeldumlaufs aufrechtzuerhalten. Falsche Banknoten und Münzen zieht sie aus dem Verkehr. Zudem vermittelt die Bundesbank Wissen über das Euro-Bargeld, damit Handel und Privatpersonen Falschgeld frühzeitig erkennen. Mit Hilfe ihrer Filialen in ganz Deutschland und durch eine angemessene Reservehaltung gewährleistet sie die Bargeldversorgung auch in möglichen Krisenfällen. Durch die effiziente und ausreichende Versorgung der Wirtschaft mit Bargeld trägt die Bundesbank dazu bei, das Vertrauen in den Euro zu erhalten.

Rechtliche Grundlage

Im Euro-Raum ist die Europäische Zentralbank (EZB) gemeinsam mit den nationalen Zentralbanken für die Ausgabe der Banknoten verantwortlich und zur Ausgabe berechtigt. Da die EZB selbst keine Banknoten in Verkehr bringt, liegt diese Aufgabe in Deutschland allein bei der Bundesbank.

Die Euro-Münzen werden von den Mitgliedstaaten ausgegeben; in Deutschland gibt die Bundesbank die Münzen im Auftrag des Bundesfinanzministeriums in Umlauf.

§ 14 Absatz 1 Satz 1 Bundesbankgesetz

Nach § 14 Absatz 1 Satz 1 BBankG hat die Bundesbank – unbeschadet des Artikels 128 Absatz 1 des Vertrages über die Arbeitsweise der Europäischen Union – das ausschließliche Recht, Banknoten in Deutschland auszugeben.

Beliebtes Zahlungsmittel

Auch wenn heute vermehrt bargeldlos gezahlt wird, ist Bargeld weiterhin das meistgenutzte Zahlungsmittel in Deutschland. Die Barzahlung ist vor allem für kleinere

Rechnungsbeträge immer noch die häufigste Form der Zahlung. Rund 80 Prozent aller Zahlungen hierzulande erfolgen in bar. Der wertmäßige Anteil beläuft sich allerdings nur auf etwas mehr als die Hälfte aller Transaktionen. Banknoten und Münzen haben den großen Vorteil, dass sie unmittelbar zum Gebrauch zur Verfügung stehen und dass sie schnell und anonym eingesetzt werden können. Zudem wird Bargeld als Wertaufbewahrungsmittel sehr geschätzt. Aus diesem Grund werden Euro-Banknoten auch außerhalb des Euro-Raums stark nachgefragt, was dazu beitrug, dass der Banknotenumlauf seit der Euro-Einführung stark zugenommen hat. Ende des Jahres 2015 liefen 18,9 Milliarden Euro-Banknoten im Wert von gut 1.050 Milliarden Euro um. Schätzungsweise ein Viertel der Euro-Banknoten befindet sich außerhalb des Euro-Raums. Der Wert der umlaufenden 116,2 Milliarden Euro-Münzen betrug zum gleichen Zeitpunkt 26,0 Milliarden Euro.

Im Bargeldkreislauf

Der Kreislauf des Bargelds in Deutschland beginnt bei den von der Bundesbank beauftragten Spezialdruckereien und Münzprägeanstalten. Sie stellen Euro-Banknoten beziehungsweise Euro-Münzen für die Bundesbank her. Über ihr Filialnetz stellt die Bundesbank den Geschäftsbanken jederzeit ausreichend Bargeld in hoher Qualität zur Verfügung. Die Banken zahlen es an Unternehmen und private Haushalte aus – so gelangt das Bargeld in den Wirtschaftskreislauf. Das im Handel verausgabte Bargeld wird zumeist bei den Geschäftsbanken wieder eingezahlt. Diese behalten einen Teil für ihre Kassenbestände und für die Wiederauszahlung an Kunden. Das überschüssige Bargeld geben die Geschäftsbanken an die Bundesbank zurück, die es in ihren Filialen auf Echtheit und Umlauffähigkeit prüft sowie sicher lagert. Der Transport der Banknoten und Münzen erfolgt in der Regel über private Wertdienstleister. Über die Versorgung mit Euro-Bargeld und dessen Entsorgung hinaus überwacht die Bundesbank das private Bargeld-Recycling.

Die Bundesbank im Bargeldkreislauf

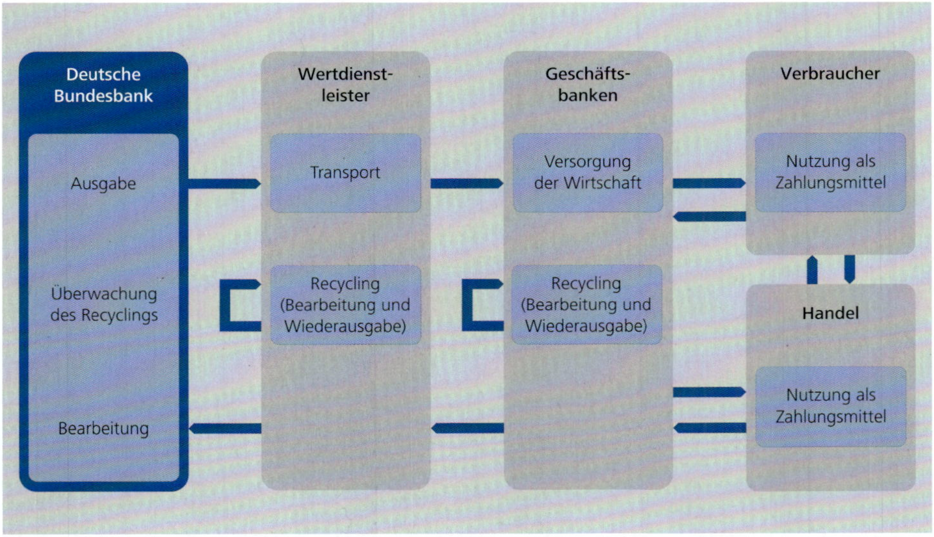

7.1 Die Ausgabe von Euro-Banknoten

7.1.1 Die Bedarfsberechnung

Banknoten sind im Euro-Währungsgebiet das alleinige unbeschränkte gesetzliche Zahlungsmittel. Niemand, der eine Geldforderung hat, kann Banknoten zur Erfüllung seiner Forderung ablehnen, ohne dass er Rechtsnachteile erleidet. Nur wenn zum Beispiel vereinbart wurde, bestimmte Stückelungen von Banknoten nicht anzunehmen, kann deren Annahme verweigert werden. In Deutschland hat die Deutsche Bundesbank das ausschließliche Recht, Banknoten auszugeben. Das Volumen der in Umlauf gegebenen Banknoten wird durch die Nachfrage bestimmt. Die Bundesbank zahlt also alle Beträge aus, welche die Geschäftsbanken bei ihr nachfragen. Dazu nehmen die Banken in der Regel Kredite im Eurosystem auf und führen bei den Filialen der Bundesbank Konten.

Die Bundesbank muss stets über eine ausreichende Reserve an Banknoten verfügen, um einer saisonal höheren Nachfrage wie zum Beispiel während des Weihnachtsgeschäfts nachkommen zu können. Auch für dauerhaft höhere Bargeldabhebungen im Fall von möglicherweise auftretenden Krisen wie der Schieflage einer bedeutenden Bank muss sie genügend Banknoten vorhalten. Deshalb berechnet sie den jährlichen Banknotenbedarf für Deutschland. Grundlage dieser Schätzung sind Annahmen über die Entwicklung des Banknotenumlaufs, über die Aussonderung beschädigter Banknoten und über die Höhe der notwendigen Reserve. Ihre Schätzung meldet die Bundesbank an die EZB, die im Eurosystem die Ausgabe von Banknoten genehmigt. Die EZB fasst die Bedarfsmeldungen aller nationalen Zentralbanken zusammen und vergleicht sie mit ihrer eigenen, für das Eurosystem als Ganzes erstellten Bedarfsprognose. Über die Höhe des Gesamtbedarfs stimmen sich Fachleute aus der EZB und den nationalen Zentralbanken ab. Schließlich entscheidet der EZB-Rat über den Gesamtbedarf und damit über die Menge an Banknoten, die für das Folgejahr im Euro-Raum hergestellt werden.

Maßgeblich für die Zuteilung der benötigten Euro-Banknoten an die Bundesbank ist deren Anteil am EZB-Kapital. Während einige nationale Zentralbanken Euro-Banknoten selbst drucken, beschafft die Bundesbank die Banknoten über Ausschreibungen bei Spezialdruckereien. Innerhalb des Eurosystems stellt aber nicht jede Notenbank alle sieben Banknotenwerte selbst her. Im Auftrag der Bundesbank wurden im Jahr 2015 beispielsweise nur Banknoten der zweiten Banknotenserie mit den Nominalen 20 und 50 Euro produziert. Die zur Deckung der heimischen Nachfrage fehlenden Stückelungen liefern sich die nationalen Zentralbanken untereinander.

Der Gebrauch der Banknoten als Zahlungsmittel oder als Wertaufbewahrungsmittel bringt mit sich, dass diese innerhalb des Eurosystems und über dessen Grenzen weitergereicht werden. Der tatsächliche Banknotenumlauf in einem Euro-Land deckt sich in der Regel nicht mit dem Banknotenumlauf, der nach dem Kapitalanteil an der EZB berechnet wurde. Soweit sich durch den grenzüberschreitenden Abfluss von Banknoten ein zusätzlicher Banknotenbedarf in den einzelnen Euro-Ländern ergibt, decken die nationalen Zentralbanken diesen untereinander.

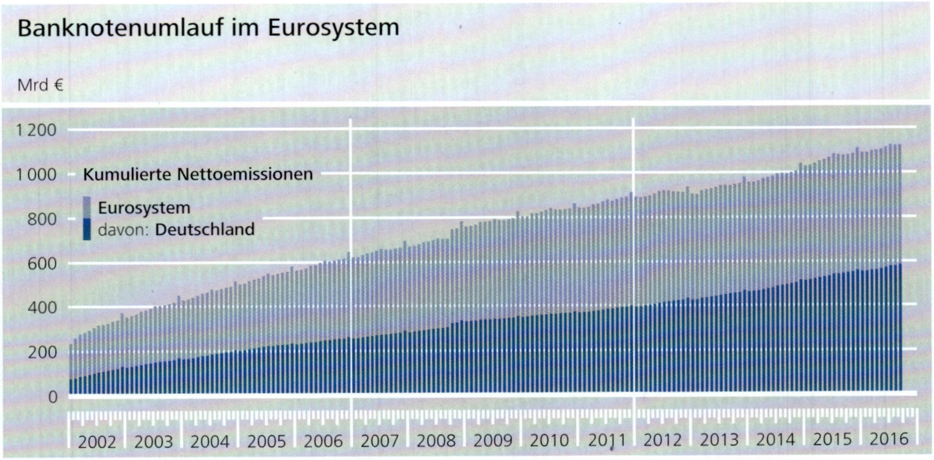

7.1.2 Die Gestaltung

Aussehen und Beschaffenheit der Euro-Banknoten sind in jedem Mitgliedsland gleich. Im Eurosystem entscheidet der EZB-Rat über das Design und die technische Ausstattung der Banknoten. Bisher hat das Eurosystem zwei Banknotenserien eingeführt. Die erste Euro-Banknotenserie wurde zu Beginn des Jahres 2002 mit allen Nennwerten ausgegeben. Auf den Banknoten sind typische Baustile aus sieben Epochen der europäischen Kulturgeschichte dargestellt. Die Serie besteht aus sieben Stückelungen von 5, 10, 20, 50, 100, 200 und 500 Euro. Je höher der Nennwert, desto größer ist die Banknote. Auf Beschluss des EZB-Rats vom 4. Mai 2016 wird die Ausgabe der 500-Euro-Note gegen Ende des Jahres 2018 eingestellt. Die 500-Euro-Banknote der ersten Serie behält ihren Status als gesetzliches Zahlungsmittel bei und kann ohne zeitliche Begrenzung bei den nationalen Zentralbanken des Eurosystems umgetauscht werden.

Die zweite Euro-Banknotenserie wird seit Mai 2013 schrittweise in Umlauf gebracht; die erste Stückelung ist die 5-Euro-Banknote. Der neue 10-Euro-Schein wird seit September 2014 ausgegeben, der neue 20-Euro-Schein seit November 2015. Der 50-Euro-Schein folgt im April 2017. Die 100- und 200-Euro-Banknoten der zweiten Serie werden bis Ende des Jahres 2018 erhältlich sein.

Benannt ist die zweite Banknotenserie nach Europa, einer Gestalt aus der griechischen Mythologie. Ihr Porträt findet sich sowohl im Wasserzeichen als auch im Hologramm. Die Anmutung der Banknoten hat sich nicht wesentlich verändert: Das Thema „Zeitalter und Stile in Europa" bleibt erhalten. Die Europa-Banknotenserie enthält allerdings zusätzliche und weiterentwickelte Sicherheitsmerkmale.

In der Entwicklung von Banknoten verfügen die Fachleute der Bundesbank über eine jahrzehntelange Erfahrung. Die Bundesbank bringt daher wie die anderen nationalen Zentralbanken ihren Sachverstand in die Beratungen der entsprechenden Gremien des Eurosystems ein. In diesen Gremien werden mögliche Designs und die technischen Anforderungen an die Euro-Banknotenserien erarbeitet. Von Zeit zu Zeit kann auch eine sicherheitstechnische Aufwertung einer im Umlauf befindlichen Banknotenserie erforderlich sein. Erfahrungsgemäß wird die Qualität von Falschgeld umso besser, je länger eine Banknotenserie in Umlauf ist.

Während der Entwicklung einer Banknotenserie beraten die Fachleute auch über das Material. Das Papier der Euro-Banknoten besteht aus Baumwollfasern. Diese verleihen den Geldscheinen zum einen eine charakteristische Oberfläche, sodass sich echte Banknoten besser von falschen unterscheiden lassen. Zum anderen sind Noten aus Baumwollfasern nach entsprechender Verarbeitung so widerstandsfähig, dass sie Geldausgabeautomaten, Zählmaschinen oder Banknotensortiermaschinen häufig durchlaufen können und auch einer versehentlichen Wäsche in der Waschmaschine standhalten.

Der Weg zur Banknotenserie „Europa"

Der Startschuss für die zweite Euro-Banknotenserie fiel im Jahr 2003 durch einen Beschluss des EZB-Rats. Zwei Gründe gaben den Ausschlag für eine neue Banknotenserie: Fälschungen sollten aufgrund neuer und verbesserter Sicherheitsmerkmale leichter erkennbar sein, außerdem sollten die Geldscheine der niedrigeren Nennwerte (5 Euro und 10 Euro) künftig weniger verschmutzungsanfällig sein und länger umlaufen können. Die wesentlichen Eigenschaften der ersten Euro-Banknotenserie wie die Farbgebung, die Hauptmotive und die Stückelungen (5 Euro, 10 Euro, 20 Euro, 50 Euro, 100 Euro, 200 Euro und zunächst auch 500 Euro) wurden beibehalten.

Das Eurosystem beauftragte anfangs Marktforschungsinstitute in ganz Europa, um die Wünsche und Bedürfnisse der Verbraucher in Bezug auf die neuen Banknoten zu erfahren. Die Anforderungen an die neuen Geldscheine einschließlich ausgewählter Sicherheitsmerkmale legte das Eurosystem in Absprache mit europäischen Verbraucherverbänden und der Europäischen Blindenunion fest. In die Beratungen einbezogen waren Fachleute von Geschäftsbanken, Wertdienstleistern, des Einzelhandels, der Automatenindustrie und von Herstellern der Geräte zur Banknotenbearbeitung.

Anschließend prüften die Fachleute des Eurosystems, ob sich die Anforderungen an die Geldscheine technisch umsetzen ließen. Nicht alle der untersuchten Sicherheitsmerkmale erwiesen sich als geeignet für die Massenproduktion von Banknoten. Neben der Fälschungssicherheit wurden auch Aspekte der Qualitätskontrolle, der Kosten, der geistigen Eigentumsrechte, des Arbeitsschutzes und der Umweltbelastung berücksichtigt. Auf Grundlage der technischen Überprüfung der Arbeitsgruppen wählte der EZB-Rat im Jahr 2007 die Sicherheitsmerkmale der neuen Banknotenserie aus.

Nach einer umfangreichen Testphase ging die neue 5-Euro-Banknote vom Jahr 2012 an in Massenproduktion. Als erste Stückelung der neuen Banknotenserie wurde sie am 2. Mai 2013 in Verkehr gebracht. Nach Ausgabe der ersten beiden Stückelungen der Europa-Serie begann die Produktion der neuen 20 Euro-Banknote; das Eurosystem führte sie am 25. November 2015 ein.

Die übrigen Stückelungen der Europa-Serie werden über mehrere Jahre schrittweise eingeführt. Das Eurosystem informiert die Öffentlichkeit, Geschäftsbanken, Wertdienstleister, Automatenhersteller sowie Hersteller von Banknotenbearbeitungs- und Banknotenprüfgeräten rechtzeitig vor der Ausgabe der jeweiligen Stückelung über die Einführung und die Sicherheitsmerkmale der neuen Banknoten. Die Euro-Banknoten der ersten und zweiten Serie werden parallel umlaufen, bevor die erste Euro-Banknotenserie ihre Eigenschaft als gesetzliches Zahlungsmittel nach rechtzeitiger Information der Öffentlichkeit verlieren wird. Auch danach wird ihr Umtausch bei den nationalen Zentralbanken des Euro-Währungsgebiets unbefristet möglich sein.

7.1.3 Die Überwachung der Banknotenproduktion

Wenn täuschend echt aussehendes Falschgeld in großen Mengen in Umlauf käme, könnte dies das Vertrauen in den Euro beeinträchtigen. Daher wird im Eurosystem der gesamte Herstellungsprozess der Banknoten überwacht. Es dürfen nur diejenigen Druckereien Banknoten herstellen, die nach einem Überprüfungsverfahren von der Europäischen Zentralbank in Zusammenarbeit mit den nationalen Zentralbanken zugelassen wurden. Die Bundesbank ist in die Kontrolle der Banknotenproduktion eingebunden und sorgt so dafür, dass Qualitäts- und Sicherheitsanforderungen eingehalten werden.

Die Qualitätssicherung

Zur Gewährleistung der Qualität der Banknoten prüft die Bundesbank auf allen Stufen der Produktion, ob die vom Eurosystem vorgegebenen Anforderungen erfüllt werden. Dazu werden schon von den Vorprodukten Muster und Proben analysiert sowie technische Parameter mit vorgegebenen Referenzwerten verglichen. Die Qualitätssicherung durch die Bundesbank beginnt bei den Papierfabriken, die das Banknotenpapier liefern. In den Druckereien prüft sie zu Beginn der wichtigsten Verarbeitungsschritte die Druckbögen im Detail, bevor sie vor Ort die Produktion freigibt. Schließlich werden sämtliche im Auftrag der Bundesbank hergestellten Banknoten umfassend mit speziell ausgestatteten und von der Bundesbank abgenommenen Banknotenbearbeitungsmaschinen gezählt und geprüft und erst danach an die Bundesbank oder andere Zentralbanken des Eurosystems geliefert. Banknoten mit Qualitätsmängeln werden bei dieser Endkontrolle sofort maschinell vernichtet. Auf diese Weise stellt die Bundesbank sicher, dass sie von den Druckereien ausschließlich qualitativ wie quantitativ einwandfreie „Ware" erhält.

Gewährleistung der Sicherheit

Die Bundesbank gewährleistet über die technischen Anforderungen hinaus, dass der Produktionsprozess auf allen Stufen so sicher gestaltet ist, dass Unachtsamkeit oder kriminelle Machenschaften nach menschlichem Ermessen ausgeschlossen werden können. Gelänge es kriminellen Tätern, Zugriff auf echte Vorprodukte wie zum Beispiel Banknotenpapier oder Hologrammfolie zu erhalten, wären sie unter Umständen in der Lage, hochwertige Fälschungen herzustellen, die nur noch von Fachleuten erkannt werden könnten. Mitarbeiter der Bundesbank arbeiten in Inspektionsteams mit, die regelmäßig alle Druckereien, Papierfabriken und Lieferanten von sicherheitsrelevanten Vorprodukten wie Farben oder Hologrammfolie prüfen.

In den Banknotenpapierfabriken prüft die Bundesbank unter anderem, ob das gesamte produzierte Banknotenpapier bei den beauftragten Notendruckereien abgeliefert und der Produktionsausschuss vernichtet wird. In den Druckereien wird über jeden Papierbogen und jede Banknote genau Buch geführt. Nachweise über den Papierbestand und die

Papierverwendung geben Auskunft über den Verbleib des Banknotenpapiers in den Druckereibetrieben. Auf dieser Grundlage kann die Bundesbank jederzeit durch Bestandsaufnahmen vor Ort nachvollziehen, wie das angelieferte Banknotenpapier verwendet wurde.

7.2 Die Mitwirkung an der Ausgabe von Euro-Münzen

7.2.1 Beratung des Finanzministeriums

Das Recht zur Prägung und zur Ausgabe von Münzen, das sogenannte Münzregal, liegt in der Europäischen Wirtschafts- und Währungsunion bei den einzelnen Mitgliedstaaten. Dabei ist es jedem Mitgliedsland erlaubt, die nationale Seite der Euro-Umlaufmünzen eigenständig zu gestalten. Die gemeinsame Seite zeigt ein einheitliches Bild. Im Fall der deutschen Euro-Sammlermünzen dürfen die jeweiligen Regierungen sowohl über das Design als auch über den Nennwert entscheiden. In Deutschland beauftragt das Bundesministerium der Finanzen jedes Jahr die Münzprägeanstalten der Länder, die erforderlichen Stückelungen und Mengen der Euro-Umlaufmünzen herzustellen. Die Deutsche Bundesbank berät das Bundesfinanzministerium hierbei und bringt die Münzen in seinem Auftrag in Umlauf. Dies geschieht wie bei den Euro-Banknoten über ihre Filialen, in denen die Münzen über die Kassenschalter an die Geschäftsbanken und im Fall der Euro-Sammlermünzen auch an Privatpersonen ausgezahlt werden.

7.2.2 Verbuchung des Münzgewinns

Nachdem die Bundesbank die Euro-Münzen von den Münzprägeanstalten übernommen hat, schreibt sie dem Bund den Nennwert der Münzen gut. Dabei entsteht ein Münzgewinn, weil der Nennwert der Münzen die Material- und Produktionskosten übersteigt. Dieser Münzgewinn geht in den Bundeshaushalt ein. Eine unbegrenzte Gutschrift von Münzbeständen, die bei der Zentralbank lagern und nicht im Umlauf sind, wäre eine

Kreditgewährung der Zentralbank an den Staat, die in der Währungsunion ausdrücklich verboten ist. Daher belastet die Bundesbank solche Münzbestände, die 10 Prozent des Münzumlaufs übersteigen, dem Bundesfinanzministerium zurück. Sobald die Bestände diese Grenze wieder unterschreiten, erfolgt eine Gutschrift. Die Bundesbank ermittelt den Münzumlauf und ihre Münzbestände arbeitstäglich; auch die Buchungen erfolgen arbeitstäglich. Gleichzeitig müssen sich die einzelnen Mitgliedstaaten jedes Jahr den Umfang der Münzausgabe durch die EZB genehmigen lassen. Dabei wird nur der Gesamtbetrag festgelegt, nicht die Aufteilung auf einzelne Stückelungen. Der einzelne Mitgliedstaat darf dann in diesem Umfang sowohl Umlaufmünzen als auch Sammlermünzen ausgeben.

7.2.3 Annahme und Umtausch von Euro-Münzen

Münzen sind im Euro-Währungsgebiet im Gegensatz zu Banknoten nur in beschränktem Umfang gesetzliches Zahlungsmittel. Während die Umlaufmünzen trotz der unterschiedlichen nationalen Seiten in allen teilnehmenden Mitgliedstaaten gesetzliches Zahlungsmittel sind, müssen die Sammlermünzen nur im jeweiligen Ausgabeland akzeptiert werden. Im Euro-Raum muss eine Person, die eine Geldforderung hat, nicht mehr als 50 Münzen je Zahlung annehmen. Dabei wird nicht nach Wert unterschieden. Nach dem deutschen Münzgesetz ist darüber hinaus niemand verpflichtet, deutsche Sammlermünzen im Wert von mehr als 200 Euro je Zahlung zu akzeptieren. Ergänzend gilt die Beschränkung auf 50 Münzen auch für aus Umlaufmünzen und Sammlermünzen zusammengesetzte Zahlungen. Zur Aufgabe der Bundesbank gehört es, Euro-Münzen und deutsche Euro-Sammlermünzen in unbegrenzter Zahl und Höhe als Zahlungsmittel anzunehmen oder in andere Zahlungsmittel umzutauschen.

Die Standorte der Bundesbank in Deutschland

7.3 Die Dienstleistungen im Bargeldverkehr

Die Bundesbank unterhält ihrem gesetzlichen Sorgeauftrag entsprechend ein flächendeckendes Netz von Filialen, um die deutsche Wirtschaft effizient und reibungslos mit einer ausreichenden Menge an Bargeld zu versorgen. Damit bleibt sie auch in Ausnahmesituationen handlungsfähig, zum Beispiel wenn Menschen im Krisenfall um ihre Ersparnisse fürchten und vermehrt Geld vom Konto abheben oder falls es in der Branche der privaten Wertdienstleister zu Ausfällen kommt.

7.3.1 Die Verteilung des Bargelds

Ein- und Auszahlungen

Die Filialen der Bundesbank zahlen Euro-Banknoten und Euro-Münzen gegen Vorlage eines auf das Konto eines Kreditinstituts oder einer öffentlichen Verwaltung gezogenen Barschecks aus. Geschäftsbanken zahlen nicht benötigtes Euro-Bargeld in den Filialen ein. Über die Ein- und Auszahlungen in ihren Filialen sichert die Bundesbank den Bargeldkreislauf. Im Jahr 2015 wurden an jedem Arbeitstag im Durchschnitt rund 62,4 (2014: 62,1) Millionen Banknoten ausgezahlt und 59,0 (2014: 59,1) Millionen Banknoten eingezahlt.

Banknoten werden in Päckchen zu 100 Stück (der gleichen Stückelung) und in Paketen, die zehn Päckchen enthalten, ausgezahlt. Einzahler können Euro-Banknoten vollkommen unsortiert einreichen. Gegen Entgelt bieten die Filialen die portionierte Auszahlung von Banknoten an. Banken zum Beispiel können so je nach Bedarf ihrer Geschäftsstellen ihre gesamte Bestellung an Bargeld in Teilbeträge aufschlüsseln. Die Abgabe oder Annahme von Münzen an Geschäftskunden erfolgt entgeltfrei in Münzcontainern, die eine vorgegebene Anzahl von Rollenpackungen der acht Stückelungen (von 0,01 bis 2 Euro) enthalten. Über die Filialen werden auch deutsche Sammlermünzen in Umlauf gebracht. Diese Münzen werden nicht nur an Geschäftsbanken, sondern auch an Privatpersonen ausgegeben.

Logistik

Das Volumen der Ein- und Auszahlungen in den einzelnen Bundesbankfilialen unterliegt saisonalen Schwankungen. Auch die Nennwerte der ein- und ausgezahlten Euro-Banknoten und Euro-Münzen unterscheiden sich. Beschädigte oder verschmutzte Banknoten werden einbehalten und vernichtet und stehen – wie auch beschädigte Münzen – nicht mehr für Auszahlungen zur Verfügung. Als Ausgleich für das aus dem Verkehr gezogene Euro-Bargeld und abhängig vom Bedarf bringen die Filialen druckfrische Banknoten und prägefrische Münzen in Umlauf. Das in den Filialen benötigte oder überschüssige Euro-Bargeld transportiert die Bundesbank mit eigenen Spezialtransportfahrzeugen.

Um alle Vorgänge rund um das Bargeld lückenlos und zeitnah zu erfassen, betreibt die Bundesbank ein eigenes IT-System. Das Bargeld-Management-System (BMS) bildet den gesamten baren Zahlungsverkehr mit und innerhalb der Bundesbank ab und dient zu dessen Dokumentation. Zur elektronischen Kommunikation mit den Kunden wird das Verfahren CashEDI genutzt, über welches professionelle Bargeldakteure ihre Einzahlungen und Geldbestellungen anmelden. Alle Ein- und Auszahlungen von Bargeld werden im BMS über die Kundenkonten abgerechnet, die im Fall einer Einzahlung auch bei einer anderen Bank im europäischen Euro-Zahlungsverkehrsraum SEPA geführt werden können. Anhand der Daten werden in dem System die inländischen Bargeldtransporte zwischen den Filialen, die grenzüberschreitenden Transporte zu und von anderen Zentralbanken im Eurosystem sowie die Transporte von Banknotendruckereien und Münzprägeanstalten zentral geplant. Das System stellt darüber hinaus die Daten des über die Bundesbank abgewickelten baren Zahlungsverkehrs in Deutschland zusammen, welche bei der Europäischen Zentralbank für die Statistik zusammenlaufen. Durch den Betrieb des BMS erhöht die Bundesbank die Transparenz und Effizienz im Barzahlungsverkehr und trägt zu dessen sicherer Abwicklung bei.

7.3.2 Die Bearbeitung des Bargelds

Die Prüfung von Banknoten

Eine Euro-Banknote kehrt durchschnittlich drei- bis viermal im Jahr in eine der Bundesbankfilialen zurück. Jede Banknote – außer den stark beschädigten – wird dort maschinell auf Echtheit und Umlauffähigkeit geprüft. So garantiert die Bundesbank die Qualität der umlaufenden Euro-Banknoten. Die hoch spezialisierten Geldbearbeitungsmaschinen bearbeiten zusammen jede Sekunde 2 800 Euro-Banknoten; in einem Jahr sind dies rund 15 Milliarden Euro-Banknoten.

Falschnoten werden von den Bearbeitungssystemen erkannt und aussortiert. Die Filialen leiten die Fälschungen sowie Angaben zum Einzahler und zum Einzahlungstag an die zuständige Kriminalpolizei weiter, damit diese Ermittlungen aufnehmen kann. Im Anschluss daran gelangen die Fälschungen zum Nationalen Analysezentrum für Falschgeld und beschädigtes Bargeld (National Analysis Centre, NAC) der Bundesbank, das in Mainz ansässig ist. Hier werden die Fälschungen analysiert, klassifiziert und verwahrt. Die Falschgeldstelle tauscht regelmäßig Informationen mit dem bei der Europäischen Zentralbank angesiedelten Falschgeldanalysezentrum (Counterfeit Analysis Centre, CAC) aus.

Alle echten Euro-Banknoten werden daraufhin geprüft, ob sie weiterhin für den Umlauf geeignet – also nicht beschädigt und nicht verschmutzt – sind. Von Hand wird nur noch ein Bruchteil der Banknoten bearbeitet, wenn diese zu stark beschädigt sind. Sofern die Bearbeitungsmaschine eine Banknote als nicht mehr umlauffähig einstuft, schreddert der Automat sie unmittelbar in bis zu 800 Schnipsel. Diese lassen sich nicht mehr zu einer Banknote zusammensetzen. Das entstehende Schreddergut wird vor Ort meist zu Briketts gepresst und anschließend umweltgerecht entsorgt. Auf diese Weise wird auch nach und nach die erste Euro-Banknotenserie aus dem Verkehr gezogen. Im Jahr 2015 wurden in Deutschland ungefähr 763 (2014: 854) Tonnen Banknoten aussortiert, vernichtet und entsorgt. Aus den umlauffähigen Banknoten werden Päckchen mit

100 Stück je Stückelung erstellt und anschließend zehn Päckchen zu Paketen in Folie eingeschweißt. Dieses Endprodukt steht wieder für Auszahlungen zur Verfügung.

Die Prüfung von Münzen

Geschäftsbanken und Wertdienstleister können Münzen in den Filialen der Bundesbank nur zu Rollen gepackt in Münzcontainern einzahlen. Diese Münzrollen müssen an Münzrollierautomaten hergestellt worden sein, die mit einer elektronischen Echtheitserkennung ausgerüstet sind. Der Fertiger einer Münzrolle muss durch die Angabe einer Identifikationsnummer auf der Münzrolle feststellbar sein. Die Bundesbank prüft die entsprechend eingezahlten Münzen in Stichproben auf Anzahl, Echtheit und Umlauffähigkeit. Nicht mehr umlauffähige Münzen gibt die Bundesbank im Auftrag des Bundesfinanzministeriums zur Entwertung und verkauft sie auf dessen Rechnung über das Verwertungsunternehmen des Bundes an Metallproduktionsstätten.

7.3.3 Ersatz für beschädigte Banknoten und Münzen

Die Bundesbank leistet für beschädigte Euro-Banknoten Ersatz. Wird in einer Filiale mehr als die Hälfte der Banknote vorgelegt, kann ein sofortiger Umtausch erfolgen. Ansonsten leiten die Filialen die beschädigten Banknoten an das Nationale Analysezentrum weiter. Dies ist der Fall, wenn eine Banknote verbrannt ist und nur Aschereste vorhanden sind, wenn sie gelocht wurde oder wenn der Verdacht einer vorsätzlichen Beschädigung besteht, beispielsweise weil Teile heraus- oder abgeschnitten oder -gerissen sind. Die Mitarbeiter im Nationalen Analysezentrum prüfen die eingereichten Überreste der Banknote und entscheiden dann, ob sie erstattungsfähig ist. Die Bundesbank leistet keinen Ersatz für vollkommen vernichtete, verloren gegangene, verfälschte oder vorsätzlich beschädigte Banknoten. Euro-Banknoten, die von der Bundesbank bereits umgetauscht und entwertet wurden, werden nicht ersetzt.

Abgenutzte oder beschädigte Euro-Münzen werden in den Filialen in aller Regel sofort umgetauscht. Nur in Ausnahmefällen werden Münzen zur Prüfung an die zentrale Fachstelle abgegeben. Die Deutsche Bundesbank erstattet Münzen nicht, wenn sie mutwillig oder durch ein Verfahren verändert wurden, bei dem eine Veränderung zu erwarten war. Ebenfalls nicht ersetzt werden Münzen, die verfälscht sind oder von der Deutschen Bundesbank schon umgetauscht und entwertet wurden. Alle nicht für den Umlauf geeigneten Euro-Münzen werden aus dem Verkehr gezogen.

7.3.4 Umtausch nicht mehr gültigen Bargelds

Die Bundesbank wechselt D-Mark-Banknoten und D-Mark-Münzen bis auf wenige Ausnahmen zeitlich unbefristet und gebührenfrei in Euro um. Dies gilt für D-Mark-Banknotenserien und D-Mark-Münzen, die seit dem Jahr 1948 ausgegeben wurden. Gleiches wird auch für die Euro-Banknoten der ersten Serie des Eurosystems gelten, wenn der Parallelumlauf beider Euro-Banknotenserien abgeschlossen ist. Für beschädigtes, nicht mehr gültiges D-Mark-Bargeld gibt es vergleichbare Bestimmungen wie für beschädigtes Euro-Bargeld. Nicht mehr gültige Währungen anderer Staaten tauscht die Bundesbank nicht um.

7.3.5 Umwechslung von Euro-Banknoten und Euro-Münzen

Die Bundesbank wechselt grundsätzlich jeder Person Euro-Münzen in Euro-Banknoten und Euro-Banknoten in Euro-Münzen um. Auch der Umtausch von Euro-Münzen oder Euro-Banknoten in andere Stückelungen ist an den Schaltern der Bundesbankfilialen möglich. Für Geschäftskunden gelten besondere Bedingungen.

7.4 Die Überwachung des privaten Bargeld-Recyclings

In Deutschland sind in der Geldbearbeitung auch private Bargelddienstleister tätig. Diese dürfen seit dem Jahr 2007 damit beauftragt werden, Bargeld nach den Vorgaben des Eurosystems selbst auf Qualität und Echtheit zu prüfen. Sie geben Banknoten und Münzen wieder in Umlauf, bringen aussortiertes Geld zur Bundesbank und verkürzen damit den Bargeldkreislauf. Auch Geschäftsbanken dürfen Bargeld bearbeiten, um es wieder an ihre Kunden auszuzahlen. Dazu setzen sie immer häufiger Automaten ein, mit denen sich Geld sowohl ein- als auch auszahlen lässt. Diese auch Cash-Recycler genannten Geräte prüfen eingezahlte Banknoten auf Echtheit und Umlauffähigkeit und geben sie anschließend wieder für Auszahlungen frei. Im Eurosystem dürfen nur solche Geräte für die Prüfung der Banknoten auf Echtheit und Umlauffähigkeit eingesetzt werden, die zuvor von einer Zentralbank abgenommen wurden. Auch in der Münzbearbeitung dürfen nur getestete Maschinen verwendet werden. In Deutschland prüft die Bundesbank die Geräte vor der Zulassung und beurteilt, ob neu entwickelte Geräte regelkonform arbeiten.

Zusätzlich übernimmt die Bundesbank die Überwachung des privaten Bargeld-Recyclings. Mit Vor-Ort-Inspektionen stellt sie die hohe Qualität des umlaufenden Bargelds sicher. Prüferteams, die in mehreren Hauptverwaltungen der Bundesbank angesiedelt sind, kontrollieren die Geldbearbeitung der privaten Bargelddienstleister. Bei Verstößen kann die Bundesbank die Nachjustierung einer Maschine verlangen, die Verwendung der Geräte einschränken oder verbieten und gegebenenfalls Geldbußen verhängen.

Foto: Thomas Northcut

Kapitel 8

Der Zahlungsverkehr

Der Zahlungsverkehr
Sichere und effiziente Systeme gewährleisten

Banken, Unternehmen, Institutionen und Privatpersonen erledigen heute Zahlungen untereinander zum größten Teil bargeldlos. Besonders größere Geldübertragungen lassen sich über Bankkonten sicherer und bequemer vornehmen als mit Bargeld. Das „unsichtbare" Geld, das Giralgeld, das dabei bewegt wird, wird in einer Art Kreislauf von Konto zu Konto weitergegeben. Täglich fließen viele Milliarden Euro hin und her. Für einen bestmöglichen wirtschaftlichen Austausch sind sichere, schnelle und günstige Zahlungsmöglichkeiten erforderlich. Die Geldpolitik braucht den bargeldlosen Zahlungsverkehr für eine rasche und reibungslose Bereitstellung von Zentralbankgeld auf den Konten der Banken sowie für dessen Verteilung auf dem Geldmarkt. Störungen im Zahlungsverkehr beeinträchtigen Märkte, Industrie und Handel und können das Vertrauen in die Währung erschüttern. Zuverlässige und effiziente Zahlungssysteme sind die Grundlage eines stabilen Finanzsystems und einer reibungslosen Durchsetzung der Geldpolitik.

Der Zahlungsverkehr ist deshalb eine der Kernaufgaben des Eurosystems und der Deutschen Bundesbank. Die Bundesbank betreibt eigene Zahlungs- und Abwicklungssysteme. Sie trägt damit dazu bei, dass der Zahlungsverkehr im Inland und mit dem Ausland reibungslos funktioniert und die Wertpapierabwicklung in ganz Europa harmonisiert durchgeführt wird. Die Bundesbank wirkt zudem an der weiteren Harmonisierung des bargeldlosen Zahlungsverkehrs im europäischen Binnenmarkt mit. Zusätzlich überwacht sie den Zahlungsverkehr und die Wertpapierabwicklung. Schließlich führt die Bundesbank Konten öffentlicher Einrichtungen und übt damit die gesetzlich verankerte Rolle als Bank des Staates aus.

§ 3 Bundesbankgesetz

Sie [Die Bundesbank] […] sorgt für die bankmäßige Abwicklung des Zahlungsverkehrs im Inland und mit dem Ausland und trägt zur Stabilität der Zahlungs- und Verrechnungssysteme bei.

Rechtliche Grundlage

Das Bundesbankgesetz verpflichtet die Bundesbank, für die Abwicklung des Zahlungsverkehrs im Inland und mit dem Ausland zu sorgen. Der Bundesbank kommt im Zahlungsverkehr ein öffentlicher Auftrag zu; sie ist dabei nicht privatwirtschaftlich tätig und verfolgt keine Gewinnziele. Darüber hinaus gelten der Vertrag über die Arbeitsweise der Europäischen Union (AEUV) und die Satzung des Europäischen Systems der Zentralbanken (ESZB) und der Europäischen Zentralbank (EZB).

Um diesem Auftrag nachzukommen, bietet die Bundesbank Systeme und Verfahren zur Abwicklung und Verrechnung von Zahlungen an. Banken und öffentliche Verwaltungen können hierüber sowohl eilige und große Individualzahlungen als auch Massenzahlungen vornehmen.

Angebote für Individualzahlungen und Massenzahlungen

Individualzahlungen können die Banken über das Zahlungsverkehrssystem TARGET2 des Eurosystems abwickeln. Die EZB und die nationalen Zentralbanken des Eurosystems sind die Betreiber. Über TARGET2 können sekundenschnell und sicher Zahlungen mit oft hohen Beträgen in Zentralbankgeld überwiesen werden. Vor allem Banken nutzen TARGET2, um eigene Zahlungen und Zahlungen ihrer Kunden abzuwickeln. Zusammen mit den Zentralbanken Frankreichs und Italiens entwickelte die Bundesbank dieses Zahlungsverkehrssystem. Heute stellen die drei Zentralbanken die technische Plattform für TARGET2 zur Verfügung.

Artikel 127 (2) des Vertrags über die Arbeitsweise der Europäischen Union

Die grundlegenden Aufgaben des ESZB bestehen darin, [...] das reibungslose Funktionieren der Zahlungsverkehrssysteme zu fördern.

Artikel 22 der Satzung des Europäischen Systems der Zentralbanken und der Europäischen Zentralbank

Die EZB und die nationalen Notenbanken können Einrichtungen zur Verfügung stellen und die EZB kann Verordnungen erlassen, um effiziente und zuverlässige Verrechnungs- und Zahlungssysteme innerhalb der Gemeinschaft und im Verkehr mit dritten Ländern zu gewährleisten.

Die Bundesbank bietet darüber hinaus Banken und anderen Kunden ein Abwicklungsverfahren für nationale und grenzüberschreitende Massenzahlungen in Euro an. Zu den Massenzahlungen gehören alltägliche Kundenzahlungen wie Überweisungen, Lastschriften und Kartenzahlungen. Sie erfolgen im Format des einheitlichen Euro-Zahlungsverkehrsraums SEPA (Single Euro Payments Area).

Rolle als Katalysator

Die Bundesbank wirkt daran mit, Effizienz und Sicherheit im Zahlungsverkehr zu erhöhen. Eine größere Verarbeitungsgeschwindigkeit, eine bessere Wirtschaftlichkeit und eine höhere Sicherheit bei der Abwicklung von Zahlungen kommen sowohl Zahlern als auch Zahlungsempfängern zugute. Eine Voraussetzung dafür ist, dass sich Zahlverfahren auf der Grundlage gemeinsamer, in ganz Europa akzeptierter Standards entwickeln.

Die Rolle der Bundesbank im Zahlungsverkehr

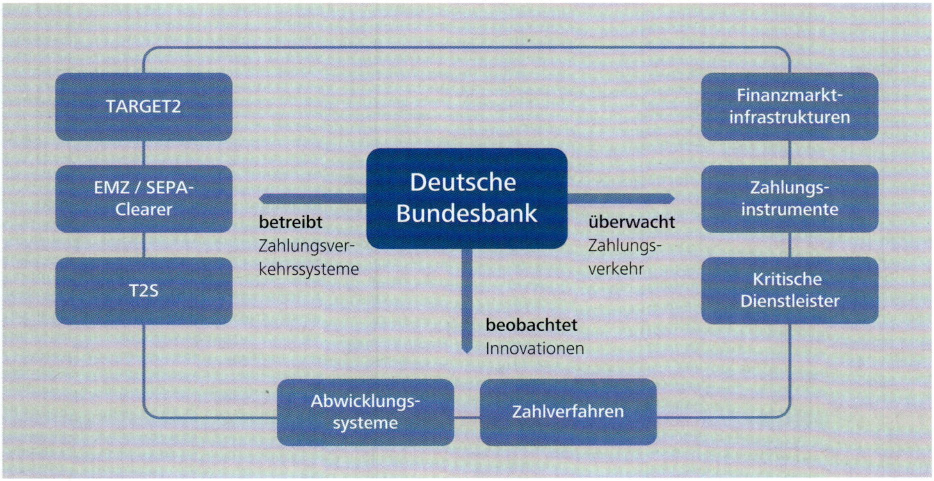

Überwachung

Zusätzlich zum Betrieb von eigenen Systemen kommt der Deutschen Bundesbank die Aufgabe zu, den Zahlungsverkehr und die Wertpapierabwicklung zu überwachen. Aufgrund der wachsenden internationalen Vernetzung im Zahlungsverkehr und in der Wertpapierabwicklung arbeitet sie eng mit anderen Überwachungs- und Aufsichtsbehörden zusammen.

8.1 Der Betrieb von Zahlungsverkehrssystemen

8.1.1 TARGET2 – Zahlungsverkehrssystem der Zentralbanken

TARGET2 ist das Zahlungsverkehrssystem des Eurosystems. TARGET steht für Trans-European Automated Real-time Gross settlement Express Transfer system (transeuropäisches automatisiertes Echtzeit-Brutto-Zahlungsverkehrssystem), die 2 für die zweite Generation. Das System ist auf eilige Individual- und Großzahlungen ausgelegt, Geldüberträge finden sekundenschnell („in Echtzeit") und mit sofortiger Wirkung („brutto") statt. In TARGET2 wickeln die EZB und die nationalen Zentralbanken mit ihren jeweiligen Bankensektoren Zahlungen aus geldpolitischen Geschäften ab. Dies gilt sowohl für die geldpolitischen Refinanzierungsgeschäfte als auch für die geldpolitischen Ankaufprogramme, in denen eine Zentralbank des Eurosystems Geschäftsbanken Wertpapiere abkauft. Verrechnet wird in Zentralbankgeld, also mit den Sichteinlagen in Euro, welche die Banken bei den Zentralbanken zur Abwicklung des Zahlungsverkehrs und zur Erfüllung der Mindestreservepflicht halten (→ Kapitel Geldpolitik).

Über die Konten in TARGET2 sind alle Banken im Euro-Raum zum einen mit den jeweils zuständigen Zentralbanken verbunden, zum anderen sind sie – direkt oder indirekt – miteinander verbunden. Banken nutzen TARGET2 daher auch, um inländische und grenzüberschreitende Zahlungen untereinander in Zentralbankgeld abzuwickeln. Dabei verrechnen sie viele Kundenzahlungen wie beispielsweise die Zahlung einer Warenlieferung sowie die Gewährung oder Rückzahlung eines Darlehens. TARGET2 unterstützt damit die Geschäftstätigkeit der Banken und trägt dazu bei, dass die Geldpolitik und das Finanzsystem reibungslos funktionieren.

Das Vorgängersystem TARGET wurde mit der Euro-Einführung am 4. Januar 1999 in Betrieb genommen. Die Bundesbank entwickelte das System zusammen mit der Banque de France und der Banca d'Italia weiter. TARGET2 startete am 19. November 2007 und war am 19. Mai 2008 vollständig eingeführt. Diese drei Zentralbanken stellen seitdem die einheitliche technische Plattform SSP (Single Shared Platform) zur Verfügung. Rechtlich betrachtet gilt jede beteiligte Zentralbank als eigenständiger Systembetreiber; auch die Kundenbetreuung verbleibt bei der jeweiligen Zentralbank. Die rechtlichen Bedingungen der früheren Einzelsysteme sind weitgehend harmonisiert; Abweichungen sind nur möglich, wenn zwingende Gründe der nationalen Rechtsordnung dies erfordern.

Das deutsche System trägt den Namen TARGET2-Bundesbank (TARGET2-BBk). Derzeit sind neben den Zentralbanken des Eurosystems und der EZB die Zentralbanken von Bulgarien, Dänemark, Polen, Rumänien und Kroatien angeschlossen. Als Mitbetreiber der technischen Plattform SSP für TARGET2 sorgt die Bundesbank auch für die Ausfallsicherheit des Systems. Um das Betriebsrisiko zu verringern und somit Systemrisiken zu vermeiden, wird TARGET2 an verschiedenen Standorten – unter anderem in Deutschland – betrieben. Durch einen regelmäßigen Wechsel des gesamten Betriebs stellen alle Standorte sicher, dass sie das System jederzeit allein aufrechterhalten können.

Auf der Gemeinschaftsplattform werden weitere Anwendungen angeboten. Zentralbanken können dort zum Beispiel die Mindestreservehaltung der Kreditinstitute überwachen und verwalten. Kontoinhaber können über die Plattform die geldpolitischen Instrumente Einlagefazilität und Übernachtkredit (Ständige Fazilitäten) in Anspruch nehmen (→ Kapitel Geldpolitik). Die Bundesbank arbeitet mit allen Anwendungen, die TARGET2 bietet.

Die Nutzer des Zahlungsverkehrssystems TARGET2

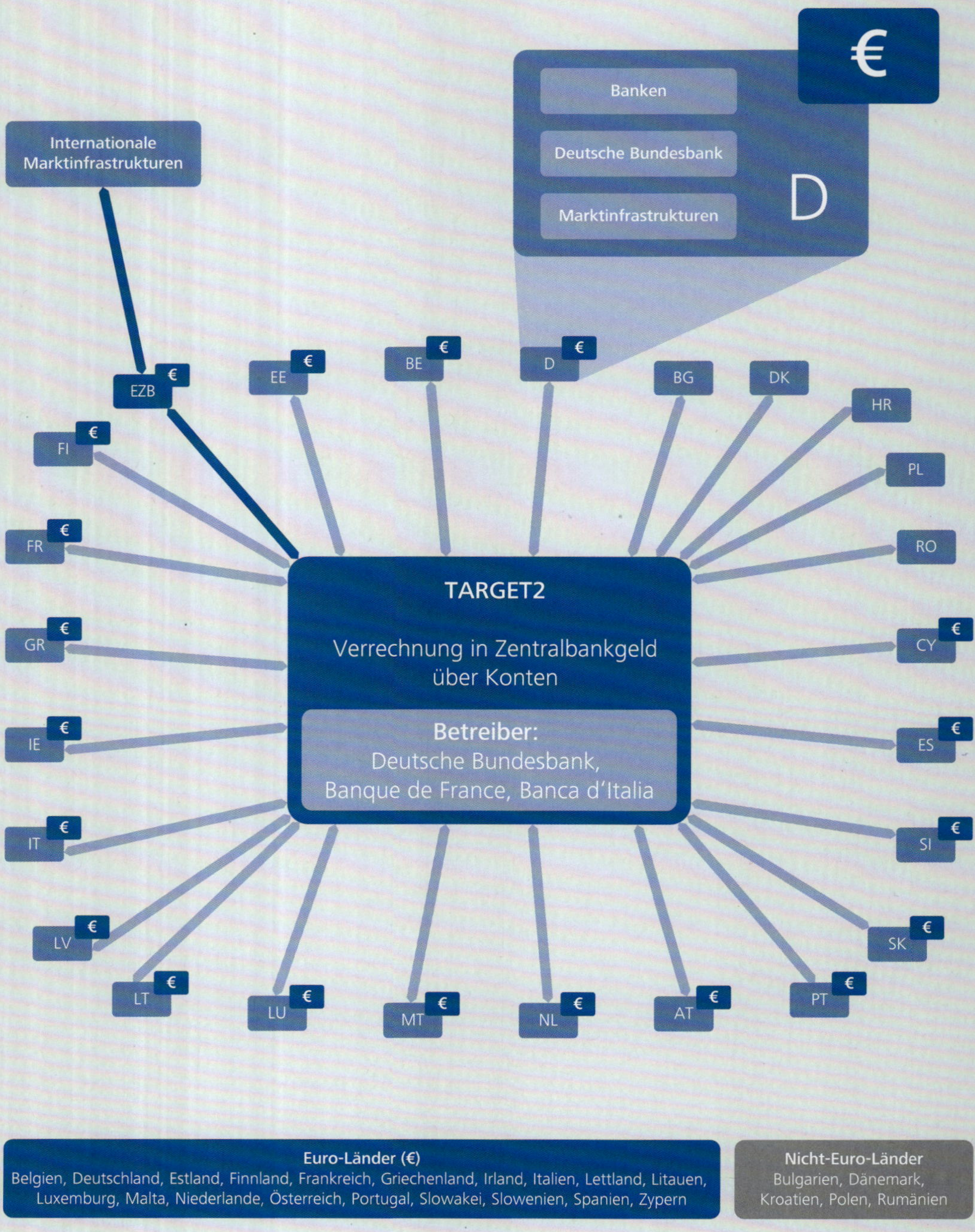

An TARGET2 nehmen ungefähr 1 000 Banken direkt und über diese knapp 6 000 Banken indirekt teil. Weitere fast 43 000 Banken (einschließlich Zweigstellen und Tochtergesellschaften) können in aller Welt erreicht werden. Zudem nutzen mehr als 70 Betreiber anderer Abwicklungssysteme TARGET2 für den Zahlungsausgleich. Alle Nutzer haben Zugang zu den gleichen Diensten und Schnittstellen, die zu einheitlichen Preisen angeboten werden. Zum Datenaustausch werden Standards und Dienste von SWIFT verwendet, eines Netzwerks für den Nachrichtenaustausch im internationalen Finanzsystem. TARGET2 wickelte im Jahr 2015 jeden Tag durchschnittlich mehr als 350 000 Zahlungen im Wert von ungefähr 1,9 Billionen Euro ab. Während eines gesamten Jahres kommt das System auf knapp 90 Millionen Zahlungen in einem Gesamtwert von rund 500 Billionen Euro. Es ist das größte Individualzahlungssystem Europas und zählt zu den bedeutendsten der Welt.

Das Eurosystem leistet mit TARGET2 einen wichtigen Beitrag zur Liquiditätseffizienz in Europa. In dem System können Banken (teure) Liquidität bündeln und damit sparen, weil Liquidität und Informationen weithin verfügbar sind. Banken können ihre Mindestreserveguthaben während des Tages für Zahlungsverkehrszwecke verwenden. Das Eurosystem gewährt seinen Geschäftspartnern gegen die Stellung von Sicherheiten unbeschränkt zinslose Innertageskredite. International tätige Banken können mit den von TARGET2 angebotenen Instrumenten zur Liquiditätssteuerung ihre internen Prozesse – etwa im Treasury- und Back-Office-Bereich – konsolidieren und ihr Euro-Liquiditätsmanagement besser integrieren. Beispielsweise können Teilnehmer Konten zu einer Gruppe zusammenlegen und die verfügbare Innertagesliquidität zugunsten aller Mitglieder der Gruppe in einem Liquiditätspool zusammenfassen. Mit dem Instrumentarium zur Liquiditätssteuerung können Banken kontinuierlich Salden und Zahlungen kontrollieren. Liquiditätsabflüsse lassen sich unter anderem durch das Setzen von Limits begrenzen. In TARGET2 können auch Zahlungen anderer Abwicklungssysteme verrechnet werden, was wiederum der Liquiditätsoptimierung dient.

Der TARGET2-Saldo der Bundesbank

Über TARGET2 können Banken für sich oder für ihre Kunden eilige inländische und grenzüberschreitende Zahlungen abwickeln. Das sind zum Beispiel die Zahlung einer Warenlieferung, der Kauf oder Verkauf eines Wertpapiers, die Gewährung oder Rückzahlung eines Darlehens oder die Geldanlage bei einer Bank. Dies geschieht in Zentralbankgeld, das das Eurosystem dem Bankensektor unter anderem im Rahmen seiner geldpolitischen Geschäfte zur Verfügung stellt. Jede Bank unterhält dafür ein entsprechendes Konto bei ihrer nationalen Zentralbank.

TARGET2-Salden entstehen den nationalen Zentralbanken, weil die beteiligten Banken grenzüberschreitende Zahlungen vornehmen. Fließt beispielsweise einer deutschen Bank Geld aus dem Ausland zu, geht diese Zahlung über die entsprechende nationale Zentralbank auf ihr Bundesbankkonto ein. Der Betrag wird der Bank als Guthaben auf ihrem Bundesbankkonto, also als Forderung gegen die Bundesbank, verbucht. Gleichzeitig erwirbt die Bundesbank eine Forderung gegenüber der sendenden nationalen Zentralbank. Diese wiederum belastet das Zentralbankkonto der sendenden Bank. Die Forderungen und Verbindlichkeiten aller nationalen Zentralbanken untereinander werden am Ende jedes Geschäftstages an die EZB übertragen und dort miteinander verrechnet. Wenn eine nationale Zentralbank an einem Geschäftstag mehr Forderungen an andere teilnehmende Zentralbanken erworben hat, als Verbindlichkeiten entstanden sind, dann entsteht daraus eine Forderung gegenüber der EZB; im umgekehrten Fall entsteht eine Verbindlichkeit gegenüber der EZB. Die Zusammenrechnung dieser täglichen TARGET2-Salden seit Beginn von TARGET2 ergibt den in der Bilanz einer Notenbank auszuweisenden TARGET2-Saldo, entweder eine Forderung oder eine Verbindlichkeit gegenüber der EZB.

Vor Ausbruch der Finanzkrise im Jahr 2007 waren die Salden verhältnismäßig niedrig. Zwar wiesen auch damals schon einige Länder andauernde Leistungsbilanzdefizite auf, die Zentralbankgeldabflüsse zur Folge hatten, doch finanzierten sich die Banken in diesen Ländern im Gegenzug zum Beispiel durch grenzüberschreitende Interbankenkredite, die zu Zentralbankgeldzuflüssen führten. In der Krise schwand dann das Vertrauen in die Staatsfinanzen und Bankensysteme einiger Länder, sodass die Salden teilweise stark stiegen. Private Refinanzierungsquellen, darunter der Interbankenmarkt, wurden weniger ergiebig, erschienen zu teuer oder versiegten nahezu ganz. Zudem kam es zur Kapitalflucht aus Ländern, in denen Banken und Staat als ausfallgefährdet betrachtet wurden. Als Maßnahme gegen die krisenhafte Zuspitzung stellte das Eurosystem mehr Zentralbankliquidität bereit. Banken in den krisengeschwächten Staaten nahmen verstärkt Mittel über das Eurosystem auf, um den Liquiditätsbedarf zu decken, der sich aus dem Bedarf der Banken an Anschlussfinanzierungen, aus Kapital- und Einlagenabflüssen oder aus Warenkäufen ihrer Kunden ergab.

Durch den Nettoabfluss von Liquidität bauten die Zentralbanken in den krisengeschwächten Ländern in der Spitze TARGET2-Verbindlichkeiten von rund 1 Billion Euro auf. Einige nationale Zentralbanken wie die Bundesbank bauten hohe TARGET2-Forderungen gegenüber der EZB auf. So summierten sich im Sommer 2012 die TARGET2-Forderungen der Bundesbank auf eine drei viertel Billion Euro.

Während die TARGET2-Salden in den Jahren 2008 bis 2014 vornehmlich den nicht reibungslos funktionierenden grenzüberschreitenden Interbankenmarkt widerspiegelten, ist der seit Herbst 2014 zu beobachtende Anstieg besonders auf die neuen geldpolitischen Ankaufprogramme des Eurosystems zurückzuführen. Die einzelnen Zentralbanken des Eurosystems kaufen Wertpapiere nicht nur von heimischen Banken, sondern auch im Ausland an. Daher kommt es häufig zu grenzüberschreitenden

Zahlungsströmen, die TARGET2-Salden nach sich ziehen. Die TARGET2-Salden werden darüber hinaus durch die Umverteilung des Zentralbankgelds beeinflusst, das die Banken aus dem Verkauf der Wertpapiere erhalten.

Die TARGET2-Salden werden fortgeschrieben, ein Ausgleich der Salden erfolgt nicht. Nur im Fall des Austritts eines Landes aus der Europäischen Währungsunion würden Verbindlichkeiten beziehungsweise Forderungen gegenüber der EZB fällig. Könnte eine ausscheidende Zentralbank ihre Verbindlichkeiten nicht oder nicht vollständig tilgen, entstünde der EZB ein bilanzwirksamer Verlust.

8.1.2 EMZ/SEPA-Clearer – Abwicklungssystem für Massenzahlungen

Kundenzahlungen wie Überweisungen, Lastschriften, Kartenzahlungen und Scheckeinzüge verrechnen die Banken in Deutschland zum überwiegenden Teil innerhalb ihrer Gironetze. Die großen Geschäftsbanken unterhalten hierzu interne Netzwerke. Sparkassen und Kreditgenossenschaften sind über ihre jeweiligen Zentralinstitute mit den Banken ihrer Gruppe verbunden. Sofern eine Zahlung das eigene Gironetz verlässt, kann sie im bilateralen Interbanken-Clearing zwischen den Gironetzen der beteiligten Banken verrechnet werden.

Als Alternative stellt die Bundesbank den Banken ein eigenes System zur Abwicklung von Überweisungen, Lastschriften, Kartenzahlungen und Scheckeinzügen zur Verfügung. Mit dem SEPA-Clearer des EMZ (Elektronischer Massenzahlungsverkehr) kommt die Bundesbank ihrem Auftrag gemäß Bundesbankgesetz nach und trägt zur Effizienz und Sicherheit im deutschen Zahlungsverkehr bei. Zahlungen für Kreditinstitute, die nicht direkt oder indirekt an den EMZ/SEPA-Clearer angebunden sind, werden von der Bundesbank über die Systeme anderer Clearinginfrastrukturen weitergeleitet. Hierzu verfügt die Bundesbank über bilaterale Verbindungen zu anderen Clearinghäusern in

Europa und stellt damit eine vollständige europäische Erreichbarkeit aller im Massenzahlungsverkehr aktiven Kreditinstitute sicher.

Anders als über TARGET2 erfolgt der Austausch von Zahlungen zwischen den Kreditinstituten und dem EMZ/SEPA-Clearer nicht einzeln, sondern in gebündelten Dateien (Batch-Processing). Für die Übermittlung der Dateien können die Banken den Standard des Netzwerkanbieters SWIFT oder den EBICS-Standard der deutschen Kreditwirtschaft nutzen. Die geldliche Verrechnung der Gegenwerte ausgetauschter Dateien wird nach dem Bruttoprinzip auf den Konten der Banken in TARGET2 durchgeführt.

Auch öffentliche Verwaltungen können SEPA-Zahlungen über die Bundesbank abwickeln, wie zum Beispiel die Bundesagentur für Arbeit die Überweisungen von Sozialleistungen. Dazu steht das Abwicklungssystem HBV (Hausbankverfahren)-SEPA zur Verfügung. Die in HBV-SEPA eingereichten Zahlungen werden über den EMZ/SEPA-Clearer an die Kreditinstitute weitergeleitet.

Die Bundesbank ist im Massenzahlungsverkehr einer von mehreren Anbietern. Gemessen am gesamten bargeldlosen Zahlungsverkehr in Deutschland liegt der Marktanteil des EMZ/SEPA-Clearers bei etwa 15 Prozent. Rund 175 Kreditinstitute nutzen direkt dieses Angebot der Bundesbank. Darüber hinaus sind viele weitere Banken indirekt an das System der Bundesbank angebunden. Im Jahr 2015 reichten die Banken jeden Arbeitstag mehr als 15 Millionen Aufträge im Gegenwert von 21 Milliarden Euro ein. Davon entfielen ungefähr 36 Prozent auf Überweisungen sowie 64 Prozent auf Lastschriften, Kartenzahlungen und umgewandelte Schecks.

Die Bundesbank im inländischen Massenzahlungsverkehr

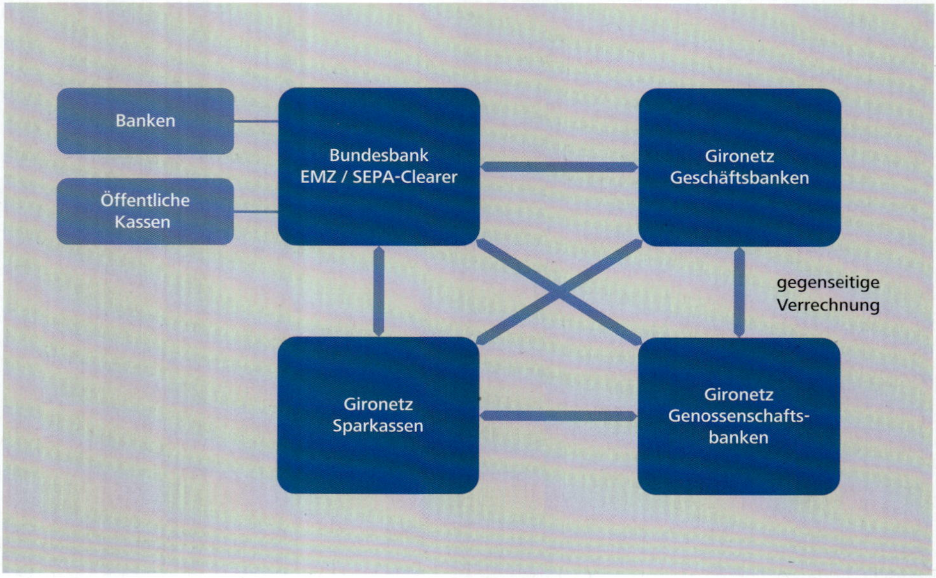

8.1.3 TARGET2-Securities – zentrale Drehscheibe für die europäische Wertpapierabwicklung

Das Eurosystem bietet mit TARGET2-Securities (T2S) seit Mitte 2015 eine harmonisierte und zentrale Wertpapierabwicklung für ganz Europa an. Damit können Käufe und Verkäufe nahezu aller in Europa gehandelten Wertpapiere über eine einheitliche Plattform verrechnet werden. Bei T2S handelt es sich um eine vom Eurosystem betriebene technische Plattform, welche die Belieferung von Wertpapiergeschäften und deren geldliche Verrechnung vereint. Sowohl inländische als auch grenzüberschreitende Wertpapiergeschäfte werden über diese einheitliche Plattform in sicherem Zentralbankgeld (das heißt Kontoguthaben beziehungsweise besicherte Kreditlinien bei der Bundesbank) abgewickelt. T2S bringt deutliche Einsparungen und Kostensenkungen durch einheitliche

Schnittstellen und Nachrichtenformate sowie einen einheitlichen Abwicklungsprozess. Im Ergebnis verringert T2S die Abwicklungsrisiken und trägt somit entscheidend zur Effizienz und Stabilität der europäischen Finanzmärkte bei. Das Eurosystem stellt mit diesem einheitlichen Wertpapierabwicklungsservice eine bedeutende Marktinfrastruktur für ganz Europa bereit, die wesentlich zur weiteren Finanzmarktintegration beiträgt, und auch einen grundlegenden Baustein für die europäische Kapitalmarktunion.

Ist ein Wertpapiergeschäft an der Börse abgeschlossen („Handel"), folgt die Abwicklung im sogenannten Nachhandelsbereich. Hierbei sind Zentralverwahrer einbezogen, welche die Wertpapiere in einem Land zentral verwahren und verwalten. In Deutschland geschieht dies über die Clearstream Banking AG, eine Tochtergesellschaft der Deutschen Börse AG. Am Ende wechselt das betreffende Wertpapier seinen Eigentümer durch Verrechnung auf den Wertpapierkonten beim Zentralverwahrer; im Gegenzug wird der Kaufpreis durch Verrechnung auf den betreffenden Zentralbankgeldkonten bezahlt.

Mit T2S bietet das Eurosystem einen rein technischen Service für die Wertpapierabwicklung an. Die Kundenbeziehung, die Verwahrung und Verwaltung der Wertpapiere und andere damit verbundene Dienstleistungen verbleiben bei den nationalen Zentralverwahrern. Bislang haben 23 Zentralverwahrer vertraglich zugesichert, den T2S-Service zu nutzen. Bis Herbst 2017 soll das Geschäft aller teilnehmenden Zentralverwahrer stufenweise auf T2S übergehen. Damit wird nahezu die gesamte europäische Wertpapierabwicklung in Zentralbankgeld über T2S laufen.

Offiziell auf den Weg gebracht wurde T2S am 17. Juli 2008 vom EZB-Rat. Vier Zentralbanken des Eurosystems – Deutsche Bundesbank, Banque de France, Banca d'Italia und Banco de España – haben die T2S-Plattform entwickelt und betreiben sie nun. Neben der Abwicklung in Euro können über T2S auch Wertpapiertransaktionen in anderen Währungen abgewickelt werden. Als erste weitere Währung wird die Danmarks Nationalbank die dänische Krone vom Jahr 2018 an für die Wertpapierabwicklung über T2S zur Verfügung zu stellen.

T2S erweitert die Möglichkeiten der Banken, Liquidität zu sparen. Durch Integration von Wertpapier- und Geldkonten auf der T2S-Plattform können Banken ihre Wertpapier- und Zentralbankgeldbestände stärker bündeln. Das heißt, dass deutsche Banken, die an mehreren europäischen Märkten aktiv sind, ihre Liquidität zur Abwicklung dieser Geschäfte auf einem einzigen Konto bei der Bundesbank poolen können. Bisher erforderliche Liquiditäts- und Sicherheitenpuffer für die Abwicklung an verschiedenen nationalen Märkten können aufgelöst werden. Im Ergebnis müssen Banken mit T2S weniger Zentralbankliquidität und Sicherheiten vorhalten. T2S erleichtert auch die grenzüberschreitende Übertragung von Sicherheiten, weil Zeitverzögerungen aufgrund der unterschiedlichen Abwicklungsfolgen der einzelnen Zentralverwahrer entfallen. In Verbindung mit modernen Verfahren der Sicherheitenverwaltung bei Zentralverwahrern und den Sicherheitenpools können die Banken ihre Liquiditätssteuerung bei den Zentralbanken weiter optimieren. Im Ergebnis stehen mehr freie Sicherheiten zur Abdeckung bislang unbesicherter Risiken im Bankgeschäft zur Verfügung.

8.2 Die Bundesbank als „Katalysator" im Zahlungsverkehr

Durch den Fortschritt in der Informationstechnik unterliegt der Zahlungsverkehr einem ständigen Wandel. In ihrer Funktion als Katalysator verfolgt die Bundesbank das Ziel der Effizienzsteigerung im Zahlungsverkehr. Daher beteiligt sich die Bundesbank an der öffentlichen Diskussion und wirkt in verschiedenen Gremien mit. Das wichtigste europäische Gremium ist der Euro Retail Payments Board (ERPB), der den europäischen Binnenmarkt im Zahlungsverkehr vorantreibt und zur Weiterentwicklung von Instrumenten und Infrastrukturen im Zahlungsverkehr beiträgt. Unter dem Vorsitz der EZB sind Zahlungs- und Kreditinstitute als Anbieter sowie Verbraucher, Handel, Unternehmen und öffentliche Kassen als Nutzer von Zahlungsdiensten vertreten. Die nationalen

Zentralbanken des Eurosystems nehmen nach einem Rotationssystem an den Sitzungen teil; die Bundesbank ist als größte nationale Zentralbank in den meisten Sitzungen dabei.

Auf nationaler Ebene sorgt die Bundesbank mit dem „Forum Zahlungsverkehr" für einen regelmäßigen Austausch zwischen Institutionen und Branchenvertretern über Fragen, die sich aus der sehr dynamischen Entwicklung des Zahlungsverkehrs aufgrund der zunehmenden Digitalisierung ergeben. Einbezogen sind unter anderem die deutsche Kreditwirtschaft sowie die nationalen Nutzerverbände wie Verbraucherschutzverbände, der Handelsverband, die deutsche Versicherungswirtschaft und Finanzverantwortliche von Unternehmen.

Ein wichtiger Schritt zum Binnenmarkt war der einheitliche Euro-Zahlungsverkehrsraum SEPA, in dem nicht mehr unterschieden wird, ob Überweisungen oder Lastschriften im Inland oder grenzüberschreitend erfolgen. Seit dem 1. August 2014 gilt das einheitliche SEPA-Format in den 28 Ländern der Europäischen Union sowie in Island, Liechtenstein, Norwegen, Monaco, der Schweiz, San Marino, Guernsey, Isle of Man, Jersey, Saint-Pierre und Miquelon. Um bargeldlose Zahlungen in ganz Europa zu ermöglichen, wurden international gültige Kontonummern und Bankleitzahlen eingeführt: die International Bank Account Number (IBAN) und der Bank Identifier Code (BIC). Vom 1. Februar 2016 an gilt sowohl für nationale als auch für grenzüberschreitende Zahlungen das IBANonly-Verfahren innerhalb des Europäischen Wirtschaftsraums. Dies bedeutet, dass Zahlungen einfach nur mit Angabe der IBAN des Begünstigten und ohne Nennung des zugehörigen BIC beauftragt werden können. Die IBAN dient der eindeutigen Kennung des Kontos.

Nachdem die Bundesbank die Einführung von SEPA intensiv unterstützte, geht es nun vor allem darum, dass sich neue Bezahlverfahren im Internet oder mit dem Mobiltelefon auf der Grundlage gemeinsamer, in ganz Europa akzeptierter Standards entwickeln.

Instant Payments – Massenzahlungen in Sekundenschnelle

Während E-Mails oder Kurznachrichten über Mobilfunkgeräte unmittelbar nach dem Versand beim Empfänger eintreffen, brauchen alltägliche Zahlungen trotz zunehmender Digitalisierung bis zu einem Tag, um das Konto des Empfängers zu erreichen. In vielen europäischen Ländern außerhalb des Euro-Raums wie in Großbritannien, Dänemark oder Schweden haben sich daher neue Systeme etabliert, die Massenzahlungen in Echtzeit – sogenannte Instant Payments – abwickeln.

Auf europäischer Ebene treibt das Zahlungsverkehrsgremium ERPB (Euro Retail Payments Board) diese aufwendige Innovation auf einheitlicher Grundlage voran. So soll vermieden werden, dass sich geschlossene Systeme entlang nationaler Grenzen herausbilden, die dann später – wie die Überweisung und die Lastschrift im einheitlichen Euro-Zahlungsverkehrsraum SEPA – wieder auf einen gemeinsamen Standard überführt werden müssen. Die Deutsche Bundesbank unterstützt die gesamteuropäische Einführung von Instant Payments, da sie für deutlich mehr Effizienz im Zahlungsverkehr sorgen und für den innovativen Zahlungsverkehr der Zukunft eine besondere Rolle spielen.

Aufgrund der Initiative des ERPB entwickelt die europäische Kreditwirtschaft ein Regelwerk für Instant Payments. Von November 2017 an sollen Geldbeträge – zum Beispiel über die App auf dem Smartphone – zwischen Zahler und Zahlungsempfänger in Sekundenschnelle übertragen werden können. Über den gutgeschriebenen Betrag kann der Zahlungsempfänger dann sofort oder äußerst zeitnah verfügen. Die Abwicklung von Instant Payments soll grundsätzlich 365 Tage im Jahr und 24 Stunden am Tag möglich sein.

8.3 Die Überwachung des Zahlungsverkehrs und der Wertpapierabwicklung

8.3.1 Beobachten und überprüfen

Durch die Überwachung des Zahlungsverkehrs und der Wertpapierabwicklung trägt die Bundesbank dazu bei, Systemrisiken zu begrenzen, die Stabilität des Finanzsystems zu erhalten, eine reibungslose Durchführung der Geldpolitik zu ermöglichen und das Vertrauen der Öffentlichkeit in den Euro zu gewährleisten. Im Blickpunkt der Überwachung stehen dabei Finanzmarktinfrastrukturen, Zahlungsinstrumente, das Korrespondenzbankgeschäft von Banken sowie kritische Dienstleister für Finanzmarktinfrastrukturen. Die Bundesbank beobachtet dazu Entwicklungen im Zahlungsverkehr und in der Wertpapierabwicklung und überprüft, ob europäische oder international geltende Standards eingehalten werden. Einige Finanzmarktinfrastrukturen und Zahlungsinstrumente überwacht sie eigenständig, bei vielen anderen ist sie an der gemeinsamen Überwachung im Eurosystem oder auf internationaler Ebene durch Vertretung in den relevanten Arbeitsgruppen beteiligt. Um mögliche Interessenkonflikte zu vermeiden, sind in der Bundesbank der Betrieb von Systemen und dessen Überwachung organisatorisch voneinander getrennt.

Stellt die Bundesbank Mängel fest, fordert sie die verantwortlichen Stellen zu Änderungen auf. Im Gegensatz zur Bankenaufsicht, die regulativ eingreifen kann, wirkt die Überwachung des Zahlungsverkehrs und der Wertpapierabwicklung („Oversight") traditionell durch argumentative Autorität. Diese Vorgehensweise wurde in der jüngeren Vergangenheit durch gesetzliche Interventionsmöglichkeiten ergänzt. So können in Fällen, in denen Systembetreiber der Wertpapier- oder Bankenaufsicht unterliegen, Bestrebungen zur Überwachung von bankaufsichtlichen Maßnahmen unterstützt werden. Weiterhin kann bei Regelverstößen systemrelevanter Zahlungsverkehrssysteme zunächst die zuständige nationale Zentralbank Korrekturmaßnahmen fordern, bevor in einem weiteren Schritt die EZB finanzielle Sanktionen gegen den Betreiber verhängen kann.

8.3.2 Finanzmarktinfrastrukturen

Finanzmarktinfrastrukturen wie Zahlungsverkehrssysteme, Zentralverwahrer, Wertpapierabwicklungssysteme, zentrale Gegenparteien oder Transaktionsregister sind wesentliche Bestandteile eines funktionierenden Finanzmarkts. Sie unterstützen die Wirtschaft, da durch sie beispielsweise Zahlungen sicher und schnell abgewickelt werden. Durch Störungen in Finanzmarktinfrastrukturen können Risiken für das gesamte Finanzsystem entstehen. Zudem können im Krisenfall über Finanzmarktinfrastrukturen schnell andere Finanzmarktakteure betroffen sein. Außerdem übertragen sie geldpolitische Impulse, indem sie den Zahlungsverkehr zwischen den Geschäftsbanken gewährleisten. Die Sicherheit und Effizienz dieser Infrastrukturen liegt daher im besonderen Interesse der Bundesbank.

Für die Überwachung der Finanzmarktinfrastrukturen gelten die international einheitlichen Prinzipien für Finanzmarktinfrastrukturen (Principles for Financial Market Infrastructures, PFMI). Entwickelt wurden sie in internationaler Zusammenarbeit durch den Baseler Ausschuss für Zahlungsverkehrs- und Abwicklungssysteme (heute Ausschuss für Zahlungsverkehr und Marktinfrastrukturen (Committee on Payments and Market Infrastructures, CPMI)) und die Internationale Organisation der Wertpapieraufsichtsbehörden (International Organization of Securities Commissions, IOSCO). Die Prinzipien gelten für den gewöhnlichen Geschäftsbetrieb, das Risikomanagement, Krisensituationen und die Sanierung oder Abwicklung von Infrastrukturen. Auf dieser Grundlage beurteilen die zuständigen Zentralbanken und Aufsichtsbehörden die jeweiligen Finanzmarktinfrastrukturen sowohl einzeln als auch im Rahmen von nationalen und internationalen Kooperationen. Bei Bedarf wirken sie darauf hin, dass die Betreiber ihre Systeme entsprechend anpassen. Die Prinzipien für Finanzmarktinfrastrukturen sind in der Europäischen Union in Form von Verordnungen umgesetzt und somit rechtlich bindend.

Zahlungsverkehrssysteme

Die Bundesbank ist im Eurosystem in die Überwachung der europäischen Individualzahlungssysteme TARGET2 und EURO1 eingebunden. In Europa tätige Kreditinstitute nutzen beide Systeme, um eilige Großbetragszahlungen untereinander abzuwickeln. Betreiber von TARGET2 sind die Zentralbanken des Eurosystems. EURO1 wird privatwirtschaftlich von dem Anbieter EBA Clearing betrieben. Beide Infrastrukturen sind systemisch bedeutend.

Im Massenzahlungsverkehr in Deutschland überwacht die Bundesbank den von ihr betriebenen EMZ/SEPA-Clearer. Im Eurosystem nimmt die Bundesbank an der gemeinschaftlichen Überwachung des Massenzahlungsverkehrssystems STEP2 des privaten Anbieters EBA Clearing teil. Die im Massenzahlungsverkehr bewegten Geldbeträge sind meist alltägliche Kundenzahlungen wie Überweisungen, Lastschriften oder Kartenzahlungen. Auch wenn die Beträge deutlich geringer als im Individualzahlungsverkehr sind, spielt die reibungslose Abwicklung dieser Zahlungen eine wichtige Rolle für das Vertrauen der Öffentlichkeit in den Euro.

Zentralverwahrer

Die Bundesbank überwacht den deutschen Zentralverwahrer Clearstream Banking AG, ein Tochterunternehmen der Gruppe Deutsche Börse. Ein Zentralverwahrer (Central Securities Depository, CSD) verwahrt und überträgt Wertpapiere. Clearstream Banking AG verwaltet auch Sicherheiten und verpfändet die Wertpapiere im Auftrag der Banken für die Besicherung geldpolitischer Zentralbankgeschäfte. Zentralbanken überwachen CSDs, weil Finanzstabilität nur bei deren zuverlässigem Funktionieren gewährleistet ist. Unterbrechungen während der Abwicklung können zum Beispiel dazu führen, dass Teilnehmer nicht über genügend Liquidität verfügen und so letztlich den gesamten Interbankenzahlungsverkehr stören.

Auch an der Überwachung der Wertpapierabwicklungsplattform T2S ist die Bundesbank beteiligt. Über T2S können Käufe oder Verkäufe nahezu aller in Europa gehandelten Wertpapiere in Zentralbankgeld (Euro) verrechnet werden. Betreiber ist das Eurosystem. Die EZB und die für den europäischen Wertpapiermarkt zuständige Aufsichtsbehörde ESMA koordinieren die Arbeit der an der Überwachung beteiligten Zentralbanken und nationalen Wertpapieraufsichtsbehörden.

Zentrale Gegenparteien

Die Bundesbank beaufsichtigt zusammen mit der Bundesanstalt für Finanzdienstleistungsaufsicht die beiden deutschen zentralen Gegenparteien Eurex Clearing AG und European Commodity Clearing AG. Die Überwachung der zentralen Gegenparteien in Deutschland übernimmt die Bundesbank. Bei der Überwachung ausländischer zentraler Gegenparteien, zu deren Kunden deutsche Geschäftsbanken zählen, arbeitet sie mit den entsprechenden ausländischen Aufsichtsbehörden zusammen. Eine zentrale Gegenpartei tritt zwischen die Vertragspartner eines Wertpapier-, Derivate- oder Warengeschäfts. Sie ersetzt das ursprüngliche Geschäft durch zwei Geschäfte zwischen ihr und den Vertragspartnern. Zentrale Gegenparteien übernehmen das Ausfallrisiko zwischen zwei Kontrahenten, die somit ihre Ausfallrisiken bündeln und begrenzen können. Um ihrerseits mögliche Ausfälle auffangen zu können, erhält die zentrale Gegenpartei Sicherheiten von ihren Kunden. Die Abwicklung über zentrale Gegenparteien wirkt grundsätzlich stabilisierend auf das Finanzsystem. Sie werden von Zentralbanken überwacht, weil sie aufgrund ihrer zentralen Stellung im Finanzsystem eine Quelle für Systemrisiken sein können. Im Rahmen der Überwachung von zentralen Gegenparteien entscheidet die Bundesbank mit über deren Neuzulassung, über eine Ausweitung der Geschäftstätigkeiten oder über Modelle zum Risikomanagement.

8.3.3 Zahlungsinstrumente

Für die Überwachung von Zahlungsinstrumenten hat das Eurosystem eigene Rahmenwerke entwickelt. Die Bundesbank verwendet diese Standards sowohl für die gemeinsame Überwachung von grenzüberschreitend genutzten Zahlungsinstrumenten als auch für die eigenständige Überwachung in Deutschland. Dabei wird vor allem überprüft, ob die Verfahren zum Einsatz der Instrumente den Vorgaben entsprechen.

Überweisung, Lastschrift und Zahlungen mit Karten

Im einheitlichen Euro-Zahlungsverkehrsraum werden SEPA-Überweisungen und Lastschriften gemeinsam durch das Eurosystem überwacht. Die Bundesbank ist daran beteiligt. Kartenzahlungssysteme werden überwacht, sofern sie eine besondere Bedeutung im Eurosystem oder innerhalb eines Euro-Mitgliedstaats haben. Das deutsche girocard-System überwacht die Bundesbank eigenständig. Bei der Überwachung von internationalen Kartenzahlungssystemen – VISA Europe, MasterCard und American Express – ist die Bundesbank im Eurosystem eingebunden. Weiterhin werden Statistiken vor allem über den Betrug mit Kartenzahlungen erhoben und in einem jährlichen Bericht ausgewertet.

Darüber hinaus gehört die Bundesbank dem Forum SecuRe Pay (European Forum on the Security of Retail Payments) an, das bestrebt ist, den Betrugsrisiken bei Zahlungen im Internet entgegenzuwirken. Das Forum aus Bankenaufsehern und Zahlungsverkehrsüberwachern aus ganz Europa sowie Beobachtern von Europol und der Europäischen Kommission veröffentlichte diesbezüglich im Jahr 2013 Empfehlungen zur Sicherheit von Internetzahlungen. Diese betreffen neben den Kartenzahlungen auch Überweisungen und E-Geld-Zahlungen im Internet. Die Anforderungen von SecuRe Pay werden in Deutschland in die Prüfkataloge der Bankenaufseher und in die Leitlinien der Überwacher übernommen und sind somit für alle Zahlungsdiensteanbieter und Bezahlverfahren verbindlich.

E-Geld

Die Bundesbank beobachtet den Markt für Zahlungen mit elektronischem Geld (E-Geld) und beurteilt anlassbezogen, zum Beispiel bei größeren technischen Neuerungen, die Sicherheit von E-Geld-Systemen. Bei Bedarf arbeitet sie mit anderen Behörden wie dem Bundesamt für die Sicherheit in der Informationstechnologie (BSI) zusammen. Die Bundesbank überwacht E-Geld-Systeme mit Hauptsitz in Deutschland wie die GeldKarte der Deutschen Kreditwirtschaft. Bei international tätigen E-Geld-Systemen beteiligt sie sich am Informationsaustausch im Eurosystem.

8.3.4 Korrespondenzbankgeschäft, kritische Dienstleister

Korrespondenzbankgeschäft

Die Bundesbank beobachtet das Korrespondenzbankgeschäft in Deutschland. Im Korrespondenzbankgeschäft verrechnet eine Bank für eine andere Bank inländische oder grenzüberschreitende Zahlungen. Sparkassen und Genossenschaftsbanken in Deutschland verrechnen Zahlungen in der Regel zunächst innerhalb ihrer Gruppe über Korrespondenzbankkonten bei ihren Zentralinstituten. Grenzüberschreitende Zahlungen in den jeweiligen Währungen verrechnen Banken mit ausländischen Korrespondenzbanken über eine gegenseitige Kontoverbindung. Zentralbanken beobachten das Korrespondenzbankgeschäft, da die Umsätze sehr hoch sind und Schieflagen großer Korrespondenzbanken zu einer Beeinträchtigung des Zahlungsverkehrs führen und negative Auswirkungen auf die Wirtschaft haben. Im Rahmen der Überwachung befragt das Eurosystem regelmäßig Banken zum Korrespondenzbankgeschäft in Euro; für die Umfrage in Deutschland ist die Bundesbank zuständig.

SWIFT

Die Bundesbank ist in die gemeinsame Überwachung von SWIFT eingebunden, eines privaten Anbieters eines Netzwerks für die Übermittlung von Informationen zu Finanztransaktionen. Die Nachrichtenformate von SWIFT werden auf der ganzen Welt genutzt. Aufgrund der schwerwiegenden Folgen, die ein Ausfall der Nachrichtenübermittlung zwischen Finanzmarktteilnehmern haben könnte, unterliegt SWIFT der Überwachung durch die Zentralbanken der G 10 und der EZB. Grundlage der Überwachung sind die Leitlinien, die in den sogenannten „High level expectations for the oversight of SWIFT" wiedergegeben sind.

Foto: picture alliance / Photoshot

Kapitel 9
Internationale Zusammenarbeit, Beratung

Internationale Zusammenarbeit, Beratung
Finanzstabilität nicht im Alleingang

In Deutschland trägt die Bundesbank schon immer eine hohe Verantwortung für ein stabiles Finanz- und Währungssystem. Seit dem Jahr 2013 ist sie durch das Finanzstabilitätsgesetz ausdrücklich verpflichtet, zur Wahrung der Stabilität des Finanzsystems im Inland beizutragen (→ Kapitel Finanzstabilität). In einem international eng verflochtenen Finanzsystem kann Finanzstabilität nicht im nationalen oder europäischen Alleingang erreicht werden. Daher ist die Bundesbank in vielen internationalen Institutionen und Gremien tätig, in denen Fragen der Finanz- und Währungsstabilität analysiert und entsprechende Politikmaßnahmen abgestimmt werden. Wichtige Institutionen sind der Internationale Währungsfonds (IWF) und die Bank für Internationalen Zahlungsausgleich (BIZ). Darüber hinaus arbeitet die Bundesbank im Finanzstabilitätsrat (FSB) sowie im Rahmen der G 20 und G 7 an der Sicherung der Finanz- und Währungsstabilität mit.

Die Bundesbank in Gremien und Institutionen für die Finanz- und Währungsstabilität

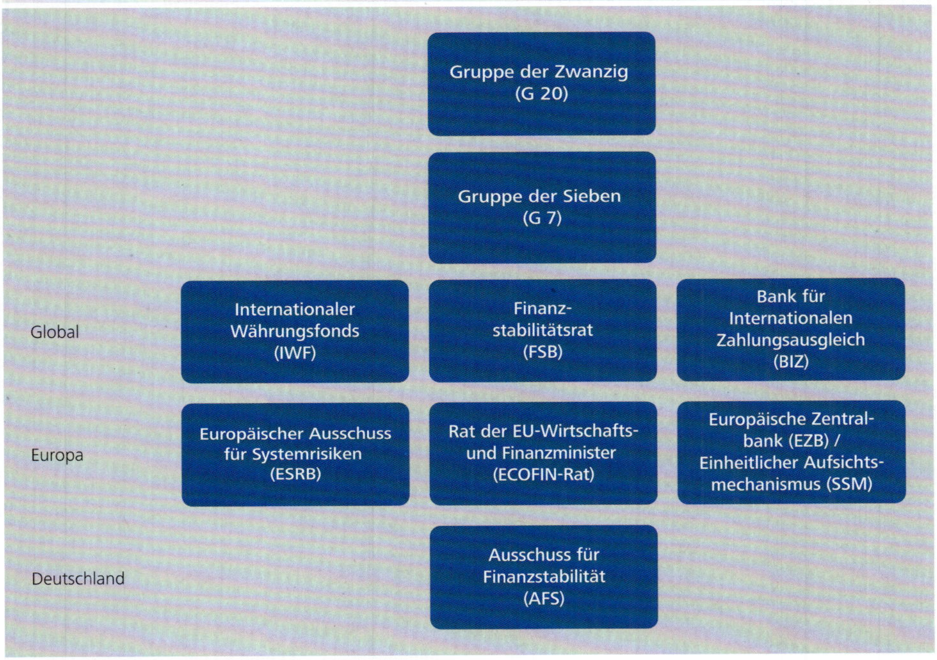

9.1 Die Vertretung deutscher Interessen im Internationalen Währungsfonds

9.1.1 Die Übernahme der finanziellen Pflichten und Rechte Deutschlands

Deutschland ist seit dem Jahr 1952 Mitglied des Internationalen Währungsfonds (IWF), der eng in die Überwachung und Stabilisierung des globalen Währungssystems eingebunden ist. Die mittlerweile 189 Mitgliedstaaten arbeiten in Fragen der internationalen Währungspolitik und im zwischenstaatlichen Zahlungsverkehr eng zusammen und bringen gemeinsam finanzielle Mittel auf, die ein Land zur Überwindung von Zahlungsbilanzschwierigkeiten erhalten kann.

Die Bundesbank nimmt die finanziellen Pflichten und Rechte Deutschlands im IWF wahr. Die rechtliche Grundlage dafür ist das deutsche IWF-Gesetz. Der Präsident der Bundesbank ist der Gouverneur für Deutschland im IWF-Gouverneursrat, welcher als oberstes Leitungsgremium grundlegende Entscheidungen trifft. Gleichzeitig ist der Bundesbankpräsident Stellvertreter des Bundesfinanzministers im Internationalen Währungs- und Finanzausschuss des Gouverneursrats (International Monetary and Finance Committee, IMFC), der über die Leitlinien für die IWF-Politik berät. Das deutsche Mitglied im Exekutivdirektorium, das Entscheidungen über die laufenden Geschäfte trifft, wird im Wechsel von der Bundesbank und vom Bundesministerium der Finanzen entsandt. Die Bundesbank nimmt zu Analysen und zu Entscheidungsvorschlägen der IWF-Geschäftsführung im Exekutivdirektorium und Gouverneursrat Stellung. Diese Stellungnahmen sind Grundlage für Weisungen des Bundesfinanzministeriums an den deutschen Exekutivdirektor beziehungsweise für die Stimmabgabe im Gouverneursrat. Außerdem wirkt die Bundesbank in den zuständigen Gremien der EU an der Abstimmung gemeinsamer europäischer Positionen zu Themen mit besonderer Bedeutung für die Europäische Wirtschafts- und Währungsunion (EWWU) mit, die im IWF behandelt werden.

Um Krisen vorzubeugen, überwacht der IWF laufend die Wirtschafts- und Währungspolitik der Mitgliedsländer und analysiert halbjährlich die globalen Wirtschaftsaussichten sowie die länderübergreifenden Risiken im internationalen Finanzsystem. Die Bundesbank unterstützt den Fonds in der Überwachung der deutschen Wirtschafts- und Finanzpolitik.

Bei zeitweiligen Zahlungsbilanzschwierigkeiten kann ein Land beim IWF Finanzhilfen beantragen. Dies ist der Fall, wenn ein Land nicht über genügend Finanzmittel in einer international akzeptierten Währung verfügt oder diese an den Finanzmärkten beschaffen kann, um zum Beispiel die Einfuhr von Waren und Dienstleistungen zu bezahlen oder Auslandsschulden zu bedienen. Um die Hilfen zu erhalten, müssen die Mitglieder wirtschaftspolitische Auflagen erfüllen und zum Beispiel den Staatshaushalt sanieren, ihre Geld- und Wechselkurspolitik anpassen oder auch strukturelle Reformen einleiten, um die zugrunde liegenden Schwierigkeiten zu beheben. In der Finanz- und Staatsschuldenkrise beteiligte sich der Fonds an den Hilfsprogrammen für die Euro-Länder Griechenland, Irland, Portugal und Zypern.

9.1.2 Einzahlung der deutschen Quote, Sonderziehungsrechte

Der IWF verfügt über Finanzmittel durch die Einzahlungen der Mitgliedstaaten, die nach festen Quoten erfolgen. Darüber hinaus kann der Fonds bei Bedarf auf Kreditlinien zurückgreifen, die er mit den Mitgliedstaaten vereinbart. Die Finanzausstattung und das Quotengefüge werden spätestens alle fünf Jahre überprüft und bei Bedarf angepasst. Nach den Quoten richten sich auch die Stimmrechte im IWF. Deutschland ist derzeit (Stand Oktober 2016) mit einer Quote von 5,6 Prozent der viertgrößte Anteilseigner und besitzt 5,3 Prozent der Stimmrechte. Die Bundesbank übernimmt die Einzahlung der deutschen Quote und trägt gegebenenfalls zu zusätzlichen Kreditlinien für den Fonds bei.

Außerdem gehen die Sonderziehungsrechte (SZR), die der Fonds Deutschland zuteilt, auf die Bundesbank über. Wenn ein langfristiger globaler Bedarf an zusätzlichen Währungsreserven festgestellt wird, kann der IWF Sonderziehungsrechte schaffen und seinen

Mitgliedern im Verhältnis zu ihren Quoten zuteilen. Sonderziehungsrechte werden von den Mitgliedstaaten als Währungsreserve und für Transaktionen mit dem IWF verwendet und können gegen die im SZR-Währungskorb enthaltenen Währungen Dollar, Euro, Pfund und Yen sowie seit Oktober 2016 auch Renminbi getauscht werden.

9.2 Zusammenarbeit in internationalen Gremien und Organisationen

9.2.1 In der Gruppe der Zwanzig (G 20)

Die G 20 gilt heute als das Hauptforum für die internationale wirtschafts- und währungspolitische Zusammenarbeit und steht damit im Zentrum der multilateralen Finanzdiplomatie. Mitglieder sind die weltwirtschaftlich wichtigsten Industriestaaten, systemisch bedeutsame Schwellenländer und die Europäische Union. Die G 20 beschäftigt sich seit ihrer Gründung im Jahr 1999 vor allem mit der Bewältigung von Finanzkrisen, der Stärkung der Finanzsektoren in den Schwellenländern, der Weiterentwicklung des Internationalen Währungsfonds und der Weltbank sowie mit Strategien für nachhaltiges Wirtschaftswachstum. Von der G 20 kamen bedeutende Anstöße für die Reform der Finanzmarktregulierung. Die von den G-20-Gipfeln in Auftrag gegebenen Reformmaßnahmen werden von den nationalen und internationalen Institutionen und Gremien nach und nach umgesetzt.

Die Bundesregierung und die Bundesbank sind jeweils eigenständige Mitglieder der G 20 und arbeiten dabei eng zusammen. Der Bundesbankpräsident und ein weiteres Vorstandsmitglied als Stellvertreter nehmen an den regelmäßigen Treffen der Finanzminister und Zentralbankgouverneure teil. Diese Zusammenkünfte dienen der Vorbereitung der regelmäßigen G-20-Gipfel, bei denen die Staats- und Regierungschefs zusammenkommen. In die G 20 betreffende Abstimmungsprozesse in der EU und im Eurosystem ist die Bundesbank ebenfalls einbezogen.

9.2.2 Mit dem Finanzstabilitätsrat (FSB)

Im Finanzstabilitätsrat (Financial Stability Board, FSB) wirkt die Bundesbank an der Überwachung und Begrenzung systemischer Risiken mit. Der FSB analysiert fortlaufend die Stabilität des internationalen Finanzsystems, koordiniert die Regulierung des Finanzsektors und überwacht die Umsetzung vereinbarter Maßnahmen. Im FSB arbeiten Zentralbanken, Finanzministerien und Aufsichtsbehörden bedeutender Volkswirtschaften und wichtiger Finanzzentren mit internationalen Institutionen sowie standardsetzenden Gremien zusammen. Der FSB führt damit die internationale Diskussion über Finanzstabilität an, in die sich die Bundesbank mit ihren Analysen und Positionen einbringt.

Der FSB ging im April 2009 auf Beschluss der Staats- und Regierungschefs der G 20 aus dem Forum für Finanzstabilität (Financial Stability Forum, FSF) hervor und ist an die Bank für Internationalen Zahlungsausgleich angebunden. Die Zentralbanken haben eine Schlüsselrolle inne, da sie bisher alle Vorsitzenden beider Gremien stellten.

Empfehlungen des FSB

Der FSB ist auf globaler Ebene das zentrale Gremium, das die Vorhaben zur Regulierung des Finanzsystems koordiniert und damit die regulatorischen und aufsichtlichen Lehren aus der Finanzkrise der Jahre 2008 und 2009 in Reformmaßnahmen überführt. Ein Ergebnis dieser Aufgabe sind Empfehlungen für den Umgang mit global systemrelevanten Finanzinstituten (Global Systemically Important Financial Institutions, G-SIFIs). Zu den G-SIFIs zählt der FSB international vernetzte Banken, Versicherungsunternehmen, Investmentgesellschaften und Finanzmarktinfrastrukturen. Die Empfehlungen zielen zum einen darauf ab, die Verlusttragfähigkeit von Finanzinstituten zu stärken. Sie sollen genug Eigenkapital vorhalten, um etwaige Verluste decken zu können. Unter den aufgeführten Finanzinstituten stuft der FSB rund

30 Banken als global systemrelevant ein (Global Systemically Important Banks, G-SIBs). Diese müssen einen zusätzlichen Puffer aus hartem Kernkapital aufbauen. Die Höhe des Kapitalpuffers hängt davon ab, wie bedeutend die Institute für das Finanzsystem sind.

Darüber hinaus sollen Finanzinstitute, die dennoch scheitern, abgewickelt werden können, ohne die Staatshaushalte und letztlich die Steuerzahler zu belasten oder das Finanzsystem ins Wanken zu bringen. Der FSB hat dazu einen internationalen Standard für die Abwicklung von Finanzinstituten (Key Attributes of Effective Resolution Regimes for Financial Institutions) entwickelt, den die Staats- und Regierungschefs der G 20 im Jahr 2011 verabschiedeten. Demnach müssen die G-SIBs vom Jahr 2019 an ein Sicherheitspolster an verlustabsorbierendem Kapital für den Abwicklungsfall (Total Loss-Absorbing Capacity, TLAC) vorhalten.

Ferner koordiniert der FSB die Reform der außerbörslichen Derivatemärkte, deren schwache Regulierung wesentlich zum Ausbruch der Finanzkrise im Jahr 2008 beitrug. Die Reform soll zu weniger Verflechtung und mehr Transparenz über die Verpflichtungen aus Derivategeschäften führen. Er empfiehlt zudem die Überwachung und Regulierung von Schattenbanken. Schattenbanken sind Finanzinstitute, die bankähnliche Geschäfte anbieten, aber nicht unter die Bankenregulierung fallen.

Der FSB, der Internationale Währungsfonds und die Bank für Internationalen Zahlungsausgleich arbeiten im Auftrag der G 20 gemeinsam an der Entwicklung eines internationalen Rahmenwerks für die makroprudenzielle Politik. Seit dem Jahr 2009 richten FSB und IWF halbjährliche Frühwarnübungen (Early Warning Exercises) aus, in denen systemische Risiken analysiert werden, die sich aus der globalen Verflechtung von Wirtschaftssektoren und Ländern ergeben können.

Der FSB nimmt seine Aufgaben in Form von Plenarsitzungen seiner Mitglieder wahr; das Plenum ist das Entscheidungsorgan. Zwischen den Plenarsitzungen betreut ein Lenkungsausschuss (Steering Committee) die Arbeiten des FSB, überwacht deren Fortschritte, koordiniert die Arbeiten der verschiedenen Ausschüsse und Arbeitsgruppen und sorgt für den Austausch von Informationen.

Die Bundesbank ist durch ihren Präsidenten im Plenum und im Lenkungsausschuss des FSB vertreten. Zusätzlich ist Deutschland im FSB durch das Bundesministerium der Finanzen und die Bundesanstalt für Finanzdienstleistungsaufsicht vertreten; die drei deutschen Mitglieder stimmen sich auf Leitungs- und auf Fachebene laufend eng ab. Die Beschlüsse des Plenums werden über ständige Fachausschüsse vorbereitet. In den Ausschüssen und dazugehörigen Arbeitsgruppen bringen Mitarbeiter der Bundesbank auf Leitungs- und Fachebene ihre Expertise ein. Dadurch wirkt die Bundesbank inhaltlich an den Positionen des FSB mit und trägt zur Wahrnehmung seiner Aufgaben bei.

9.2.3 Mitarbeit in der Siebenergruppe (G 7)

Die Siebenergruppe (G 7) ist ein informeller Zusammenschluss der sieben weltwirtschaftlich bedeutendsten Industriestaaten, also Deutschlands, Frankreichs, Italiens, Japans, Kanadas, der USA und des Vereinigten Königreichs. Auch wenn viele Themen mittlerweile im größeren Verbund G 20 diskutiert werden, dient die Gruppe den Finanzministern und Zentralbankpräsidenten der G-7-Staaten zum Meinungsaustausch und zur Abstimmung gemeinsamer Positionen. Von besonderem Interesse für die Bundesbank sind dabei die Stabilität und Integrität des internationalen Finanz- und Währungssystems. Die Bundesbank wird bei den Beratungen der Finanzminister und Notenbankgouverneure der G 7 durch ihren Präsidenten vertreten.

9.2.4 Zusammenarbeit in der Bank für Internationalen Zahlungsausgleich (BIZ)

Für die Kooperation zwischen Zentralbanken nimmt die in Basel angesiedelte Bank für Internationalen Zahlungsausgleich (BIZ) eine Schlüsselrolle ein. In regelmäßigen Sitzungen beraten die Präsidenten von 60 Zentralbanken über Themen zu Wirtschaft und Finanzmärkten sowie über die Finanzstabilität.

Unterhalb der Ebene der Präsidenten tagen ständige Ausschüsse. Hierzu zählen der Ausschuss für Zahlungsverkehr und Marktinfrastrukturen (Committee on Payments and Market Infrastructures, CPMI), der Märkteausschuss (Markets Committee) und der mit Fragen der Finanzstabilität befasste Ausschuss für das weltweite Finanzsystem (Committee on the Global Financial System, CGFS). Das CGFS analysiert Risiken im globalen Finanzsystem und leitet mögliche Auswirkungen für die Geldpolitik und die makroprudenzielle Politik ab. Der Ausschuss koordiniert auch die Fortentwicklung der internationalen Banken- und Finanzmarktstatistiken der BIZ (→ Kapitel Statistik, Forschung).

Zudem ist der Baseler Ausschuss für Bankenaufsicht der BIZ angeschlossen (→ Kapitel Bankenaufsicht). Der Finanzstabilitätsrat unterhält sein Sekretariat ebenfalls in der BIZ. Der bei der BIZ angesiedelte Gedankenaustausch und die Zusammenarbeit zwischen Zentralbanken, Ausschüssen, Finanzaufsichtsbehörden und normgebenden Aufsichts- und Regulierungsgremien wird auch als informeller Baseler Prozess bezeichnet. Dieser bildet einen wesentlichen Teil der internationalen Diskussion über die Finanzstabilität.

9.3 Unterstützung für ausländische Partnerinstitutionen

Technische Zentralbank-Kooperation

Interessierten ausländischen Zentralbanken und Währungsbehörden bietet die Bundesbank Ausbildung und Beratung an. Sie vermittelt den Partnerinstitutionen sowohl

Grundlagen als auch tiefer gehende Fachkenntnisse des Zentralbankgeschäfts. Auf diese Weise trägt die Bundesbank zur Stabilität marktwirtschaftlicher Ordnungen sowie des globalen Finanz- und Währungssystems bei.

Die Technische Zentralbank-Kooperation entstand Anfang der 1990er-Jahre nach der politischen Wende in Osteuropa und in der ehemaligen Sowjetunion, als die neuen Staaten während der Umstellung von der planwirtschaftlichen zur marktwirtschaftlichen Ordnung auch ihr Zentralbankwesen änderten. Vor dem Hintergrund der fortschreitenden Globalisierung des Geld- und Währungswesens arbeitet die Bundesbank heute mit Zentralbanken aus vielen weiteren Ländern zusammen.

Den inhaltlichen Schwerpunkt der Ausbildung und Beratung bilden die fünf Kernaufgaben der Bundesbank – Bargeld, Finanz- und Währungsstabilität, Geldpolitik, Bankenaufsicht, Zahlungsverkehr. Während anfangs eher theoretisches Wissen über die Aufgaben von Zentralbanken in marktwirtschaftlichen Systemen nachgefragt wurde, werden heute oft praktische Erfahrungen ausgetauscht und Einzelfragen zum Zentralbankwesen wie zur Bankenaufsicht oder zur Finanzstabilität behandelt. Die Bundesbank bietet die Kurse und Fachseminare sowohl im Inland als auch im Ausland an.

Partnerschaft in EU-Projekten

Seit dem Jahr 2004 beteiligt sich die Bundesbank an von der Europäischen Union finanzierten EU-Partnerschaftsprojekten („Twinnings") für neue EU-Mitgliedsländer und EU-Beitrittskandidaten. In diesen Partnerschaftsprojekten werden die Institutionen dieser Länder bei der Umsetzung der gemeinschaftlichen EU-Rechtsvorschriften unterstützt.

9.4 Währungs- und wirtschaftspolitische Beratung

9.4.1 Beratung auf nationaler Ebene

Mit ihrer breit gefächerten und unabhängigen Expertise trägt die Bundesbank zu einer tragfähigen und stabilitätsorientierten Wirtschaftspolitik in Deutschland bei. Zwischen der Bundesregierung und der Bundesbank bestehen viele formelle und informelle Kontakte; auch mit Institutionen und Gremien aus dem Wirtschaftsleben besteht ein reger Austausch. Das Verhältnis der Bundesbank zur Bundesregierung ist im Bundesbankgesetz geregelt.

Der Bundesbankpräsident und ein weiteres Vorstandsmitglied nehmen regelmäßig beratend an den Sitzungen des Bundeskabinetts zur Verabschiedung des Bundeshaushaltsentwurfs und des Jahreswirtschaftsberichts teil. Die Bundesbank bringt ihre Expertise in den politischen Entscheidungsprozess ein und tritt für eine solide und auf lange Sicht tragfähige Finanzpolitik ein.

Zudem entsendet die Bundesbank ein Mitglied in den unabhängigen Beirat des Stabilitätsrats, eines gemeinsamen Gremiums von Bund und Ländern. Der Beirat unterstützt den Stabilitätsrat dabei, die Einhaltung der im Gesetz über die Grundsätze des Haushaltsrechts des Bundes und der Länder festgelegten Obergrenze des gesamtstaatlichen strukturellen Finanzierungsdefizits zu überwachen. Dies geschieht vor allem durch Stellungnahmen und Empfehlungen im Vorfeld der Stabilitätsratsbeschlüsse. Neben der Bundesbank entsen-

§ 12 Bundesbankgesetz

Die Deutsche Bundesbank ist bei der Ausübung der Befugnisse, die ihr nach diesem Gesetz zustehen, von Weisungen der Bundesregierung unabhängig. Soweit dies unter Wahrung ihrer Aufgabe als Bestandteil des Europäischen Systems der Zentralbanken möglich ist, unterstützt sie die allgemeine Wirtschaftspolitik der Bundesregierung.

den der Sachverständigenrat zur Begutachtung der gesamtwirtschaftlichen Entwicklung sowie die an der Gemeinschaftsdiagnose beteiligten Forschungsinstitute jeweils ein Mitglied in den Beirat. Die übrigen sechs Sachverständigen benennen der Bund, die Länder, die kommunalen Spitzenverbände und die Spitzenorganisationen der Sozialversicherung.

Vertreten durch einen Gast im Arbeitskreis des Stabilitätsrats, der besonders über die monetären Entwicklungen im Euro-Raum informiert, berät die Bundesbank außerdem bei der Koordination der Finanzplanung von Bund, Ländern und Gemeinden. Dabei gilt es sicherzustellen, dass die Haushaltspolitik die rechtlichen Vorgaben der Europäischen Wirtschafts- und Währungsunion einhält.

Die Bundesbank stellt auch ein Mitglied des Arbeitskreises Steuerschätzungen. Dieser ermittelt die zu erwartenden Steuereinnahmen von Bund und Ländern auf Grundlage des geltenden Steuerrechts und der von der Bundesregierung vorgegebenen gesamtwirtschaftlichen Eckdaten. Neben der Bundesbank sind das federführende Bundesministerium der Finanzen, das Bundesministerium für Wirtschaft und Energie, fünf Wirtschaftsforschungsinstitute, das Statistische Bundesamt, der Sachverständigenrat zur Begutachtung der gesamtwirtschaftlichen Entwicklung sowie die Länderfinanzministerien und die Bundesvereinigung kommunaler Spitzenverbände im Arbeitskreis vertreten. Ebenso wie andere Mitglieder erstellt der Sachverständige der Bundesbank einen eigenen Schätzvorschlag als Grundlage für die Diskussion im Arbeitskreis. Ziel der Beratungen ist eine Konsensschätzung für jede Einzelsteuer, auf deren Grundlage die auf Bund, Länder, Gemeinden und Europäische Union entfallenden Einnahmen ermittelt werden können.

§ 13 Bundesbankgesetz

(1) Die Deutsche Bundesbank hat die Bundesregierung in Angelegenheiten von wesentlicher währungspolitischer Bedeutung zu beraten und ihr auf Verlangen Auskunft zu geben.
(2) Die Bundesregierung soll den Präsidenten der Deutschen Bundesbank zu ihren Beratungen über Angelegenheiten von währungspolitischer Bedeutung zuziehen.

Über ein Mitglied im Sozialbeirat berät die Bundesbank die gesetzgebenden Körperschaften und die Bundesregierung besonders im Hinblick auf die längerfristige Finanzierung der gesetzlichen Rentenversicherung. Der Sozialbeirat nimmt jährlich in einem Gutachten Stellung zum Rentenversicherungsbericht der Bundesregierung und bewertet dabei auch geplante Gesetzesänderungen. Dem Sozialbeirat gehören außerdem je vier von den Versicherten und den Arbeitgebern entsandte Mitglieder sowie drei Sachverständige aus den Wirtschafts- und Sozialwissenschaften an.

Zudem werden Sachverständige der Bundesbank regelmäßig zum Schätzerkreis der gesetzlichen Krankenversicherung eingeladen. Dieser schätzt die Einnahmen und Ausgaben des staatlichen Gesundheitssystems für das jeweils kommende Jahr, um den durchschnittlich notwendigen Zusatzbeitragssatz zu ermitteln.

Im Zusammenhang mit ihrer Beteiligung an der Berechnung der Daten in der europäischen Haushaltsüberwachung nehmen Fachleute der Bundesbank außerdem an der Expertengruppe EU-Stabilitätspaktdaten teil. Diese Gruppe berät über Datenanforderungen und etwaige Handlungsbedarfe zur Einhaltung der statistischen Vorgaben für die europäische Haushaltsüberwachung.

Die Beratung der Bundesregierung durch die Bundesbank beschränkt sich nicht nur auf Fragen mit Bezug zu den öffentlichen Finanzen, sondern umfasst auch die Themen Konjunktur und Wachstum. Im Konjunkturrat erläutert die Bundesbank die geldpolitischen Entscheidungen und legt ihre Einschätzungen zur Wirtschaftslage dar. Das Gremium setzt sich aus Fachleuten des Bundeswirtschaftsministeriums und des Bundesfinanzministeriums sowie der Bundesländer und des Deutschen Städtetags zusammen.

Auch im Arbeitskreis Gesamtwirtschaftliche Vorausschätzungen wird die Bundesbank als sachverständige Institution in der Wirtschaftsanalyse und Konjunkturprognose gehört. Der Arbeitskreis erstellt eine gesamtwirtschaftliche Prognose für das aktuelle und das kommende Jahr, die eine wichtige Grundlage für die Steuerschätzung bildet.

Bei Bedarf und auf Einladung entsendet die Bundesbank Fachleute zu Anhörungen in Parlamentsausschüsse, zum Beispiel den Finanzausschuss oder den Haushaltsausschuss. In Gesetzgebungsprozessen tragen auch schriftliche Stellungnahmen der Bundesbank zur Meinungsbildung bei.

Mit dem Sachverständigenrat zur Begutachtung der gesamtwirtschaftlichen Entwicklung diskutiert die Bundesbank regelmäßig wirtschaftspolitische Themen. Für die Erstellung des Jahresgutachtens lädt der Sachverständigenrat Fachleute der Bundesbank zu einer Anhörung ein. Die Bundesbank steht außerdem im Dialog mit den Wirtschaftsforschungsinstituten, Unternehmens- und Bankenverbänden, den Gewerkschaften sowie in- und ausländischen Fachleuten. Sie trägt so zur wirtschaftspolitischen Diskussion und zur Meinungsbildung der wirtschaftspolitisch verantwortlichen Instanzen bei.

9.4.2 Beratung auf internationaler Ebene

Auf internationaler Ebene unterstützt die Bundesbank den IWF bei der Erstellung des Länderberichts für Deutschland; gleiches gilt für den Deutschland-Bericht der Organisation für wirtschaftliche Zusammenarbeit und Entwicklung (OECD). Weiterhin bringen Fachleute der Bundesbank ihre Expertise in verschiedenen Arbeitsgruppen der OECD und der Europäischen Kommission ein und beraten die Kommission bei ihren Konjunkturprognosen. Auch im Rahmen des makroökonomischen Ungleichgewichtsverfahrens konsultiert die Europäische Kommission die Bundesbank. Das makroökonomische Ungleichgewichtsverfahren dient dazu, wirtschaftliche Ungleichgewichte in den EU-Mitgliedstaaten frühzeitig zu erkennen und zu korrigieren, um übermäßige Ungleichgewichte zu vermeiden.

Foto: Marc Darchinger

Kapitel 10

Devisenhandel, Währungsreserven, Dienstleistungen für die öffentliche Verwaltung

Devisenhandel, Währungsreserven, Dienstleistungen für die öffentliche Verwaltung

Vertrauen in die Zahlungsfähigkeit Deutschlands stärken

Die Deutsche Bundesbank hält und verwaltet die Währungsreserven der Bundesrepublik Deutschland. Die Währungsreserven bestehen zum größten Teil aus Gold und in geringerem Umfang aus Guthaben und Forderungen in Fremdwährung (Devisenreserven) sowie aus Forderungen an den Internationalen Währungsfonds (IWF). Währungsreserven stärken das Vertrauen in die Zahlungsfähigkeit eines Landes und stabilisieren dadurch die internationalen Kapitalströme. Angesichts des starken Warenaustauschs mit dem Ausland ist dieses Vertrauen gerade für Deutschland wichtig. Zum Jahresende 2015 hielt die Bundesbank 3381 Tonnen Gold zum Marktwert von 106 Milliarden Euro, Devisen im Gegenwert von 33 Milliarden Euro und Forderungen an den IWF im Gegenwert von 20 Milliarden Euro. Die Währungsreserven werden zu aktuellen Marktpreisen bilanziert.

Die Bundesbank ist im Eurosystem außerdem an der Verwaltung der Währungsreserven der Europäischen Zentralbank (EZB) beteiligt, die sich ebenfalls aus Devisenreserven, Gold und Forderungen an den IWF zusammensetzen. Die EZB-Devisenreserven stehen vor allem für mögliche Interventionen am Devisenmarkt bereit.

Rechtliche Grundlage

Im Eurosystem sind gemäß dem Vertrag über die Arbeitsweise der Europäischen Union (AEUV) die EZB und die nationalen Zentralbanken für die Haltung und die Verwaltung der Währungsreserven zuständig. Die Aufteilung der Währungsreserven und der Zuständigkeiten zwischen der EZB und den nationalen Zentralbanken ergibt sich aus dem Protokoll über die Satzung des Europäischen Systems der Zentralbanken (ESZB) und der Europäischen Zentralbank.

Artikel 127 des Vertrags über die Arbeitsweise der Europäischen Union (AEUV)

(2) Die grundlegenden Aufgaben des ESZB bestehen darin, […]
– Devisengeschäfte […] durchzuführen,
– die offiziellen Währungsreserven der Mitgliedstaaten zu halten und zu verwalten […].

Im Gesetz über die Deutsche Bundesbank ist geregelt, dass die Bundesbank die Währungsreserven der Bundesrepublik Deutschland hält und verwaltet.

§ 3 Bundesbankgesetz

Die Deutsche Bundesbank ist als Zentralbank der Bundesrepublik Deutschland integraler Bestandteil des Europäischen Systems der Zentralbanken. Sie [...] hält und verwaltet die Währungsreserven der Bundesrepublik Deutschland [...].

Währungsreserven in der Währungsunion

In der Währungsunion kommt den Goldbeständen der Bundesbank und der anderen Zentralbanken des Eurosystems eine besondere Rolle zu, denn diese festigen das Vertrauen in die gemeinsame Währung. Diese vertrauensbildende Funktion für den Euro kam zuletzt in der Finanz- und Staatsschuldenkrise zum Tragen. Durch den verhältnismäßig hohen Goldbestand wird die Bundesbank zugleich den hohen Anforderungen gerecht, die sie an die Sicherheit ihrer Währungsreserven stellt. Gold ist ein Sachwert und stellt keine Verbindlichkeit eines Schuldners dar. Daher ist Gold anders als die meisten Geldanlagen nicht ausfallgefährdet.

Auch wenn Goldreserven besonders sicher sind, verfügt die Bundesbank daneben über Devisenreserven. Diese Anlagen erbringen zum einen Zinserträge. Zum anderen lassen sich damit leichter Zahlungen des Bundes abwickeln, die sich aus internationalen Vereinbarungen in Fremdwährung ergeben.

In der Währungsunion sind die Währungsreserven der Bundesbank schließlich auch eine Vorsichtskasse. Die EZB kann unter bestimmten Voraussetzungen und bis zu einem festgelegten Höchstbetrag die Einzahlung weiterer Währungsreserven fordern.

10.1 Der Devisenhandel und die Verwaltung der Währungsreserven

10.1.1 Der Devisenhandel

Die Bundesbank handelt regelmäßig am Devisenmarkt, um Guthaben in Fremdwährung zu beschaffen oder zu veräußern. Die Haltung von Fremdwährung ermöglicht es ihr, internationale Zahlungen abzuwickeln. Geschäftspartner sind international am Devisenmarkt tätige Banken oder auch ausländische Zentralbanken.

Darüber hinaus erfüllt die Deutsche Bundesbank im Eurosystem im Fall von Interventionen am Devisenmarkt eine wichtige Rolle. Solche Interventionen führt sie im Auftrag und im Namen der Europäischen Zentralbank durch. Zuletzt intervenierte das Eurosystem im Frühjahr 2011, als nach einem schweren Erdbeben in Japan japanische Investoren ihre ausländischen Anlagen auflösten und der Yen gegenüber wichtigen Währungen, darunter dem Euro, übermäßig schnell an Wert gewann. Die Intervention erfolgte gemeinsam und in enger Abstimmung mit anderen Zentralbanken, insbesondere mit der japanischen Notenbank. Ebenfalls im Auftrag und im Namen der EZB interveniert die Deutsche Bundesbank bei Bedarf, um die Wechselkurse der Währungen der am Wechselkursmechanismus II (WKM II) teilnehmenden Länder am Devisenmarkt innerhalb der festgelegten Schwankungsbandbreite zum Euro zu halten. Am WKM II nehmen alle EU-Länder teil, die den Euro als Währung einführen wollen. Nachdem Litauen 2015 den Euro einführte und aus dem WKM II austrat, nimmt derzeit nur Dänemark teil.

In der Finanzkrise versorgte die Bundesbank Geschäftsbanken in Deutschland mithilfe von Devisenswap-Geschäften mit US-Dollar und Schweizer Franken. Dies geschah in der Regel im Auftrag der EZB. Zu diesen außergewöhnlichen Maßnahmen hatte sich der EZB-Rat in Zusammenarbeit mit der US-amerikanischen Notenbank Federal Reserve beziehungsweise der Schweizerischen Nationalbank sowie anderen wichtigen Zentralbanken entschlossen, als der Markt für Geldmarktkredite in US-Dollar und Schweizer Franken im Zuge der Finanzkrise Ende 2007 im Euro-Raum zusammenbrach.

Die Entwicklung der Devisenreserven

Vor Einführung des Euro intervenierte die Bundesbank im Rahmen ihrer geld- und währungspolitischen Aufgaben häufiger am Devisenmarkt. Die D-Mark stand zeitweise unter starkem Aufwertungsdruck, sodass die Bundesbank im System fester Wechselkurse von Bretton Woods Ende der 1960er- und Anfang der 1970er-Jahre US-Dollar am Markt aufnehmen musste. Später intervenierte die Bundesbank, um die Wechsel-kurse im Rahmen des Europäischen Währungssystems zu stabilisieren oder auch um die Wechselkursausschläge von Tag zu Tag zu glätten und auf diese Weise für stabile Marktverhältnisse zu sorgen. Die Interventionen zugunsten anderer Währungen führten im Laufe der Zeit zum Aufbau der Devisenreserven.

Mit dem Übergang zu flexiblen Wechselkursen und besonders mit der Einführung des Euro im Jahr 1999 verloren die Währungsreserven der Bundesbank als Instrument der Marktintervention an Bedeutung. Die Bundesbank reagierte auf den veränderten Bedarf an eigenen Währungsreserven zu Beginn der Europäischen Währungsunion und verringerte den Devisenbestand durch Verkäufe von US-Dollar um etwa ein Viertel. Dadurch veränderte sich die Struktur der deutschen Währungsreserven. Während im Jahr 1999 die Devisenreserven 56 Prozent der Währungsreserven ausmachten, betrug der Anteil Ende 2015 nur noch 21 Prozent. Wegen des höheren Goldpreises stieg dagegen der wertmäßige Anteil der Goldreserven in der gleichen Zeit um 31 Prozentpunkte auf 66 Prozent. Die Forderungen an den IWF blieben zunächst in etwa gleich hoch und wurden erst infolge der Finanzkrise aufgestockt.

10.1.2 Die Verwaltung der eigenen Devisenreserven

Die Bundesbank legt ihre Devisenreserven vorwiegend in Staatsanleihen der Länder an, deren Währungen den Anforderungen einer internationalen Reservewährung genügen. Sie hält hauptsächlich US-Dollar, außerdem Yen und australische Dollar (Stand: Jahresende 2015). Die Konzentration auf diese Reservewährungen begrenzt das Ausfallrisiko und stellt sicher, dass die Devisenreserven besonders liquide und sicher sind. Neben Staatsanleihen hält die Bundesbank ihre Devisen auch als Kontoguthaben bei Zentralbanken und investiert in Anleihen von weiteren öffentlichen Emittenten mit sehr hoher Bonität sowie in Anlageinstrumente der Bank für Internationalen Zahlungsausgleich (BIZ). Ihre US-Dollarreserven legt sie auch in Form von Wertpapierpensionsgeschäften bei ausgewählten Geschäftsbanken an; solche Geldmarktanlagen werden mit US-amerikanischen Staatsanleihen besichert.

Die Höhe und Zusammensetzung der Devisenreserven überprüft der Vorstand der Bundesbank regelmäßig. Er entscheidet auch über die Form der Anlage und über die Risikobegrenzung. Bei größeren Veränderungen des Marktwerts erfolgen An- oder Verkäufe von Devisen. Änderungen des Marktwerts ergeben sich für die jeweilige Währung vor allem aus der Änderung des Zinsniveaus. Wenn sich zum Beispiel das Zinsniveau in einer Währung erhöht, kommt es zu einem Rückgang des Marktwerts der in dieser Währung gehaltenen Anleihen. Um die angestrebte Höhe des zulässigen Zinsänderungsrisikos zu bestimmen, gibt der Vorstand für jede Währung ein Musterportfolio (Benchmark) vor. Das Musterportfolio dient als Vergleichsgröße und Maßstab für die Beurteilung der Wertentwicklung des tatsächlichen Portfolios. Die Ziele und Vorgaben für die Steuerung aller Risiken sind in Anlagerichtlinien und einem Risikorahmen genau festgelegt.

Ein Anlageausschuss, in dem Fachleute der Bundesbank vertreten sind, entscheidet in monatlichen Sitzungen über die Anlagestrategie. Grundlage seiner Entscheidungen sind Wirtschaftsanalysen sowie Einschätzungen zu den Finanzmärkten und speziell zur Zinsentwicklung in den Anlagewährungen. Die für Handelsgeschäfte zuständige Abteilung führt die Anlageentscheidungen aus. Geschäftspartner sind in der Regel international tätige Banken. Das Portfoliomanagement nutzt darüber hinaus Möglichkeiten, täglich auf kurzfristige Marktänderungen zu reagieren, und verfügt über Handelsstandorte in Frankfurt, New York und Tokio.

Das Risiko-Controlling überprüft jährlich den Risikorahmen einschließlich der Musterportfolios und überwacht, wie sich Risiko und Ertrag der Devisenreserven entwickeln und ob die Risiken angemessen begrenzt werden.

Die Bundesbank beachtet die für Banken verbindlichen Mindestanforderungen für das Betreiben von Handelsgeschäften. Daher sind auch in der Bundesbank Handel, Abwicklung und Depotführung sowie Risiko-Controlling organisatorisch voneinander getrennt.

10.1.3 Die Verwaltung der EZB-Devisenreserven

Bei der Gründung der Europäischen Währungsunion im Jahr 1999 übertrugen die nationalen Zentralbanken des Eurosystems Währungsreserven im Wert von rund 40 Milliarden Euro auf die EZB. Der Anteil der Bundesbank betrug umgerechnet etwa 12 Milliarden Euro, davon entfielen 85 Prozent auf Devisen und 15 Prozent auf Gold. Die Menge an Gold belief sich auf 232 Tonnen. Im Gegenzug erhielt die Bundesbank Euro, die sie als Forderung an die EZB aus der Übertragung der Währungsreserven in der Bundesbankbilanz ausweist.

Im Auftrag und im Namen der EZB verwaltet die Bundesbank einen Teil der EZB-Devisenreserven. Die EZB legt ihre Devisenreserven mithilfe der Zentralbanken des Eurosystems in US-Dollar und Yen an. Auch sie steuert die Devisenreserven anhand von Benchmarks und Regeln, welche der EZB-Rat und das EZB-Direktorium festlegen. Mit dem Ziel der Ertragsoptimierung dürfen die nationalen Zentralbanken bei der Verwaltung der EZB-Reserven in gewissem Umfang von diesen Vorgaben abweichen. Wichtige Entscheidungen zur Verwaltung der EZB-Devisenreserven trifft der EZB-Rat; die Einhaltung der Vorgaben überwacht die EZB.

10.1.4 Die Goldreserven

Bei den Goldreserven der Bundesbank handelt es sich um physische Bestände in Form nummerierter Goldbarren. Die Goldbarren lagern in eigenen Tresoren in Frankfurt am Main sowie bei den drei Zentralbanken Federal Reserve Bank of New York, Bank of England und Banque de France. Die Lagerorte im Ausland ermöglichen es der Bundesbank, Goldreserven in kürzester Zeit an den wichtigen Goldhandelsplätzen in Fremdwährung tauschen zu können.

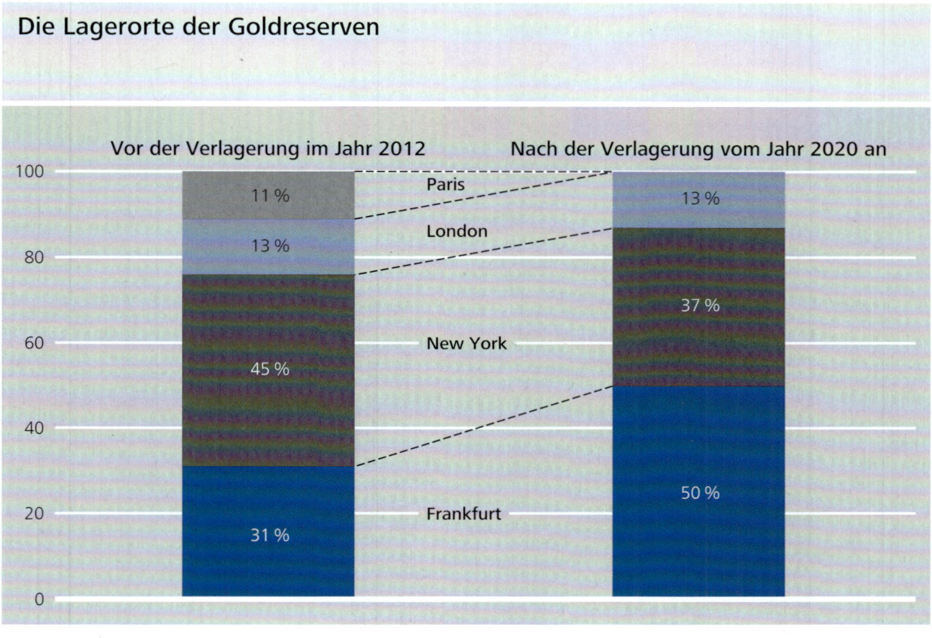

Da es sich durch die gemeinsame Währung erübrigt, einen Teil der Goldreserven in Frankreich zu lagern, wird die Lagerstelle Paris mit 374 Tonnen Gold bis zum Jahr 2020 aufgelöst. Gleichzeitig wird die Bundesbank bis dahin schrittweise 300 der ursprünglich 1 536 Tonnen Gold von New York nach Frankfurt verlagern. Mit Beendigung des Ost-West-Konflikts entfiel der Grund, möglichst viel Gold westlich und weit entfernt vom

„Eisernen Vorhang" zu lagern. Zudem wurden nach Abschluss der Euro-Bargeldeinführung Tresorkapazitäten in Frankfurt frei, die nicht nur zur Lagerung von Euro, sondern auch für den Rücklauf von D-Mark benötigt worden waren. In Frankfurt wird nach Abschluss der Verlagerung die Hälfte der deutschen Goldreserven lagern, in New York werden es 37 Prozent und in London 13 Prozent sein.

Zur Ausprägung von Goldmünzen verkauft die Bundesbank seit dem Jahr 2002 jährlich geringe Mengen Gold zum Marktpreis an den Bund. Goldverkäufe unterliegen dem Goldabkommen der Zentralbanken des Eurosystems, der Schweiz und Schwedens, das zuletzt im September 2014 für fünf Jahre verlängert wurde. Demnach sollen die Goldreserven ein bedeutender Bestandteil der geldpolitischen Reserven bleiben, sodass die beteiligten Zentralbanken Käufe oder Verkäufe von Gold untereinander abstimmen und für die Dauer des Abkommens keine größeren Bestände verkaufen.

Die Entwicklung der deutschen Goldreserven

Die im Jahr 1949 gegründete Bundesrepublik Deutschland besaß nach dem Zweiten Weltkrieg keine Goldreserven. Der deutsche Goldbestand wurde im Wesentlichen während des Golddevisenstandards mit festen Wechselkursen in den 1950er- und 1960er-Jahren aufgebaut. Die US-amerikanische Notenbank hatte sich im Bretton-Woods-Abkommen verpflichtet, die Dollarreserven jedes Mitgliedstaats zum festgelegten Kurs von 35 US-Dollar je Feinunze in Gold umzutauschen. Deutschland trat dem Abkommen im Jahr 1952 bei. Damit begannen auch die Jahre des Wirtschaftswunders, in denen Deutschland immer mehr exportierte und Leistungsbilanzüberschüsse erzielte.

Der Ausgleich der deutschen Leistungsbilanzüberschüsse erfolgte zunächst in der Europäischen Zahlungsunion, in der die Schuldnerländer die aufgelaufenen Salden durch Goldzahlungen ausgleichen mussten. Bis zur Auflösung der Zahlungsunion im Jahr 1958 erhielt die Bundesbank dadurch insgesamt mehr als 1 500 Tonnen Gold. Neben diesen Goldzugängen bezog die Bundesbank bis Ende der 1950er-Jahre größere Mengen Gold von der Federal Reserve Bank of New York, der Bank of England und der BIZ, die innerhalb der Zahlungsunion als Abrechnungsstelle diente. Goldabgänge ergaben sich durch die Einzahlungsverpflichtungen an den IWF im Jahr 1952 und an die Europäische Investitionsbank im Jahr 1958.

In den 1960er-Jahren floss der Bundesbank Gold zu, weil der IWF zur Wiederauffüllung seines DM-Bestands Gold an die Bundesbank verkaufte. Die größten Veränderungen des Goldbestands in diesem Jahrzehnt gingen auf den im Jahr 1961 gegründeten Goldpool zurück. Acht westliche Zentralbanken vereinbarten, die festgelegte Goldparität durch Verkäufe und vorübergehend auch durch Käufe von Gold aufrechtzuerhalten. Der Vertrauensschwund in Pfund und Dollar führte im Jahr 1968 zu einer so hohen Nachfrage nach Gold, dass der Goldpool beendet wurde. Im selben Jahr erreichten die deutschen Goldbestände den Höchststand von 4 043 Tonnen, der sich im Jahr 1969 durch einen Verkauf von etwas mehr als 400 Tonnen an das US-amerikanische Schatzamt verringerte. Die Goldübertragungen fanden physisch an den traditionell großen Goldhandelsplätzen New York und London sowie in Paris statt, wo die deutschen Goldreserven gelagert wurden.

Im Jahr 1973 brach das Bretton-Woods-System fester Wechselkurse zusammen. Der deutsche Goldbestand pendelte sich in den 1970er-Jahren bei knapp 3 700 Tonnen ein. Ein nennenswerter Abgang erfolgte erst wieder im Jahr 1979, als bei der Gründung des Europäischen Währungssystems (EWS) 740 Tonnen Gold in den Fonds für währungspolitische Zusammenarbeit eingebracht wurden. Im Gegenzug erhielt die Bundesbank Forderungen in der Europäischen Währungseinheit ECU. Mit der Einführung der Europäischen Wirtschafts- und Währungsunion (EWWU) und der damit verbundenen Auflösung des EWS ging der in den Fonds eingebrachte Bestand wieder kurzzeitig auf die Bundesbank über.

Mit der Gründung der EWWU wurden Anfang 1999 gemäß dem EZB-Kapitalschlüssel neben Devisen auch 232 Tonnen Gold an die EZB übertragen. Seither nimmt der Goldbestand jährlich um geringe Mengen zur Prägung von Goldmünzen des Bundes ab.

10.1.5 Forderungen an den IWF

Als Mitgliedstaat leistet Deutschland Zahlungen an den IWF, die von der Bundesbank ausgeführt werden. Die sich daraus ergebenden Forderungen an den IWF zählen zu den Währungsreserven der Bundesbank. Sie bestehen aus der Reserveposition im IWF und den Sonderziehungsrechten. Zur IWF-Reserveposition gehören die Reservetranche sowie Forderungen Deutschlands aus der Gewährung von Krediten an den Währungsfonds. Die Reservetranche entstand durch Einzahlungen von Gold und Dollarbeständen der Bundesbank.

Die Bundesbank verwaltet auch die zugeteilten und die erworbenen Sonderziehungsrechte (SZR) Deutschlands. Sonderziehungsrechte sind vom Währungsfonds geschaffenes Buchgeld. Sie können den Mitgliedstaaten zugeteilt werden, falls ein langfristiger globaler Bedarf an Währungsreserven besteht. Mit den Sonderziehungsrechten können sich die Mitgliedsländer die im SZR-Korb enthaltenen Fremdwährungen beschaffen. Der Wert eines Sonderziehungsrechts entspricht dem Marktwert eines gewichteten Währungskorbs aus den wichtigsten Weltwährungen US-Dollar, Euro, Yen und Pfund. Seit Oktober 2016 ist auch die chinesische Währung Renminbi in den Währungskorb der Sonderziehungsrechte aufgenommen.

Die deutschen Währungsreserven von 1950 bis 2016*)

Monatsendstände

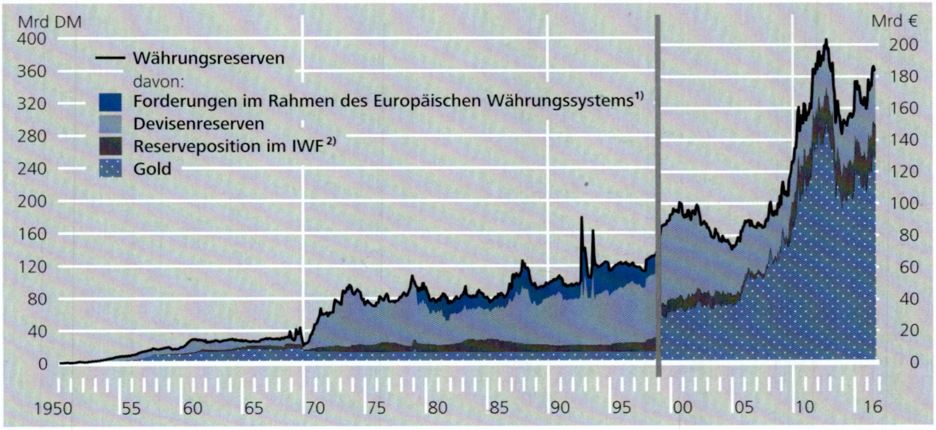

* Bis 1998 bewertet zu Bilanzkursen. Bis Dezember 2000 zum Ende eines jeden Quartals, seit Januar 2001 generell bewertet zu Marktpreisen. Ab 1999 Angaben in Euro. **1** Die Forderungen richten sich bis 1993 an den Europäischen Fonds für Währungspolitische Zusammenarbeit, von 1994 bis Mai 1998 an das Europäische Währungsinstitut und von Juni bis Dezember 1998 an die Europäische Zentralbank. **2** Einschließlich Sonderziehungsrechten.

10.2 Dienstleistungen für Zentralbanken und europäische Institutionen

10.2.1 Anlage von Euro-Devisenreserven für andere Zentralbanken, internationale Organisationen und Währungsbehörden

Die Bundesbank bietet Zentralbanken, Währungsbehörden und internationalen Organisationen außerhalb des Euro-Raums verschiedene Dienstleistungen zur Anlage ihrer Euro-Devisenguthaben an. Damit wird das Eurosystem der Bedeutung gerecht, die der Euro als zweitwichtigste internationale Reservewährung nach dem US-Dollar hat. Bei der Investition von Euro-Devisenguthaben ihrer Kunden am Geldmarkt richtet sich die

Bundesbank nach einheitlichen Regeln des Eurosystems. Grundlage für die Haltung von Euro-Devisenguthaben bei der Bundesbank ist ein Girokonto. Auf Wunsch legt die Bundesbank die Euro-Guthaben bei Banken in Form von Termingeldern an. Abhängig vom Kundenwunsch nimmt die Bundesbank diese Gelder in ihren eigenen Bestand, um sie anschließend im eigenen Namen besichert am Markt zu platzieren, oder sie legt die Gelder als Agent für den Kunden auf dessen Risiko an. Daneben verwahrt und verwaltet die Bundesbank in Euro denominierte Wertpapiere ausländischer Zentralbanken, internationaler Organisationen und Währungsbehörden auf Depotkonten. Im Rahmen dieser Dienstleistung bietet sie ihren Kunden die Möglichkeit, notenbankfähige Anleihen sowie Aktien oder Anteilsrechte am Markt zu kaufen oder zu veräußern. Im Auftrag von Kunden verleiht die Bundesbank auch deren Wertpapiere über das Wertpapierleihesystem des deutschen Zentralverwahrers Clearstream Banking Frankfurt AG. Die erzielten Leihgebühren fließen den Kunden als Ertrag zu. Außerdem können diese Kunden über die Bundesbank Fremdwährungen gegen Euro kaufen oder verkaufen.

Seit Juli 2016 haben Zentralbanken und internationale Organisationen ferner die Möglichkeit, Teile ihrer Währungsreserven im Rahmen eines Portfoliomanagementangebots direkt von der Bundesbank verwalten zu lassen.

10.2.2 Auktionen für europäische Finanzinstitutionen

Die Bundesbank stellt den europäischen Finanzinstitutionen Europäischer Stabilitätsmechanismus (European Stability Mechanism, ESM) und Europäische Finanzstabilitätsfazilität (European Financial Stability Facility, EFSF) die elektronische Auktionsplattform EBS zur Begebung von Schuldverschreibungen zur Verfügung. Sowohl die vorübergehend eingerichtete EFSF als auch der dauerhaft bestehende ESM sollen über Kreditprogramme die Zahlungsfähigkeit von Euro-Mitgliedstaaten bei zeitweiligen Finanzierungsschwierigkeiten sichern. Im Gegenzug verpflichten sich die Staaten zu Reformen. Die EFSF vereinbarte in der Finanz- und Staatsschuldenkrise Kreditprogramme für Irland, Portugal und Griechenland. Seit Oktober 2012 ist der ESM für neue Programme zuständig; er stellte bisher Spanien, Griechenland und Zypern finanzielle Mittel zur Verfügung. EFSF und ESM finanzieren sich ihrerseits vor allem über die Ausgabe von Schuldverschreibungen. Die Bundesbank führt die Wertpapierauktionen technisch durch und sorgt für die Abwicklung der zugeteilten Schuldverschreibungen. Da die gewährten Kredite länger laufen als die ausgegebenen Schuldverschreibungen, begeben EFSF und ESM auch über das Ende der Programme hinaus neue Schuldverschreibungen.

10.3 Dienstleistungen für die öffentliche Hand

10.3.1 Kontoführung und Abwicklung des Zahlungsverkehrs

Die Bundesbank führt Konten für den Bund, für die Sondervermögen des Bundes, für die Bundesländer sowie für weitere öffentliche Verwaltungen und wickelt deren Zahlungen ab. Diese Aufgaben sind in Deutschland seit dem Jahr 1875 der Zentralbank übertragen. Die geltende rechtliche Grundlage ist § 20 des Gesetzes über die Deutsche Bundesbank. Im Juni 2015 führte die Bundesbank ungefähr 1 700 Konten für die öffentliche Hand, und sie wickelte im Jahr 2015 knapp eine halbe Milliarde Zahlungen ab. Dazu gehören taggleiche Euro-Überweisungen, SEPA-Überweisungen, SEPA-Lastschriften und SEPA-Kartenzahlungen. Hinzu kommen grenzüberschreitende Überweisungen in ausländischer Währung und Scheckzahlungen.

Als besondere Dienstleistung bietet die Bundesbank öffentlichen Verwaltungen das automatisierte Verfahren Cash Concentration an, um ihnen am Tagesende einen Überblick über ihre Liquidität zu geben. Dazu werden die möglichen Soll- und Habensalden der einzelnen Konten einer öffentlichen Verwaltung verrechnet und die Liquidität auf einem zentralen Konto zusammengeführt. Nach Artikel 123 des Vertrags über die Arbeitsweise der Europäischen Union dürfen die EZB und die nationalen Zentralbanken des Eurosystems der öffentlichen Hand keine Überziehungs- oder Kreditfazilitäten gewähren. Kontoüberziehungen im

Laufe eines Tages sind zugelassen, einen möglichen Soll-Saldo auf dem zentralen Konto müssen öffentliche Verwaltungen aber vor Tagesabschluss ausgleichen.

10.3.2 Vermögensverwaltung für die öffentliche Hand

Die Bundesbank verwaltet öffentliche Gelder für Bund und Länder, darunter mehrere Pensionsportfolios. Für den Bund legt die Bundesbank die Gelder der Versorgungsrücklage und des Versorgungsfonds an. Zu den gesetzlich zugelassenen Anlageinstrumenten gehören Bundeswertpapiere und andere auf Euro lautende Schuldverschreibungen bester Bonität. Die Versorgungsrücklage wird aus Teilen von Besoldungserhöhungen gespeist und dient zum Ausgleich erhöhter Pensionsbelastungen des Bundes in den Jahren 2018 bis 2032. Der Versorgungsfonds dient zur Kapitaldeckung der Pensionsansprüche aller vom Jahr 2007 an neu eingestellten Bundesbeamten, Bundesrichter und Berufssoldaten. Als gesetzliche Vermögensverwalterin ist die Bundesbank zudem sowohl für die Pensionsvorsorge der Bundesagentur für Arbeit als auch für die Pensionsvorsorge der Bundesanstalt für Finanzdienstleistungsaufsicht verantwortlich. Darüber hinaus verwaltet die Bundesbank die Versorgungsrücklagen und Versorgungsfonds einiger Bundesländer.

Die Bundesbank legt außerdem die Gelder des Pflegevorsorgefonds an, der seit dem Jahr 2015 als staatliche Rücklage für die Pflegeversicherung aufgebaut wird. Sie ist außerdem mit der Verwaltung des „Restrukturierungsfonds für Kreditinstitute" beauftragt, in den alle beitragspflichtigen Banken in Deutschland einzahlen. Der Fonds ist ein Sondervermögen des Bundes, dessen Mittel zur Verfügung stehen, um in Schieflage geratene systemrelevante Banken zu sanieren, umzuorganisieren und nicht-systemrelevante Geschäftsteile gegebenenfalls abzuwickeln. Die Verwaltung der Mittel erfolgt auf der Grundlage einer Verwaltungsvereinbarung, von Anlagerichtlinien und Weisungen der Bundesanstalt für Finanzmarktstabilisierung. Der Bundesbank obliegt auch die Verwaltung des Vermögens der Stiftung „Geld und Währung" nach den Grundsätzen und Richtlinien des Stiftungsrats.

10.3.3 Mitwirkung beim Schuldenmanagement

Als Hausbank des Bundes erbringt die Bundesbank Dienstleistungen bei der staatlichen Kreditaufnahme. Im Auftrag der Bundesrepublik Deutschland – Finanzagentur GmbH und auf Rechnung des Bundes führt sie am Primärmarkt die Auktionen von Bundeswertpapieren über das von ihr entwickelte und betriebene Bund Bietungs-System (BBS) durch. Abgewickelt werden die Wertpapiergeschäfte über die bei der Bundesbank geführten Geld- und Depotkonten des Bundes. Die Bundesbank gewährt dem Bund dabei keinen Kredit und übernimmt Bundeswertpapiere nicht in den eigenen Bestand.

Im Auktionsverfahren werden Bundesanleihen, Bundesobligationen, Bundesschatzanweisungen und Unverzinsliche Schatzanweisungen neu begeben oder aufgestockt. Die Bundesbank übernimmt die Ankündigung und Ausschreibung der Auktionen, die Entgegennahme der Gebote sowie die Bekanntgabe der Zuteilungsbeträge. Bietungsberechtigt sind die Mitglieder der Bietergruppe Bundesemissionen. Dabei handelt es sich um in- und ausländische Kreditinstitute und Wertpapierunternehmen. Über die Höhe der Zuteilung im jeweiligen Auktionsverfahren entscheidet die Finanzagentur.

Bei jeder Auktion hält die Finanzagentur eine Marktpflegequote als Eigenbestand des Bundes zurück, den sie später nach und nach im Rahmen ihrer Sekundärmarktaktivitäten auf Rechnung des Bundes in den Markt gibt. Für alle börsennotierten Bundesemissionen betreibt die Bundesbank im Auftrag der Finanzagentur die Marktpflege an den deutschen Wertpapierbörsen. Die Bundesbank kauft und verkauft dabei auf Rechnung des Bundes Bundeswertpapiere, um einen liquiden Handel dieser Papiere an den Präsenzbörsen sicherzustellen. Investoren und privaten Anlegern soll es möglich sein, Bundeswertpapiere börsentäglich zu einem marktgerechten Kurs zu verkaufen oder weitere Papiere nachzukaufen. Die Bundesbank beteiligt sich für jedes börsennotierte Bundeswertpapier an der Feststellung der Einheitspreise an den sechs deutschen Regionalbörsen sowie des Bundesbank-Referenzpreises an der Frankfurter Wertpapierbörse. Diese täglich veröffentlichten Preise schaffen Transparenz und sind eine wichtige Bezugsgröße am Kapitalmarkt.

Foto: Oliver Ruther

Kapitel 11
Statistik und Forschung

Statistik, Forschung
Informationsgrundlagen liefern, wissenschaftliche Kompetenz einbringen

11.1 Die statistischen Erhebungen

Statistische Daten bilden die informationellen Grundlagen für die geldpolitischen und makroprudenziellen Aufgaben der Bundesbank. Jeder geldpolitischen Entscheidung geht eine monetäre und realwirtschaftliche Analyse voraus, in die Statistiken etwa zur Geldmenge, zum Finanzmarkt, zur Inflation oder zum Arbeitsmarkt einfließen (→ Kapitel Geldpolitik). Ebenso beruht die makroprudenzielle Überwachung auf der Analyse von Daten, mit denen sich aufkommende Risiken für die Finanzstabilität möglichst früh erkennen lassen (→ Kapitel Finanzstabilität). Daher greift die Bundesbank nicht nur auf Daten anderer Träger der amtlichen Statistik zurück, sondern erhebt im gesetzlichen Auftrag selbst statistische Daten. Zusammengefasste (aggregierte) Zeitreihen für die gesamtwirtschaftliche und makroprudenzielle Analyse werden regelmäßig im Monatsbericht, in den Statistischen Beiheften oder auf der Website der Bundesbank veröffentlicht. Das Informationsangebot umfasst monetäre, finanzielle und außenwirtschaftliche Statistiken, umfangreiche Sätze von Kennzahlen sowie saisonbereinigte Konjunkturdaten. Für die Forschung bietet die Bundesbank unter Wahrung des Datenschutzes auch anonymisierte Einzeldaten an.

Artikel 5 der Satzung des Europäischen Systems der Zentralbanken und der Europäischen Zentralbank

Zur Wahrnehmung der Aufgaben des ESZB holt die EZB mit Unterstützung der nationalen Zentralbanken die erforderlichen statistischen Daten entweder von den zuständigen nationalen Behörden oder unmittelbar von den Wirtschaftssubjekten ein. […]. Die […] bezeichneten Aufgaben werden so weit wie möglich von den nationalen Zentralbanken ausgeführt.

Rechtliche Grundlage

Statistische Erhebungen bedürfen einer rechtlichen Grundlage, weil sie zu Belastungen bei den auskunftgebenden Stellen führen und in das Recht auf informationelle Selbstbestimmung eingreifen.

Die Erhebung statistischer Daten durch die Bundesbank für das Europäische System der Zentralbanken (ESZB) ist im europäischen Primärrecht verankert. Die Verordnung über die Erfassung statistischer Daten durch die EZB führt die Vorgehensweise näher aus. Für einzelne Erhebungen erlässt die EZB Verordnungen, die den jeweiligen Kreis der Meldepflichtigen und den jeweiligen Inhalt der Meldepflicht festlegen. Die Lieferverpflichtungen der Bundesbank an die EZB sind in Leitlinien festgelegt.

Auf nationaler Ebene ist das Recht zur Erhebung statistischer Daten im Gesetz über die Deutsche Bundesbank verankert. Für die Außenwirtschaftsstatistik ergibt sich die Zuständigkeit zudem aus dem Außenwirtschaftsgesetz.

§ 18 Bundesbankgesetz

Die Deutsche Bundesbank ist berechtigt, zur Erfüllung ihrer Aufgabe Statistiken auf dem Gebiet des Bank- und Geldwesens bei allen Kreditinstituten, Kapitalverwaltungsgesellschaften und extern verwalteten Investmentgesellschaften anzuordnen und durchzuführen. [...] Die Deutsche Bundesbank kann die Ergebnisse der Statistiken für allgemeine Zwecke veröffentlichen.

Auf dieser Grundlage erlässt die Bundesbank für einzelne statistische Erhebungen Anordnungen, die den jeweiligen Kreis der Meldepflichtigen und den jeweiligen Inhalt der Meldepflicht bestimmen. Weitere Informationen zum statistischen Meldewesen veröffentlicht die Bundesbank auf ihrer Website in den Statistischen Sonderveröffentlichungen sowie in Rundschreiben und gegebenenfalls in Einzelstellungnahmen.

Verwendung der Daten

Für die geldpolitische Entscheidungsfindung ordnet die Bundesbank ihre Daten zusammen mit den preisstatistischen und den realwirtschaftlichen Zeitreihen des Statistischen Bundesamts (Destatis) sowie mit den Ergebnissen für die anderen Staaten des Euro-Raums und für Drittländer in einen gesamtwirtschaftlichen Datenkranz ein. Anhand dessen können der Zustand der Volkswirtschaft und des Finanzsystems beurteilt, Fehlentwicklungen erkannt sowie mögliche geldpolitische Maßnahmen simuliert und deren

Ergebnisse prognostiziert werden. Die Angaben werden auch dazu verwendet, den Erfolg der ergriffenen Maßnahmen zu bewerten und Rückschlüsse für zukünftige Entscheidungen zu ziehen. Außerdem verwendet die Bundesbank statistische Daten für ihre Analysen zur Finanzstabilität, um mögliche Fehlentwicklungen im Finanzsystem zu erkennen. Im Rahmen der makroprudenziellen Entwicklung werden je nach Analyseschwerpunkt ergänzende Quellen wie bankaufsichtliche Daten herangezogen.

Die Daten der Bundesbank dienen nicht nur der Erfüllung ihrer eigenen Aufgaben, sondern im Einklang mit dem Datenschutz vielen anderen Zwecken und Nutzern. Im europäischen Haushaltsüberwachungsverfahren ist die Bundesbank für die Berechnung des öffentlichen Schuldenstands Deutschlands zuständig; die Obergrenze ist seit dem Maastricht-Vertrag der Europäischen Union für jedes Mitgliedsland vorgeschrieben. Das Verfahren der Europäischen Union zur Beseitigung makroökonomischer Ungleichgewichte greift auf viele Statistiken der Bundesbank wie den Leistungsbilanzsaldo, das Netto-Auslandsvermögen sowie die Angaben zur Verschuldung des privaten und des öffentlichen Sektors zurück. Die Statistiken der Bundesbank gehen überdies als Baustein in umfassende deutsche und europäische Rechenwerke ein. Die Zahlungsbilanzstatistik und die Finanzierungsrechnung liefern beispielsweise wichtige Teile für das Kontensystem der Volkswirtschaftlichen Gesamtrechnungen, deren Ergebnisse das Statistische Bundesamt ermittelt.

Darüber hinaus interessieren sich Ministerien, Forschungsinstitute, Universitäten, Nachrichtendienstleister, die Presse und die breite Öffentlichkeit für die statistischen Informationen der Bundesbank. Das Statistikangebot im Internet wird jährlich gut zehn Millionen Mal abgerufen. Zum Jahresende 2015 waren ungefähr 600 Tabellen, 45 000 wirtschaftliche Zeitreihen, 65 000 historische Rechenstände ausgewählter Wirtschaftsindikatoren und 17 000 Zeitreihen der Statistiken des Europäischen Systems der Zentralbanken verfügbar.

Bedeutung von Einzeldaten

Seit der jüngsten Finanz- und Wirtschaftskrise stehen Einzeldaten (Mikrodaten) verstärkt im Interesse der Politikberatung und der Forschung. In der Krise wurde deutlich, dass der Blick auf aggregierte Zeitreihen nicht ausreicht. Stabile Verbraucherpreise garantieren nicht automatisch Finanzstabilität (→ Kapitel Geldpolitik). Einzeldaten ermöglichen es, Muster zu erkennen, die auf mögliche Risiken und systemische Fehlentwicklungen im Finanzsystem deuten. Granulare Angaben über Wertpapiere geben zum Beispiel Aufschluss darüber, welche und wie viele Wertpapiere von welcher Bank oder welchem Unternehmen gehalten werden. Dadurch können nicht nur mögliche Ansteckungseffekte im Bankensektor, sondern auch im Versicherungssektor untersucht werden. Besonders Versicherungsgesellschaften halten Kapitalanlagen überwiegend in Form von Wertpapieren. Für die Analyse von Ansteckungseffekten sind auch Statistiken von Bedeutung, welche die Netzwerke zwischen Personen, Institutionen und Sektoren aufzeigen.

Die Bundesbank verfügt aufgrund der statistischen Erhebungen über Billionen von Einzeldaten aus der Wirtschaft und dem Finanzsystem. Der Nachfrage nach anonymisierten Einzeldaten kommt sie nach, indem diese datenschutzkonform und auswertungsgerecht für interne Analysen und die externe Forschung zur Verfügung gestellt werden.

11.1.1 Die statistische Zusammenarbeit

Die Bundesbank erstellt ihre Statistiken unter Beachtung internationaler Qualitätsvorgaben. Dazu gehören die Grundprinzipien der Vereinten Nationen für amtliche Statistiken sowie internationale und europäische Standards zur Gewährleistung ihrer Qualität. Um einheitliche Konzepte für Statistiken zu entwickeln und Datenlücken zu schließen, wirkt die Bundesbank in mehr als hundert internationalen, europäischen und nationalen statistischen Gremien mit. Mittlerweile ist die Harmonisierung so weit fortgeschritten, dass es kaum noch rein nationale Statistikkonzepte gibt. Zudem dient die statistische Zusammenarbeit der verbesserten Nachvollziehbarkeit und dem verstärkten Datenaustausch durch den Ausbau international vergleichbarer Statistiken auf harmonisierter Grundlage.

In Europa

Im Europäischen System der Zentralbanken arbeitet die Bundesbank eng mit der EZB und den anderen nationalen Zentralbanken zusammen. Die Aufgaben der statistischen Arbeit werden dabei immer stärker durch die fortschreitende europäische Integration bestimmt. Dies gilt besonders für die monetären und finanziellen Statistiken.

Zur Wahrnehmung der Aufgaben im Rahmen des ESZB ist die EZB auf die nationalen Zentralbanken angewiesen, welche die erforderlichen statistischen Daten entweder unmittelbar von Banken und Unternehmen oder von den zuständigen nationalen Behörden erfragen. Die Bundesbank erhebt und prüft die entsprechenden Daten für Deutschland, bereitet sie auf und stellt sie in unterschiedlicher Breite und Tiefe der EZB, aber auch anderen europäischen und internationalen Institutionen und Organisationen sowie der breiten Öffentlichkeit zur Verfügung.

Das Forschungsdaten- und Servicezentrum

Das Forschungsdaten- und Servicezentrum (FDSZ) der Bundesbank arbeitet Einzeldaten zu nutzerfertigen Datensätzen auf, die intern für Analysen und zur Forschung verwendet werden. Zur Veröffentlichung vorgesehene Ergebnisse sind anonymisiert, sodass kein Rückschluss auf einzelne Personen oder Unternehmen möglich ist. Auf ausgewählte Datensätze zu Banken, Wertpapieren, Investmentfonds, nichtfinanziellen Unternehmen und privaten Haushalten können auch externe Forscher an eigens bereitgestellten Arbeitsplätzen zugreifen. Außerhalb ihrer Räume bietet die Bundesbank Daten des Panels on Household Finances an, einer harmonisierten Befragung zu Struktur und Aufbau des Vermögens privater Haushalte in allen Ländern des Euro-Raums. Durch besondere Zugangswege und eine sorgfältige Anonymisierung trägt die Bundesbank auch bei der Datenbereitstellung an externe Forscher dem Datenschutz Rechnung.

Darüber hinaus erhebt und prüft die Bundesbank die deutschen Daten für die Gemeinschaftsdatenbanken des ESZB:

- CSDB (Centralised Securities Database) für Wertpapiere und Wertpapieremittenten des ESZB;

- SHSDB (Securities Holdings Statistics Database) für Bestände an Schuldverschreibungen, Aktien und Investmentfondsanteilen auf Grundlage der einzelnen Wertpapiere. Zusammen mit der EZB hat die Bundesbank hier eine Betreiberrolle;

- RIAD (Register of Institutions and Affiliates Database) für finanzielle Unternehmen sowie für Beteiligungsinformationen über Bankkonzerne.

Für Kredit- und Kreditrisikoinformationen baut das ESZB die Gemeinschaftsdatenbank AnaCredit (Analytical Credit Dataset) auf.

Die Statistiken des ESZB werden auf den Webseiten der EZB und der nationalen Zentralbanken veröffentlicht. Neben Angaben für Deutschland stellt die Bundesbank Zeitreihen zu den statistischen Indikatoren für das Euro-Währungsgebiet (ESZB-Aggregate) und eine Aufgliederung nach den nationalen Beiträgen auf ihrer Internetseite zur Verfügung.

Die Bundesbank ist ferner in das Europäische Statistische System eingebunden. Darin arbeiten das Statistische Amt der Europäischen Union (Eurostat), die nationalen Statistikämter und andere einzelstaatliche statistische Stellen mit dem Ziel zusammen, allgemeine Wirtschaftsstatistiken auf vergleichbarer Grundlage bereitzustellen.

Mit dem Statistischen Bundesamt und der Bundesanstalt für Finanzdienstleistungsaufsicht

Auf nationaler Ebene kooperiert die Bundesbank seit Langem mit dem Statistischen Bundesamt (Destatis), um amtliche Statistiken zu entwickeln, zu erstellen und zu verbreiten.

Die Zusammenarbeit ist in einer gemeinsamen Vereinbarung (Memorandum of Understanding) geregelt. Sie erstreckt sich auf die Volkswirtschaftlichen Gesamtrechnungen, die Finanzierungsrechnung, die Statistiken zum Staatssektor im Zusammenhang mit dem Verfahren bei einem übermäßigen Defizit, die Außenhandelsstatistik und die Zahlungsbilanzstatistik sowie die Unternehmensstatistiken. Auch in Fragen der Saisonbereinigung von Zeitreihen oder bei Statistiken für das Verfahren zur Feststellung makroökonomischer Ungleichgewichte arbeitet die Bundesbank eng mit Destatis zusammen.

Außerdem tauscht die Bundesbank mit der Bundesanstalt für Finanzdienstleistungsaufsicht (BaFin) regelmäßig oder anlassbezogen Daten aus. Auf der Grundlage von Angaben der BaFin über Versicherungsunternehmen erstellt die Bundesbank Analysen und Auswertungen, die sie unter anderem im Finanzstabilitätsbericht veröffentlicht. Eine enge Zusammenarbeit mit der BaFin ist auch für die künftige, harmonisierte ESZB-Versicherungsstatistik vorgesehen.

Mit internationalen Institutionen und Gremien

Auf internationaler Ebene arbeitet die Bundesbank unter anderem mit dem Internationalen Währungsfonds (IWF), dem Finanzstabilitätsrat (FSB), der Gruppe der zwanzig bedeutendsten Industrie- und Schwellenländer (G 20), der Bank für Internationalen Zahlungsausgleich (BIZ) sowie der Organisation für wirtschaftliche Zusammenarbeit und Entwicklung (OECD) zusammen.

Der IWF ist federführend für die internationalen Konzepte der Zahlungsbilanzstatistik und der Statistik über den Auslandsvermögensstatus zuständig. Zudem stellt er Daten auf einheitlicher methodischer Grundlage zusammen, um die wirtschaftlichen, fiskalischen, finanziellen und außenwirtschaftlichen Kennzahlen der Mitgliedsländer laufend überwachen und besser vergleichen zu können. Die Basisdaten stammen dabei aus den Mitgliedstaaten.

Als Antwort auf die Finanzkrisen seit den 1990er-Jahren entwickelte der Internationale Währungsfonds Kennzahlen zur Beurteilung nationaler Finanzsysteme sowie eine einheitliche Veröffentlichungsform für umfassende Datensätze. Die Financial Soundness Indicators (FSIs) und der Special Data Dissemination Standard (SDDS) sollen die Transparenz der Statistiken in den Mitgliedstaaten fördern und die Krisenvorbeugung verbessern. Die Bundesbank, das Statistische Bundesamt und das Bundesministerium der Finanzen veröffentlichen seit dem Jahr 1996 statistische Angaben entsprechend dieser Vorgaben. Gleiches gilt seit dem Jahr 2015 für die zusätzlichen Anforderungen des Special Data Dissemination Standard Plus (SDDS Plus), dessen vollständige Einführung bis zum Jahr 2019 erfolgen soll. Diese Vorgaben sind die international umfassendste Norm für die Bereitstellung von Wirtschafts- und Finanzdaten und liefern auf einer neuen Vergleichsgrundlage wichtige Informationen über finanzielle Risiken und internationale Finanzverflechtungen.

Ferner koordiniert der Internationale Währungsfonds zusammen mit dem Finanzstabilitätsrat die Data Gaps Initiative (DGI) der G 20. Das Vorhaben soll Datenlücken schließen, die im Zuge der jüngsten Finanzkrise zutage getreten waren. Entsprechende Empfehlungen zur Bereitstellung aggregierter Daten und zum Austausch konsistenter Einzeldaten sind umgesetzt und werden weiter ausgebaut. Die Bundesbank ist an der Umsetzung der Empfehlungen beteiligt, trägt zu Diskussionen, Arbeitspapieren und Konferenzen der Initiative bei und stellt die Daten für Deutschland bereit. Sie nutzt selbst die Daten für die Überwachung und Sicherung der Finanzstabilität.

Mit der Bank für Internationalen Zahlungsausgleich arbeitet die Bundesbank auf statistischer Ebene vor allem bei den umfangreichen internationalen Banken-, Wertpapier- und Derivatestatistiken zusammen. Die Daten dienen als Informationsquelle über die Entwicklungen im internationalen Finanzsystem. Die Bedeutung solcher Statistiken hat seit der Finanzkrise stark zugenommen, weil sie die Verflechtungen nationaler Bankensysteme mit einzelnen Ländern darstellen, beispielsweise in Form von grenzüberschreitenden Krediten oder Beständen an Staatsanleihen. Die Bundesbank stellt umfangreiche

Datensätze zu den deutschen Banken zur Verfügung und beteiligt sich an der Weiterentwicklung dieser Statistiken. Zudem nutzt sie selbst die Daten für Analysen nationaler Bankensysteme sowie des globalen Finanzsystems.

Die Organisation für wirtschaftliche Zusammenarbeit und Entwicklung (OECD) stellt umfangreiche Datensätze zur real wirtschaftlichen und finanziellen Entwicklung ihrer Mitgliedstaaten bereit und erleichtert damit länderübergreifende Analysen etwa zur Wirtschaftspolitik, zur Wettbewerbsfähigkeit oder zur Umweltpolitik. Daneben erarbeitet sie die grundlegenden Messkonzepte für die Direktinvestitionen. Die Bundesbank wirkt in verschiedenen Gremien der Organisation an der Entwicklung der Datensätze mit und stellt diese zur Verfügung. Als Nutzerin verwendet die Bundesbank die Angaben besonders für international vergleichende Analysen, die auch Länder außerhalb des Euro-Raums einschließen.

11.1.2 Die Daten der Bundesbank

Die Statistiken der Bundesbank bestehen aus primären Daten, welche sie im gesetzlichen Auftrag selbst erhebt, und aus Sekundärdaten, die sie aus anderen Quellen bezieht. Die Daten werden für den jeweiligen Verwendungszweck aufbereitet und durchlaufen eine strenge Qualitätskontrolle.

Einzelne Statistiken

Die Erfassung des Bankgeschäfts in Deutschland gehört zum Kern der statistischen Erhebungen der Bundesbank. Die Meldungen von Banken, Versicherungsunternehmen, Investmentgesellschaften und Verbriefungszweckgesellschaften liefern wichtige Informationen über die Wirkung geldpolitischer Maßnahmen. Von besonderer Bedeutung ist die monatliche Bilanzstatistik, für welche die Aktiva und Passiva aller Banken und anderen finanziellen Institute in Deutschland erhoben werden. Aus den konsolidierten Ergebnissen wird der deutsche Beitrag zur Geldmenge im Euro-Währungsgebiet ermittelt. Darüber hinaus werden wichtige Bilanzpositionen wie zum Beispiel Kredite nach

Wirtschaftssektoren, Branchen und Fristen aufbereitet. Im September jeden Jahres erscheint ein ausführlicher Aufsatz zur Ertragslage der Kreditinstitute im Monatsbericht der Bundesbank.

Aus den Statistiken zur deutschen Außenwirtschaft lassen sich Informationen über die Wirtschaftsbeziehungen Deutschlands mit anderen Ländern erschließen. Im gesetzlichen Auftrag erstellt die Bundesbank die deutsche Zahlungsbilanz, in der die wirtschaftlichen Vorgänge zwischen Inländern und Gebietsfremden innerhalb eines bestimmten Zeitraums umfassend dargestellt werden. Als korrespondierende Bestandsrechnung zur Zahlungsbilanz ermittelt die Bundesbank den Auslandsvermögensstatus. Er zeigt auf, wie groß das im Ausland gehaltene Vermögen der Deutschen ist und welche Forderungen Ausländer gegenüber Gebietsansässigen haben. Die Statistik über die Direktinvestitionen gibt Auskunft über die Kapitalbeziehungen aus Beteiligungen von Inländern an Unternehmen im Ausland beziehungsweise von Ausländern an Unternehmen in Deutschland zu bestimmten Zeitpunkten.

Ferner erstellt die Bundesbank Statistiken, in denen die wirtschaftlichen Tätigkeiten der Unternehmen und privaten Haushalte abgebildet werden. In den Konjunkturstatistiken des Inlands werden die monetären und realwirtschaftlichen Indikatoren für die laufende Konjunkturanalyse in Deutschland zusammengetragen, die auch aus anderen Quellen stammen. Die allgemeine Preisentwicklung wird durch den Verbraucherpreisindex (VPI) und den Harmonisierten Verbraucherpreisindex (HVPI) abgebildet, deren Werte das Statistische Bundesamt ermittelt. Darüber hinaus stellt die Bundesbank Kennzahlen zur Lage auf dem deutschen Wohnimmobilienmarkt sowie Preisstatistiken für gewerblich genutzte Immobilien zur Verfügung. In der Unternehmensabschlussstatistik auf Einzelabschlussbasis werden Bilanzen und Erfolgsrechnungen rechtlich selbständiger nichtfinanzieller deutscher Unternehmen veröffentlicht. Ergänzend enthält die Konzernabschlussstatistik Kennzahlen zur Vermögens-, Finanz- und Ertragslage weltweit konsolidierter Abschlüsse deutscher Unternehmensgruppen.

Daten zur wirtschaftlichen Lage der privaten Haushalte in Deutschland erhebt und analysiert das Forschungszentrum der Bundesbank im „Panel on Household Finances". Diese harmonisierte Befragung ist Teil eines länderübergreifenden Projekts der Zentralbanken des Eurosystems.

Saison- und Kalenderbereinigung

Zur vertieften Konjunkturanalyse lassen sich aus den Ursprungsdaten Einflüsse herausfiltern, die jährlich in bestimmten Monaten oder Quartalen in ähnlichem Ausmaß wiederkehren (zum Beispiel Wettereinflüsse) oder die sich aus Verschiebungen im Kalender (zum Beispiel die Lage von Ostern im März oder April) ergeben. Die Bundesbank bereinigt monatlich mehr als 15 000 Zeitreihen von den durchschnittlichen saisonalen oder kalenderbedingten Wirkungen. Dabei arbeitet sie zum Teil mit dem Statistischen Bundesamt und der Bundesagentur für Arbeit zusammen. Die Saison- und Kalenderbereinigung erfolgt mithilfe des international verwendeten Programms Census X-12-ARIMA. Fachleute der Bundesbank sind daran beteiligt, die Saisonbereinigungssoftware weiterzuentwickeln und die Anwendung in Europa zu harmonisieren.

Kaufkraftberechnung

Aufgrund ihres Zugangs zu historischen Datensammlungen bietet die Bundesbank an, die heutige Kaufkraft von Geldbeträgen aus der Vergangenheit zu berechnen. Dies geschieht anhand historischer Zeitreihen des Verbraucherpreisindex und vorheriger Preisindizes, bei Anfragen zu ausländischen Währungen auch anhand historischer Wechselkursdaten.

11.2 Die Forschung in der Bundesbank

Die Bundesbank betreibt Forschung, um den Wissensstand in ihren wesentlichen Aufgabenfeldern zu erweitern. Die gewonnene Kompetenz trägt dazu bei, die politischen Mandate und die weiteren Aktivitäten der Bundesbank zu erfüllen. Dies betrifft vor allem die Geldpolitik, die Finanzstabilität und die Bankenaufsicht, aber auch Statistik, Zahlungsverkehr und Bargeld. Die Mitarbeiter forschen sowohl in den Zentralbereichen als auch fachübergreifend im Forschungszentrum, das die Forschung in der Bundesbank koordiniert. Die Forschung steuert in Diskussionen zu wichtigen Fragestellungen wissenschaftliche Argumente bei und kann bestehende Argumentationslinien schärfen. Forschung hilft, komplexe wirtschaftliche Zusammenhänge durch theoretische und empirische Modelle abzubilden und die Auswirkungen alternativer Maßnahmen abzuschätzen. Neue wissenschaftliche Methoden und Ergebnisse können die Analysen verbessern, die den Vertretern der Bundesbank in den verschiedenen politischen Gremien als Entscheidungsgrundlage dienen. Im Eurosystem spielt dies eine große Rolle, weil in den Gremien Mehrheitsentscheidungen getroffen werden und ein Wettbewerb um Argumente besteht. Mit der Qualität der Argumente steigt der Einfluss in den Beratungen und Entscheidungen. Gleichzeitig hilft eigene Forschung, sich fachkundig mit den wissenschaftlichen Standpunkten anderer Zentralbanken und Organisationen auseinanderzusetzen.

Die Bundesbank nutzt die Ergebnisse der Forschung auch für die Kommunikation ihrer Positionen. Zur Untermauerung von Thesen greifen der Bundesbankpräsident und die anderen Vorstandsmitglieder wissenschaftliche Ergebnisse in ihren Reden auf. Forschungsergebnisse gehen zudem regelmäßig in die Monatsberichte oder in den jährlichen Finanzstabilitätsbericht ein. Im Newsletter „Research Brief" bereitet das Forschungszentrum zudem ausgewählte Forschungsprojekte für eine interessierte Öffentlichkeit verständlich auf.

Darüber hinaus werden in Forschungsprojekten häufig Methoden und Verfahren entwickelt, die dann in der laufenden Arbeit der Bundesbank Anwendung finden. Beispiele sind gesamtwirtschaftliche Modelle zur Analyse aktueller geldpolitischer Fragestellungen oder neue Verfahren für die gesamtwirtschaftlichen Prognosen.

11.2.1 Eigene Forschung und wissenschaftlicher Austausch

In der Bundesbank werden eigene wissenschaftliche Arbeiten erstellt, die politikrelevante Fragen beantworten sollen. Dabei orientieren sich die Forschungsarbeiten eng an der wissenschaftlichen Fachliteratur, aus der wichtige Anstöße zur Überarbeitung von Zentralbankpositionen und neue Ansätze zur Lösung aktueller Fragen gewonnen werden können. Neue Forschungsansätze zur Erklärung wirtschaftlicher Entwicklungen werden auf ihre Bedeutung für die Aufgaben der Bundesbank kritisch überprüft und gegebenenfalls auf eigene Fragestellungen übertragen. Eigene Analysen helfen dabei, die Möglichkeiten und Grenzen der zum Teil gegensätzlichen wissenschaftlichen Ansätze einschätzen zu können. Oftmals sind auch eigene empirische Analysen notwendig, zum Beispiel um die Gültigkeit bestehender Forschungsergebnisse für Daten aus Deutschland und dem Euro-Raum zu überprüfen und sie für die Aufgaben der Bundesbank anzupassen. Damit erweitert die Forschung der Bundesbank die bestehende Literatur um neue Aspekte. Durch die intensive Auseinandersetzung mit der aktuellen wissenschaftlichen Literatur bilden sich die Mitarbeiter theoretisch und methodisch weiter, sodass sie bei neuen Fragestellungen schneller Lösungen aus dem aktuellen Stand der Wissenschaft finden können.

Die Ergebnisse einer Forschungsarbeit werden zunächst als Diskussionspapier veröffentlicht und dem wissenschaftlichen Diskurs ausgesetzt. Der Veröffentlichung geht ein Gutachterverfahren voraus, in dem interne und externe Fachleute die Eignung des Forschungsansatzes prüfen. Dies stellt eine hohe Qualität der Forschung sicher und sorgt dafür, dass andere Zentralbanken und die akademische Welt die Arbeit wahrnehmen. Gemäß internationalen Wissenschaftsstandards soll eine Forschungsarbeit danach in einer angesehenen internationalen Fachzeitschrift veröffentlicht werden, was mit einem weiteren Gutachterverfahren verbunden ist. Wird ein Aufsatz in einem solchen Journal veröffentlicht, trägt dies positiv zur Reputation der Bundesbank bei. Werden wissenschaftliche Argumente und Forschungsergebnisse dann verwendet, um politische Positionen zu begründen, kann dies die Glaubwürdigkeit der Zentralbank positiv beeinflussen.

Um Forschungsergebnisse international bekannt zu machen, stellen die Mitarbeiter der Bundesbank ihre wissenschaftlichen Arbeiten auf Wissenschaftskonferenzen zur Diskussion. Die Bundesbank veranstaltet oftmals in Zusammenarbeit mit anderen Zentralbanken oder akademischen Institutionen Konferenzen und Workshops. Zudem laden das Forschungszentrum und andere Fachbereiche der Bundesbank regelmäßig Wissenschaftler für Vorträge ein. Darüber hinaus verpflichtet die Bundesbank Forschungsprofessoren, welche die Mitarbeiter beraten oder als Mitverfasser von Diskussionspapieren tätig sind. Ein wissenschaftlicher Beirat aus sechs Professoren berät die Bundesbank in der strategischen Ausrichtung der Forschung und zum aktuellen Forschungsprogramm.

11.2.2 Forschungsthemen

Angesichts ihrer vielfältigen Aufgaben forscht die Bundesbank zu verschiedenen und immer wieder neuen Fragestellungen. Die aktuellen Forschungsprojekte lassen sich in vier Themengruppen einteilen:

- Geldpolitik im Umfeld niedriger Zinsen und niedriger Inflationsraten;

- Heterogenität im Euro-Raum;

- Finanzstabilität;

- Wechselwirkungen zwischen Finanzintermediären (wie Banken und Versicherungsgesellschaften) sowie deren Wechselwirkungen mit der Realwirtschaft.

Seit der globalen Finanzkrise und der europäischen Staatschuldenkrise ist die Geldpolitik des Eurosystems durch niedrige Leitzinsen und umfangreiche außergewöhnliche Maßnahmen gekennzeichnet. Gleichzeitig liegen die Inflationsraten im Euro-Raum unterhalb des Preisstabilitätsrichtwerts des EZB-Rats (→ Kapitel Geldpolitik). Verschiedene Forschungsprojekte befassen sich mit den langfristigen Inflationserwartungen und deren

Verankerung mit dem Inflationsziel des Eurosystems. Weitere Forschungsprojekte untersuchen, wie sich die krisenbedingten geldpolitischen Maßnahmen auf das Anlageverhalten von Banken und Versicherungen, auf die Kreditvergabe der Banken an Unternehmen und private Haushalte sowie auf Investitionen und Produktion auswirken. Darüber hinaus beeinflussen die niedrigen Zinsen das Spar- und Anlageverhalten und damit die Vermögensverteilung der privaten Haushalte, was ebenfalls Gegenstand eigener Forschung ist.

In der Europäischen Währungsunion stehen der gemeinsamen Geldpolitik die nationalen Finanzpolitiken der Mitgliedsländer gegenüber. Die Länder des Euro-Raums sind wirtschaftlich sehr verschieden, zum Teil weichen die Schuldenstände der öffentlichen Haushalte und die Arbeitslosenquoten beträchtlich voneinander ab. Einige Forschungsprojekte der Bundesbank befassen sich mit den Ursachen für diese Heterogenität und analysieren, wie sich dies auf die gemeinsame Geldpolitik auswirkt.

Forschungsprojekte zur Finanzstabilität beschäftigen sich unter anderem mit dem Erkennen systemischer Risiken, der Entwicklung entsprechender Frühwarnindikatoren sowie der Auswahl und Kalibrierung makroprudenzieller Instrumente wie zum Beispiel antizyklischer Kapitalpuffer für Banken (→ Kapitel Finanzstabilität). Weitere Forschungsthemen zur Finanzstabilität sind die Wechselwirkungen zwischen Geldpolitik und makroprudenzieller Politik, die Entwicklung effektiver Mechanismen zur Sanierung und Abwicklung von Banken, die Ausgestaltung von Stresstests für Banken und Versicherungsgesellschaften, die Struktur der Netzwerke zwischen Banken sowie daraus resultierende Ansteckungseffekte.

Die möglichen Einflussgrößen der Kreditvergabe durch Finanzintermediäre sowie deren Wechselwirkungen mit der Realwirtschaft sind ein weiterer wichtiger Forschungsbereich. Im Zentrum stehen dabei die Rolle des Wettbewerbs zwischen Banken, die Bedeutung der Geschäftsmodelle sowie die Risikobereitschaft der Kreditinstitute. Einzelne Projekte beschäftigen sich mit dem Einfluss der Kapitalkosten der Banken auf die Kreditvergabe in normalen Zeiten und in Krisen. Für eine angemessene Geldpolitik ist auch das tiefere Verständnis der Kreditentwicklung über den Konjunkturzyklus hinweg wichtig. Hierbei steht besonders die Wirksamkeit verschiedener regulatorischer Instrumente im Blickpunkt der Analyse und Bewertung. Schließlich wird die Bedeutung von Finanzintermediären für die Verbindungen und wechselseitigen Abhängigkeiten zwischen Finanzmärkten untersucht.

Die Bundesbank ist darüber hinaus zusammen mit der schwedischen und kanadischen Zentralbank sowie der Federal Reserve Bank of New York im Trinity-Netzwerk tätig. Die Zusammenarbeit soll das Verständnis über die komplexen Wechselwirkungen zwischen Geldpolitik, Fiskalpolitik und Finanzstabilitätspolitik verbessern. Dazu werden theoretische und empirische Modelle aufgestellt, welche die Wirkungen einzelner Entscheidungen auf die anderen Politikfelder abbilden. Diese sollen Vorhersagen und kontrafaktische Analysen ermöglichen. Aus den Forschungsergebnissen lassen sich zudem Rückschlüsse für eine bestmögliche Ausgestaltung der einzelnen Politikfelder ziehen.

Foto: Frank Rumpenhorst

Kapitel 12
Die Öffentlichkeitsarbeit

Die Öffentlichkeitsarbeit
Verständnis für stabiles Geld vermitteln

12.1 Die Kommunikation

Der Kommunikation einer Zentralbank kommt eine wichtige Rolle zu, um die Wirksamkeit der Geldpolitik zu erhöhen. Der Erfolg der Geldpolitik im Eurosystem hängt wesentlich von den Erwartungen aller Teilnehmer im Wirtschafts- und Finanzsystem sowie dem Vertrauen der Bevölkerung ab. Für eine auf Preisstabilität ausgerichtete Zentralbank ist es wichtig, dass Unternehmen, Gewerkschaften, Verbraucher und Finanzmarktteilnehmer langfristig die Inflationsraten erwarten, die der Definition von Preisstabilität entsprechen. Sind die Inflationserwartungen auf dem Niveau von Preisstabilität „verankert", gibt es etwa seitens der Gewerkschaften bei Lohnverhandlungen keine außerordentlichen Inflationsaufschläge.

Die Fähigkeit einer Zentralbank, die Wirtschaft zu beeinflussen, hängt zugleich maßgeblich davon ab, ob sie die Markterwartungen über den künftigen Pfad der Leitzinsen und andere geldpolitische Maßnahmen beeinflussen kann. Gut gesteuerte Erwartungen können eine wesentliche Verbindung zwischen Kurz- und Langfristzinsen herstellen und so die Wirksamkeit der Geldpolitik erhöhen (→ Kapitel Geldpolitik). Die Kommunikation kann die Vorhersehbarkeit künftiger geldpolitischer Entscheidungen verbessern, indem die Zentralbank über ihre geldpolitischen Ziele und ihre geldpolitische Strategie sowie die Wirtschaftsaussichten informiert und glaubhaft ihre Positionen vertritt. Darüber hinaus sind viele Zentralbanken in der Welt – auch die Europäische Zentralbank – inzwischen dazu übergegangen, deutlichere Signale für die zukünftige Geldpolitik zu geben („Forward Guidance").

Die Kommunikation der Bundesbank

Ziel der Kommunikation der Deutschen Bundesbank ist es zudem, Rechenschaft zu geben, Transparenz zu schaffen und das Vertrauen in den Euro zu erhalten. Aufgrund ihrer Verantwortung für stabiles Geld sieht sich die Bundesbank in der besonderen Pflicht, die Bevölkerung in Deutschland für die Geldpolitik zu sensibilisieren und die komplexen Zusammenhänge verständlich zu machen. Um diese Ziele zu erreichen, erläutert die Bundesbank die Geldpolitik des Eurosystems und bezieht Position dazu. Sie äußert sich außerdem zur Finanz- und Währungsstabilität, zur Bankenaufsicht und zum Zahlungsverkehr und klärt über Falschgeld auf. Zudem veröffentlicht sie ihre Analysen etwa zu Themen der Finanzpolitik und der Wirtschaftspolitik, um Einfluss auf politische Entscheidungen – zum Beispiel über den Ordnungsrahmen der Europäischen Wirtschafts- und Währungsunion – zu nehmen.

In der Kommunikation mit den Medien werden regelmäßig und umfassend Standpunkte und Hintergründe zur Arbeit der Bundesbank vermittelt. In Interviews, Pressegesprächen oder Pressekonferenzen nimmt die Bundesbank zu aktuellen und grundsätzlichen Fragen Stellung. Nationale und internationale Medien veröffentlichen und kommentieren diese Botschaften und informieren so eine breite Öffentlichkeit über die Arbeit der Bundesbank.

Interessierte Bürger sowie Fachleute können sich auch direkt bei der Bundesbank informieren. Die direkte Kommunikation mit der Öffentlichkeit findet vor allem über die Website der Bundesbank und über die sozialen Medien statt. Hier sind die aktuellen Themen rund um Geld, Geldpolitik und Wirtschaft aufbereitet. Auf der Website sind darüber hinaus Publikationen wie die Monatsberichte und die jährlichen Geschäfts- und Finanzstabilitätsberichte sowie ein umfangreiches Angebot an Statistiken und Kennzahlen abrufbar. Zudem sind Reden und Interviews der Vorstandsmitglieder eingestellt sowie Live-Übertragungen von Veranstaltungen und Videos zu bundesbankspezifischen Themen – beispielweise den deutschen Goldreserven – abrufbar.

Wichtig in der direkten Kommunikation sind auch das Bürgertelefon und Veranstaltungen der Bundesbank wie etwa öffentliche Vorträge im Geldmuseum am Standort der Zentrale in Frankfurt am Main. In der Veranstaltungsreihe „Forum Bundesbank" bietet die Bundesbank in ihren Hauptverwaltungen und an anderen ausgewählten Standorten regelmäßig Vorträge zu aktuellen Fragen des Geldwesens und der Geld-, Finanz- und Wirtschaftspolitik an. In anschließenden Gesprächsrunden sind die Besucher eingeladen, mit den Fachleuten zu diskutieren. Auch auf verschiedenen Messen nutzt die Bundesbank die Möglichkeit zum direkten Austausch.

12.2 Die ökonomische Bildung

Die Bundesbank vermittelt grundlegende Kenntnisse über Geld und Geldpolitik. Ziel der ökonomischen Bildung ist es, über die Aufgaben der Bundesbank und des Eurosystems zu informieren und das Verständnis für die Bedeutung stabilen Geldes zu stärken. Das Bildungsangebot der Bundesbank richtet sich an die interessierte Öffentlichkeit und besonders an Lehrer, Schüler und Studenten.

Die Bundesbank bietet auf Schüler- und andere Zielgruppen abgestimmte Bildungsmaterialien in gedruckter und elektronischer Form an. Zudem halten Bundesbankmitarbeiter Vorträge für Besuchergruppen sowie Seminare für Lehrkräfte. Dabei arbeitet die Bundesbank mit Schulen, öffentlichen Institutionen der Lehrerbildung, den Bildungsministerien sowie Universitäten zusammen. Als unabhängige Zentralbank verhält sie sich in bildungspolitischen Fragen neutral. Auf Anfrage berät sie öffentliche Institutionen bei der Erstellung von Lehrplänen oder Lehrmaterialien zu Zentralbankthemen.

Sowohl die Zentrale in Frankfurt am Main als auch die Hauptverwaltungen richten Vortragsveranstaltungen und Lehrerseminare aus. Damit gewährleistet die Bundesbank einen flächendeckenden Zugang zur ökonomischen Bildung. Zum Teil finden die Veranstaltungen in der Zentrale und in den Hauptverwaltungen, zum Teil vor Ort in den Schulen, in den Bildungsinstituten der Lehrkräfte sowie in den Universitäten statt. Die Inhalte der ökonomischen Bildung der Bundesbank leiten sich aus ihren Kernaufgaben – Geldpolitik, Finanz- und Währungsstabilität, Bankenaufsicht, Bargeld, unbarer Zahlungsverkehr – ab. Darüber hinaus informiert die Bundesbank über damit zusammenhängende Themen wie die Finanz- und Staatsschuldenkrise, Konjunktur oder Falschgeld. Auf aktuelle Fragen der Öffentlichkeit gehen die Referenten der Bundesbank besonders in den Vortragsveranstaltungen ein. Lehrer und Schüler haben zudem in regelmäßig ausgerichteten Treffen die Gelegenheit, direkt mit dem Bundesbankpräsidenten geldpolitische Themen für den Unterricht zu diskutieren.

Alle Materialien werden kostenfrei abgegeben. Der Eintritt zu den Vorträgen ist frei. Für Interessierte sind auch die Fachbibliothek, das historische Archiv und das Pressearchiv der Bundesbank unentgeltlich zugänglich.

Das Geldmuseum

Im Geldmuseum informiert die Bundesbank die Öffentlichkeit über das Geldwesen und über die stabilitätspolitische Verantwortung der Zentralbank für das Geld. Das Museum ist zugleich ein wichtiger Veranstaltungsort der Bundesbank für Vorträge und Workshops. Es befindet sich am Standort der Zentrale in Frankfurt am Main. Die Dauerausstellung, die inzwischen umfassend neu gestaltet wurde, führt in einem Rundgang durch die Themen „Bargeld“, „Buchgeld“, „Geldpolitik“ und „Geld Global“. In Alltagssituationen und anhand historischer Beispiele erfahren Besucher, welche Bedeutung Geld und ein stabiler Geldwert in einer Volkswirtschaft haben. Für Kinder gibt es altersangemessene Exponate. Die Grundlagen der Geldpolitik und die Arbeit der Zentralbanken werden umfassend erläutert und historisch beleuchtet. Die vielfältigen Tätigkeiten der Bundesbank in Deutschland, im Eurosystem sowie international sind anschaulich dargestellt, Aufgaben im Bereich der Bankenaufsicht und der Finanzmarktstabilität ausdrücklich berücksichtigt. Gleichzeitig erzählt die Ausstellung anhand vieler Museumsstücke die Geschichte des Geldes von den Anfängen der Münzprägung bis in die Gegenwart.

Foto: Dieter Roosen

Anhang

Die Präsidenten der Bundesbank

Einschließlich des Vorläuferinstituts „Bank deutscher Länder" hatte die Deutsche Bundesbank bislang elf Präsidenten. Vom Gründungsdatum 1. August 1957 an nahmen Karl Bernard und Wilhelm Vocke die Aufgaben des Bundesbankpräsidenten bis zum Jahresende wahr. Bernard war zuvor Präsident des Zentralbankrats der Bank deutscher Länder und Vocke Präsident des Direktoriums der Bank deutscher Länder gewesen. Im Jahr 2004 leitete der damalige Vizepräsident Jürgen Stark die Bundesbank für zwei Wochen interimistisch.

Der Präsident wird von der Bundesregierung vorgeschlagen und vom Bundespräsidenten bestellt. Wie auch die anderen Mitglieder des Bundesbankvorstands wird er in der Regel für acht Jahre berufen. Die Bundesbank ist bei der Ausübung der Befugnisse, die ihr nach dem Gesetz über die Deutsche Bundesbank zustehen, von Weisungen der Bundesregierung unabhängig.

Jens Weidmann
seit 01.05.2011

Karl Blessing
01.01.1958 bis
31.12.1969

Karl Klasen
01.01.1970 bis
31.05.1977

Otmar Emminger
01.06.1977 bis
31.12.1979

Karl Otto Pöhl
01.01.1980 bis
31.07.1991

Helmut Schlesinger
01.08.1991 bis
30.09.1993

Hans Tietmeyer
01.10.1993 bis
31.08.1999

Ernst Welteke
01.09.1999 bis
16.04.2004

Axel A. Weber
30.04.2004 bis
30.04.2011

Rechtliche Grundlagen

Gesetz über die Deutsche Bundesbank (Bundesbankgesetz, BBankG)
in der Fassung der Bekanntmachung vom 22. Oktober 1992 (BGBl. I S. 1782), das zuletzt durch Artikel 23 des Gesetzes vom 4. Juli 2013 (BGBl. I S. 1981) geändert worden ist

Protokoll (Nr. 4) über die Satzung des Europäischen Systems der Zentralbanken und der Europäischen Zentralbank
konsolidierte Fassung vom 26. Oktober 2012, ABl. C 326, S. 230

Vertrag über die Arbeitsweise der Europäischen Union (AEUV)
konsolidierte Fassung vom 26. Oktober 2012, ABl. C 326, S. 47

Gesetz zur Überwachung der Finanzstabilität (Finanzstabilitätsgesetz – FinStabG)
vom 28. November 2012 (BGBl. I S. 2369), das zuletzt durch Artikel 2 Absatz 36 des Gesetzes vom 1. April 2015 (BGBl. I S. 434) geändert worden ist

Gesetz über das Kreditwesen (Kreditwesengesetz – KWG)
in der Fassung der Bekanntmachung vom 9. September 1998 (BGBl. I S. 2776), das durch Artikel 4 des Gesetzes vom 30. Juni 2016 (BGBl. I S. 1514) geändert worden ist

Organisationsstatut für die Deutsche Bundesbank
Beschluss des Vorstands der Deutschen Bundesbank vom 8. Mai 2002 gemäß § 7 Abs. 1 Satz 3 BBankG (Mitteilung Nr. 1002/2002, BAnz, 08.06.2002), zuletzt geändert durch Beschluss des Vorstands der Deutschen Bundesbank vom 8. März 2016 (Mitteilung Nr. 1001/2016, BAnz AT 15.06.2016 B5)

Verhaltenskodex für die Mitglieder des Vorstands der Deutschen Bundesbank

Beschluss des Vorstands der Deutschen Bundesbank vom 2. Juli 2012 (Mitteilung Nr. 1002/2012, BAnz AT 08.08.2012 B5), zuletzt geändert durch Beschluss des Vorstands der Deutschen Bundesbank vom 15. März 2016 (Mitteilung Nr. 1002/2016, BAnz AT 15.06.2016 B6)

Weiterführende Literatur

Kapitel 2

Zentralbankgeschichte in Deutschland

Abelshauser, W. (2011), Deutsche Wirtschaftsgeschichte: von 1945 bis zur Gegenwart, 2. Aufl., München.

Deutsche Bundesbank (1998), Fünfzig Jahre Deutsche Mark. Notenbank und Währung in Deutschland seit 1948, hrsg. v. Deutsche Bundesbank, München.

Lindenlaub, D. (2013), Die Errichtung der Bank deutscher Länder und die Währungsreform von 1948: Die Begründung einer stabilitätsorientierten Geldpolitik, in: Schlüsselereignisse der deutschen Bankengeschichte, hrsg. v. Institut für bankhistorische Forschung e. V., Dieter Lindenlaub, Carsten Burhop, Joachim Scholtyseck, Stuttgart, S. 297-319.

Lindenlaub, D. (2002), Die Glaubwürdigkeit einer neuen Währung: Die Einführung der Mark in Deutschland 1872-1876, in: Bankhistorisches Archiv, Band 28, S. 21-39.

Lindenlaub, D. (2014), Vom Wechselkursverbund zur gemeinsamen Währung: Stufen und Probleme der europäischen Währungsintegration seit dem Zerfall des Bretton-Woods-Systems, in: Clio online – Themenportal Europäische Geschichte, online abrufbar: http://www.europa.clio-online.de/site/lang__de/ItemID__667/mid__11428/40208214/default.aspx [Stand: 05.07.2016].

Richter, R. (1999), Deutsche Geldpolitik 1948-1998 im Spiegel der zeitgenössischen wissenschaftlichen Diskussion, Tübingen.

Kapitel 3

Das Eurosystem und die Bundesbank

Deutscher Bundestag (2001), Entwurf eines Siebenten Gesetzes zur Änderung des Gesetzes über die Deutsche Bundesbank mit Begründung, BT-Drucksache Nr. 14/6879 vom 7.9.2001, online abrufbar: http://dipbt.bundestag.de/doc/btd/14/068/1406879.pdf [Stand: 05.07.2016].

Europäische Zentralbank (2011), Die Geldpolitik der EZB, online abrufbar: https://www.ecb.europa.eu/pub/pdf/other/monetarypolicy2011de.pdf [Stand: 12.07.2016].

Gramlich, L. (1988), Bundesbankgesetz, Währungsgesetz, Münzgesetz: Kommentar, Köln.

Gramlich, L. (1988), Die Deutsche Bundesbank im Verfassungsgefüge des Grundgesetzes, in: Juristische Schulung, S. 81-84.

Hahn, P. (1957), Das Gesetz über die Deutsche Bundesbank mit amtlicher Begründung und Bericht des Bundestagsausschusses für Geld und Kredit, Kurzkommentar mit vergleichender Tabelle, in: Handbücherei des Steuer- und Wirtschaftsrechts, Band 12, Bonn.

Siekmann, H. (2016), Ziele, Aufgaben und Befugnisse des Europäischen Systems der Zentralbanken, in: Working Paper Series, Nr. 101 (2016), hrsg. v. Institute for Monetary and Financial Stability, Frankfurt am Main.

Spindler, J., W. Becker und O.-E. Starke (1973), Die Deutsche Bundesbank: Grundzüge des Notenbankwesens und Kommentar zum Gesetz über die Deutsche Bundesbank, 4. Aufl., Stuttgart.

Kapitel 4

Die Geldpolitik des Eurosystems

Bindseil, U. (2014), Monetary Policy Operations and the Financial System, Oxford.

Europäische Zentralbank (2011), Die Geldpolitik der EZB, online abrufbar: https://www.ecb.europa.eu/pub/pdf/other/monetarypolicy2011de.pdf [Stand: 12.07.2016].

Europäische Zentralbank (2014), Leitlinie (EU) 2015/510 der Europäischen Zentralbank vom 19. Dezember 2014 über die Umsetzung des geldpolitischen Handlungsrahmens des Eurosystems (EZB/2014/60), Neufassung, in: Amtsblatt der Europäischen Union Nr. L 91/3 vom 2.4.2015, online abrufbar: http://eur-lex.europa.eu/legal-content/DE/TXT/PDF/?uri=OJ:L:2015:091:FULL&from=DE [Stand: 06.07.2016].

Gerdesmeier, D. (2010), Geldtheorie und Geldpolitik. Eine praxisorientierte Einführung, 3. Aufl, Frankfurt am Main.

Görgens, E., K. Ruckriegel und F. Seitz (2013), Europäische Geldpolitik: Theorie, Empirie, Praxis, 6. Aufl., Konstanz und München.

Kapitel 5

Die Finanzstabilität

Admati, A. und M. Hellwig (2013), The Bankers' New Clothes: What's Wrong with Banking and What to Do about It, Princeton.

Deutsche Bundesbank (2016), Finanzstabilitätsbericht 2016, Frankfurt am Main.

Deutsche Bundesbank (2013), Finanzstabilitätsrat, in: Weltweite Organisationen und Gremien im Bereich von Währung und Wirtschaft, hrsg. v. Deutsche Bundesbank, Frankfurt am Main, S. 143-155.

Dombret, A. und O. Lucius (2013), Stability of the Financial System. Illusion or Feasible Concept?, Cheltenham.

Reinhart, C. M. und K. S. Rogoff (2009), This Time is Different: Eight Centuries of Financial Folly, Princeton.

Schoenmaker, D. und P. Wierts (2016), Macroprudential supervision: From theory to policy, in: National Institute Economic Review Nr. 235, hrsg. v. National Institute of Economic and Social Research, London, S. R50-R62.

Kapitel 6
Die Bankenaufsicht

Admati, A. und M. Hellwig (2013), The Bankers' New Clothes: What's Wrong with Banking and What to Do about It, Princeton.

Boccuzzi, G. (2016), The European Banking Union. Supervision and Resolution, Palgrave Macmillan Studies in Banking and Financial institutions, Basingstoke.

Deutsche Bundesbank (2014), Der Start in die Bankenunion: Der einheitliche Aufsichtsmechanismus in Europa, in: Monatsbericht Oktober 2014, 66. Jg., Nr. 10, hrsg. v. Deutsche Bundesbank, Frankfurt am Main, S. 45-67.

Deutsche Bundesbank (2000), Die Mitwirkung der Deutschen Bundesbank an der Bankenaufsicht, in: Monatsbericht September 2000, 52. Jg., Nr. 9, hrsg. v. Deutsche Bundesbank, Frankfurt am Main, S. 33-45.

Deutsche Bundesbank (2013), Gemeinsame europäische Bankenaufsicht – Erster Schritt auf dem Weg zur Bankenunion, in: Monatsbericht Juli 2013, 65. Jg., Nr. 7, hrsg. v. Deutsche Bundesbank, Frankfurt am Main, S. 15-34.

Deutsche Bundesbank (2014), Die neuen europäischen Regeln zur Sanierung und Abwicklung von Kreditinstituten, in: Monatsbericht Juni 2014, 66. Jg., Nr. 6, hrsg. v. Deutsche Bundesbank, Frankfurt am Main, S. 31-58.

Rudolph, B. und H.-P. Burghof (2013), Bankenaufsicht: Theorie und Praxis der Regulierung, Wiesbaden.

Kapitel 7
Das Bargeld

Deutsche Bundesbank (2014), 2. Bargeldsymposium der Deutschen Bundesbank 2014, Frankfurt am Main.

Deutsche Bundesbank (2014), International Cash Conference 2014: The usage, costs and benefits of cash – revisited, Frankfurt am Main.

Deutsche Bundesbank (2015), Zahlungsverhalten in Deutschland 2014: Dritte Studie über die Verwendung von Bargeld und unbaren Zahlungsinstrumenten, Frankfurt am Main.

Europäische Zentralbank (2014), Leitlinie (EU) 2015/280 der Europäischen Zentralbank vom 13. November 2014 zur Errichtung des Produktions- und Beschaffungssystems des Eurosystems (EZB/2014/44), in: Amtsblatt der Europäischen Union Nr. L 47/29 vom 20.2.2015, online abrufbar: https://www.ecb.europa.eu/ecb/legal/pdf/oj_jol_2015_047_r_0014_de_txt.pdf [Stand: 06.07.2016].

Heinonen, A. (2014), Die ersten Euros: Entstehung, Einführung und das erste Jahrzehnt der Euro-Banknotenserie, hrsg. v. Suomen Pankki und Deutsche Bundesbank, Frankfurt am Main.

Horst, F. (2015), Münzgeldstudie: Folgenabschätzung einer Rundungsregel im Einzelhandel, EHI Retail Institute in Zusammenarbeit mit der Deutschen Bundesbank, hrsg. v. Deutsche Bundesbank, Frankfurt am Main.

Krüger, M. und F. Seitz (2014), Kosten und Nutzen des Bargelds und unbarer Zahlungsinstrumente: Übersicht und erste Schätzungen, Studie im Auftrag der Deutschen Bundesbank, hrsg. v. Deutsche Bundesbank, Frankfurt am Main.

Kapitel 8
Der Zahlungsverkehr

Bank für Internationalen Zahlungsausgleich (2015), Digital currencies, Ausschuss für Zahlungsverkehr und Marktinfrastrukturen (Committee on Payments and Market Infrastructures), Basel.

Bank für Internationalen Zahlungsausgleich (2016), Fast Payments, Ausschuss für Zahlungsverkehr und Marktinfrastrukturen (Committee on Payments and Market Infrastructures), Basel (Veröffentlichung geplant für Dezember 2016).

Deutsche Bundesbank (2014), Der digitale Strukturwandel im Zahlungsverkehr, in: Geschäftsbericht 2014, hrsg. v. Deutsche Bundesbank, Frankfurt am Main, S. 43-61.

Deutsche Bundesbank (2009), Der unbare Zahlungsverkehr in Deutschland und die Rolle der Deutschen Bundesbank, in: Monatsbericht März 2009, 61. Jg., Nr. 3, hrsg. v. Deutsche Bundesbank, Frankfurt am Main, S. 51-67.

Deutsche Bundesbank (2013), Perspektiven im europäischen Massenzahlungsverkehr, in: Monatsbericht Dezember 2013, 65. Jg., Nr. 12, hrsg. v. Deutsche Bundesbank, Frankfurt am Main, S. 29-41.

Diehl, M., B. Alexandrova-Kabadjova, R. Heuver und S. Martínez-Jaramillo (Hrsg.) (2016), Analyzing the Economics of Financial Market Infrastructures, Hershey.

Kapitel 9

Internationale Zusammenarbeit, Beratung

Bank für Internationalen Zahlungsausgleich (2016), Die BIZ: Förderung der weltweiten Währungs- und Finanzstabilität, Basel.

Deutsche Bundesbank (2012), Der Internationale Währungsfonds in einem veränderten globalen Umfeld, in: Monatsbericht September 2012, 64. Jg., Nr. 9, hrsg. v. Deutsche Bundesbank, Frankfurt am Main, S. 63-77.

Deutsche Bundesbank (2013), Weltweite Organisationen und Gremien im Bereich von Währung und Wirtschaft, Sonderveröffentlichung der Deutschen Bundesbank, Frankfurt am Main.

Weiter gehende und fortlaufend aktualisierte Informationen über die Webseiten der jeweiligen Gremien und Organisationen:

Internationaler Währungsfonds, online abrufbar: http://www.imf.org

Bank für Internationalen Zahlungsausgleich, online abrufbar: http://www.bis.org

Gruppe der Zwanzig (G 20), online abrufbar: http://www.g20.org/English/

Finanzstabilitätsrat (Financial Stability Board), online abrufbar: http://www.fsb.org

Organisation für wirtschaftliche Zusammenarbeit und Entwicklung, online abrufbar: http://www.oecd.org

Kapitel 10
Devisenhandel, Währungsreserven, Dienstleistungen für die öffentliche Verwaltung

Bernadell, C., P. Cardon, J. Coche, F. X. Diebold und S. Manganelli (Hrsg.) (2004), Risk Management for Central Bank Foreign Reserves, Europäische Zentralbank, Frankfurt am Main.

Borio, C., J. Ebbesen, G. Galati und A. Heath (2008), FX reserve management: elements of a framework, in: BIS Papers, Nr. 38, hrsg. v. Bank für Internationalen Zahlungsausgleich, Basel.

Deutsche Bundesbank (2003), Währungsreserven: Entwicklung und Bedeutung in der Währungsunion, in: Monatsbericht Januar 2003, 55. Jg., Nr. 1, hrsg. v. Deutsche Bundesbank, Frankfurt am Main, S. 15-30.

Internationaler Währungsfonds (2011), Assessing Reserve Adequacy, online abrufbar: https://www.imf.org/external/np/pp/eng/2011/021411b.pdf [Stand: 06.07.2016].

Kapitel 11

Statistik, Forschung

Deutsche Bundesbank (2016), Research Program 2016/2017, online abrufbar: http://www.bundesbank.de/Navigation/DE/Bundesbank/Forschung/Forschungsprogramm/forschungsprogramm.html [Stand: 31.08.2016].

Zu Mikrodaten sowie Forschungsdaten- und Servicezentrum:

Deutsche Bundesbank (2015), Mikrodaten – Paradigmenwechsel der Zentralbankstatistik, in: Geschäftsbericht 2015, hrsg. v. Deutsche Bundesbank, Frankfurt am Main, S. 47-59.

Zur internationalen Zusammenarbeit:

Finanzstabilitätsrat (Financial Stability Board) und Internationaler Währungsfonds (2015), The Financial Crisis and Information Gaps – Sixth Progress Report on the Implementation of the G-20 Data Gaps Initiative, online abrufbar: http://www.fsb.org/wp-content/uploads/The-Financial-Crisis-and-Information-Gaps.pdf [Stand: 06.07.2016].

Zu den Wertpapierstatistiken:

Deutsche Bundesbank (2015), Wertpapierstatistiken zur Analyse des Wertpapierbesitzes in Deutschland und Europa: Methodik und Ergebnisse, in: Monatsbericht März 2015, 67. Jg., Nr. 3, hrsg. v. Deutsche Bundesbank, Frankfurt am Main, S. 101-114.

Zu den außenwirtschaftlichen Statistiken:

Internationaler Währungsfonds (2009), Balance of Payments and International Investment Position Manual, 6. Aufl., Washington, D.C.

Zur Finanzierungsrechnung:

Deutsche Bundesbank (2014), Methodische Änderungen in der gesamtwirtschaftlichen Finanzierungsrechnung – Motivation, Konzeption und ausgewählte Ergebnisse, in: Monatsbericht Oktober 2014, 66. Jg., Nr. 10, hrsg. v. Deutsche Bundesbank, Frankfurt am Main, S. 13-27.

Zu sämtlichen Konjunkturindikatoren:

Deutsche Bundesbank (2011), Verlässlichkeit und Revisionsmuster ausgewählter deutscher Konjunkturindikatoren, in: Monatsbericht Juli 2011, 63. Jg., Nr. 7, hrsg. v. Deutsche Bundesbank, Frankfurt am Main, S. 58-67.

Zum Panel on Household Finances:

Deutsche Bundesbank (2012), Das PHF: eine Erhebung zu Vermögen und Finanzen privater Haushalte in Deutschland, in: Monatsbericht Januar 2012, 64. Jg., Nr. 1, hrsg. v. Deutsche Bundesbank, Frankfurt am Main, S. 29-46.

Kapitel 12

Die Öffentlichkeitsarbeit

Benedikt, F. J. (2015), Schweigen ist Silber, Reden ist Gold: neue Kommunikationsstrategien von Notenbanken in der Krise, in: Always Ahead im Marketing, hrsg. v. Bartsch, S. und C. Blümelhuber, Wiesbaden, S. 469-487.

Bernanke, B. S. (2013), Communication and monetary policy, Speech at the National Economists Club Annual Dinner, Herbert Stein Memorial Lecture, Washington, D.C., online abrufbar: https://www.federalreserve.gov/newsevents/speech/bernanke20131119a.pdf [Stand: 06.07.2016].

Blinder, A. (2009), Talking about monetary policy: the virtues (and vices?) of central bank communication, in: BIS Working Papers, Nr. 274, hrsg. v. Bank für Internationalen Zahlungsausgleich, Basel.

Draghi, M. (2014), Monetary policy communication in turbulent times, Rede, Amsterdam: 24.04.2014.

Ehrmann, M. und M. Fratzscher (2005), Communication and decision-making by central bank committees: different strategies, same effectiveness?, in: Working Paper Series, Nr. 488, hrsg. v. Europäische Zentralbank, Frankfurt am Main.

Weidmann, J. (2016), Rede zum Dank für die Auszeichnung mit der Hans-Möller-Medaille, Rede, München: 01.07.2016.

Yellen, J. L. (2012), Revolution and evolution in central bank communications, Remarks at the Haas School of Business, University of California, Berkeley, online abrufbar: http://www.federalreserve.gov/newsevents/speech/yellen20121113a.pdf [Stand: 06.07.2016].

Abkürzungsverzeichnis

AEUV	Vertrag über die Arbeitsweise der Europäischen Union
AFS	Ausschuss für Finanzstabilität
ABSPP	Asset-Backed Securities Purchase Programme / Programm zum Ankauf von forderungsbesicherten Wertpapieren
AnaCredit	Analytical Credit Dataset / Gemeinschaftsdatenbank für Kredit- und Kreditrisikoinformationen
APP	Expanded Asset Purchase Programme / Erweitertes Programm zum Ankauf von Vermögenswerten
A-SRI	Anderweitig systemrelevantes Institut
ASC	Advisory Scientific Committee / Beratender Wissenschaftlicher Ausschuss des ESRB
ATC	Advisory Technical Committee / Beratender Fachausschuss des ESRB
BaFin	Bundesanstalt für Finanzdienstleistungsaufsicht
Basel I, II, III	Regelwerke des Baseler Ausschusses
BBankG	Gesetz über die Deutsche Bundesbank
BBS	Bund Bietungs-System
BdL	Bank deutscher Länder
BIC	Business Identifier Code / Bankleitzahl
BIZ	Bank für Internationalen Zahlungsausgleich
BLZ	Bankleitzahl
BMF	Bundesministerium der Finanzen
BMS	Bargeld-Management-System
BRRD	Bank Recovery and Resolution Directive / Richtlinie für die Sanierung und Abwicklung von Kreditinstituten und Wertpapierfirmen

CAC	Counterfeit Analysis Centre / Falschgeldzentrum bei der EZB
CBPP	Covered Bond Purchase Programme / Programm zum Ankauf gedeckter Schuldverschreibungen
CCB	Countercyclical Capital Buffer / Antizyklischer Kapitalpuffer
CCP	Central Counterparty / Zentrale Gegenpartei
CGFS	Committee on the Global Financial System / Ausschuss für das weltweite Finanzsystem
CPMI	Committee on Payments and Market Infrastructures / Ausschuss für Zahlungsverkehr und Marktinfrastrukturen
CRD IV	Capital Requirements Directive IV / Kapitaladäquanzrichtlinie IV
CRR	Capital Requirements Regulation / Kapitaladäquanzverordnung
CSDB	Centralised Securities Database / Gemeinschaftsdatenbank für Wertpapiere und Wertpapieremittenten
CSPP	Corporate Sector Purchase Programme / Programm zum Ankauf von Wertpapieren des Unternehmenssektors
DDR	Deutsche Demokratische Republik
DGI	Data Gaps Initiative der G 20
EBA	European Banking Authority / Europäische Bankenaufsichtsbehörde
Ecofin-Rat	Economic and Financial Affairs Council / Rat der EU-Wirtschafts- und Finanzminister
ECU	European Currency Unit / Europäische Währungseinheit
EFC	Economic and Financial Committee / Wirtschafts- und Finanzausschuss
EFSF	European Financial Stability Facility / Europäische Finanzstabilitätsfazilität
EG	Europäische Gemeinschaft

EIOPA	European Insurance and Occupational Pensions Authority / Europäische Aufsichtsbehörde für das Versicherungswesen und die betriebliche Altersversorgung
ELA	Emergency Liquidity Assistance / Notfall-Liquiditätshilfe
EMZ	Elektronischer Massenzahlungsverkehr
ESAs	European Supervisory Authorities / Europäische Aufsichtsbehörden
ESFS	European System of Financial Supervision / Europäisches System der Finanzaufsicht
ESM	European Stability Mechanism / Europäischer Stabilitätsmechanismus
ESMA	European Securities and Markets Authority / Europäische Wertpapier- und Marktaufsichtsbehörde
ESRB	European Systemic Risk Board / Europäischer Ausschuss für Systemrisiken
ERPB	Euro Retail Payments Board
ESZB	Europäisches System der Zentralbanken
EU	Europäische Union
EWI	Europäisches Währungsinstitut
EWR	Europäischer Wirtschaftsraum
EWS	Europäisches Währungssystem
EWWU	Europäische Wirtschafts- und Währungsunion
EZB	Europäische Zentralbank
FDSZ	Forschungsdaten- und Servicezentrum
FinzStabG	Gesetz zur Überwachung der Finanzstabilität
FMSA	Bundesanstalt für Finanzmarktstabilisierung
FSB	Financial Stability Board / Finanzstabilitätsrat
FSC	Financial Stability Committee / Ausschuss für Finanzstabilität
FSI	Financial Soundness Indicators

G 7	Gruppe der Sieben
G 20	Gruppe der Zwanzig
GLRG	Gezieltes längerfristiges Refinanzierungsgeschäft
G-SIB	Global Systemically Important Bank / Global systemrelevantes Institut (G-SRI)
G-SIFI	Global Systemically Important Financial Institution / Global systemrelevantes Finanzinstitut
G-SRI	Global systemrelevantes Institut (auch Global systemrelevante Bank)
IBAN	International Bank Account Number
ICAAP	Internal Capital Adequacy Assessment Process / Verfahren zur Sicherstellung der Risikotragfähigkeit
IMFC	International Monetary and Financial Committee / Internationaler Währungs- und Finanzausschuss des IWF-Gouverneursrats
IOSCO	International Organization of Securities Commissions / Internationale Organisation der Wertpapieraufsichtsbehörden
IWF	Internationaler Währungsfonds
HVPI	Harmonisierter Verbraucherpreisindex
JST	Joint Supervisory Team / gemeinsames Aufsichtsteam
KWG	Gesetz über das Kreditwesen
LCR	Liquidity Coverage Ratio / Liquiditätsdeckungskennziffer
LR	Leverage Ratio / Verschuldungsquote
LRG	Längerfristiges Refinanzierungsgeschäft
LTRO	Longer-Term Refinancing Operation / Längerfristiges Refinanzierungsgeschäft

M1, M2, M3	Geldmengenaggregate
MaRisk	Mindestanforderungen an das Risikomanagement
MFI	Monetäres Finanzinstitut (Banken und Geldmarktfonds)
MPF	Macroprudential Forum / Makroprudenzielles Forum
NAC	National Analysis Centre / Nationales Analysezentrum für Falschgeld und beschädigtes Bargeld
NCA	National Competent Authority / Nationale zuständige Bankenaufsichtsbehörde
NSFR	Net Stable Funding Ratio / Stabile Finanzierungskennziffer
NZB	Nationale Zentralbank
OECD	Organisation for Economic Co-operation and Development / Organisation für wirtschaftliche Zusammenarbeit und Entwicklung
OMT	Outright Monetary Transaction / Geldpolitisches Outright-Geschäft
OMTOS	OffenMarkt Tender Operations-System
PSPP	Public Sector Purchase Programme / Programm zum Ankauf von Wertpapieren des öffentlichen Sektors
RIAD	Register of Institutions and Affiliates Database / Gemeinschaftsdatenbank für finanzielle Unternehmen sowie für Beteiligungsinformationen über Bankkonzerne
SAG	Sanierungs- und Abwicklungsgesetz
SDDS	Special Data Dissemination Standard
SecuRe Pay	European Forum on the Security of Retail Payments / Europäisches Forum zur Sicherheit von Massenzahlungen
SEPA	Single Euro Payments Area / Einheitlicher Euro-Zahlungsverkehrsraum

SHSDB	Securities Holdings Statistics Database / Gemeinschaftsdatenbank für Bestände an Schuldverschreibungen, Aktien und Investmentfondsanteilen auf Grundlage einzelner Wertpapiere
SMP	Securities Markets Programme / Programm für die Wertpapiermärkte
SoFFin	Sonderfonds Finanzmarktstabilisierung
SolvV	Solvabilitätsverordnung
SRB	Single Resolution Board / Einheitlicher Abwicklungsausschuss
SRF	Single Resolution Fund / Einheitlicher Abwicklungsfonds
SRM	Single Resolution Mechanism / Einheitlicher Abwicklungsmechanismus
SSM	Single Supervisory Mechanism / Einheitlicher Aufsichtsmechanismus
SSP	Single Shared Platform / Einheitliche technische Plattform von TARGET2 (Gemeinschaftsplattform)
SZR	Sonderziehungsrechte
T2S	Target2-Securities
TARGET2	Trans-European Automated Real-time Gross settlement Express Transfer system / Transeuropäisches automatisiertes Echtzeit-Brutto-Express-Zahlungssystem
TLAC	Total Loss-Absorbing Capacity / Verlustabsorptionsfähigkeit
TLTRO	Targeted Longer-Term Refinancing Operation / Gezieltes längerfristiges Refinanzierungsgeschäft
TZK	Technische Zentralbank-Kooperation
WFA	Wirtschafts- und Finanzausschuss / Economic and Financial Committee
WKM II	Europäischer Wechselkursmechanismus II
ZAG	Zahlungsdiensteaufsichtsgesetz

Stichwortverzeichnis

Die Angabe bezieht sich auf den entsprechenden Abschnitt im Buch.

D

F

K

L

M

Q

R

S

Stichwortverzeichnis
Seite 293

Impressum

Deutsche Bundesbank
Zentralbereich Kommunikation
Redaktion Externe Medien

Verantwortlich:
Peter Trautmann,
Dorit Feldbrügge

Wilhelm-Epstein-Straße 14
60431 Frankfurt am Main
Tel. 069 9566-3512
info@bundesbank.de
www.bundesbank.de

ISBN 978-3-95729-319-0 (Print)
ISBN 978-3-95729-320-6 (Online)

Stand: November 2016

Titelbild: Walter Vorjohann

Der besseren Lesbarkeit halber verwenden wir bei der Nennung von Personengruppen meist die kürzere Form (zum Beispiel „Mitarbeiter" statt „Mitarbeiterinnen und Mitarbeiter"). In der Regel sind damit Frauen und Männer gleichermaßen gemeint.

Die Bundesbank ist auch in den sozialen Medien vertreten:

www.twitter.com/bundesbank

www.facebook.com/deutsche.bundesbank

www.youtube.com/user/deutschebundesbank

ClimatePartner°
klimaneutral

Druck | ID 53203-1611-1010

FSC
www.fsc.org
MIX
Papier aus verantwortungsvollen Quellen
FSC® C006655